U0895473

味有道

DDC问道隐形冠军

李小兵◎主编

专注动物采食调控30载，我虽小，也有自己的“道”

中国财富出版社有限公司

图书在版编目（CIP）数据

味有道：DDC问道隐形冠军 / 李小兵主编．—北京：中国财富出版社有限公司，2022.1

ISBN 978-7-5047-7647-1

Ⅰ.①味…　Ⅱ.①李…　Ⅲ.①中小企业—企业发展—研究—中国　Ⅳ.①F279.243

中国版本图书馆 CIP 数据核字（2022）第 024277 号

策划编辑　李　晗　　**责任编辑**　邢有涛　李　晗　　**版权编辑**　李　洋
责任印制　梁　凡　　**责任校对**　杨小静　　**责任发行**　黄旭亮

出版发行　中国财富出版社有限公司
社　　址　北京市丰台区南四环西路188号5区20楼　　**邮政编码**　100070
电　　话　010-52227588 转 2098（发行部）　　010-52227588 转 321（总编室）
　　　　　　010-52227566（24小时读者服务）　　010-52227588 转 305（质检部）
网　　址　http: //www. cfpress. com. cn　　**排　　版**　宝蕾元
经　　销　新华书店　　**印　　刷**　宝蕾元仁浩（天津）印刷有限公司
书　　号　ISBN 978-7-5047-7647-1 / F · 3435
开　　本　710mm × 1000mm　1/16　　**版　　次**　2022 年 6 月第 1 版
印　　张　18.25　　**印　　次**　2022 年 6 月第 1 次印刷
字　　数　251 千字　　**定　　价**　68.00 元

编委会

PREFACE

序

以长期价值主义信念走隐形冠军之路

对于中国农牧饲料行业，我是熟悉并有着深厚感情的，1995 年我就给山东六和集团做管理顾问，并相继给通威、湘大、恒兴、温氏、双胞胎等数十家农牧业企业提供过管理咨询服务，有幸结识了这一行业一批优秀企业家，如张唐之、温鹏程、刘汉元、陈丹、邵根伙、陶一山等，并与他们成为数十年持续相互交流学习的老朋友，从这些优秀企业家身上真正感受到什么是企业家的创新与奋斗精神，什么是企业家的坚守与执着。

农牧饲料行业门槛相对较低，产品技术含量不高，导致这个行业十分分散、集中度低，长期陷入低价恶性竞争，可谓鱼龙混杂，乱象丛生。随着中国经济发展质量的提高，如同其他很多行业一样，农牧饲料行业在近 20 年里也经历了较大的行业整顿。大量没有核心技术能力、产品以次充好的企业被淘汰出去。而那些有自己的核心技术，在细分领域专注聚焦、持之以恒、持续创新，专注于做好产品、服务好客户，舍得在技术、人才、品牌等无形资产上投入的“三好”企业（好人、好产品、好企业）存活了下来，大帝汉克就是其中之一。经过 30 年的专注、坚持，现已成为饲料调味剂这一细分领域的头部企业，获评为我们称为“单项冠军”的四川省“专精特新”企业。这为其迈向世界级隐形冠军企业的追求与探索奠定了良好的基础。大帝汉克的发展经验值得广大中小民营企业借鉴。

我认为，具备“三好”素质的中国企业未来有两条发展道路：一条道路是成为具有全球竞争力的世界级领先企业，另一条道路就是致力于成为细分行业领袖与隐形冠军企业。

我带领团队结合德国隐形冠军企业、日本实现永续经营企业的相关理论研究，以及对中国隐形冠军企业的研究，对“隐形冠军”有一个新的定义：隐形冠军企业可能是大家耳熟能详的，也可能籍籍无名，但这些企业往往专注于某个细分领域，拥有独特的核心技术与专长，牢牢控制着本地区甚至全球市场，市场占有率往往大幅领先第二名及以后的追随者。

我们提炼出世界级隐形冠军与细分行业领袖企业的十大特质：

1. 企业家有做世界级行业领袖的雄心与清晰的行业战略定位思维，低调务实，奉行长期价值主义，有足够的战略定力与意志力；

2. 保持专注，主营业务聚焦，定位并专注于特定客户与相对狭窄的产业领域，致力于培育专精核心专长与技能；

3. 全球化策略，产品市场全球化，人才、技术、资本资源全球化；

4. 技术创新领先，研发投入占比 8% 以上，国际专利拥有行业领先，是行业标准的参与制定者；

5. 深耕客户关系，注重服务的深度，构建稳定持久的客户关系，构建全球战略供应链系统；

6. 奉行产品主义，具有较高的产品差异化及品质、成本竞争优势，有较高的行业定价权与影响力；

7. 有长期积淀的独特文化传承，优化的公司治理与稳定的高层领导团队，承担相应的行业与社会责任；

8. 人才量级与人均效能在专注的行业领先，盈利水平超过 10% ；

9. 简单而客户化的敏捷组织与流程。组织结构与流程以客户为中心，简单、直接，这些企业领袖带有一定的集权色彩，组织大多是直线职能制或矩阵型，鲜有完全事业部制组织；

10. 相对完整的产品生产与供应链掌控力。

大帝汉克公司是四川省的“专精特新”企业，也就是我们所讲的“单项冠军”。在中国中小民营企业平均寿命不足 10 年的背景下，持续经营 30 年的大帝汉克显得“小而美”，并且生命力顽强，格外瞩目。华夏基石项目组研究认为，大帝汉克的成功特质有很多方面与隐形冠军企业的特质是相符合的，可以说是具备隐形冠军的众多潜质。

具体来说，大帝汉克的成功要素体现在以下八个方面：

一是长期价值主义与聚焦战略。在中国农牧饲料行业高速发展、阶段调整的背景下，大帝汉克 30 年来所创造的持续增长的销售曲线，与创始人奉行的长期价值主义分不开，在饲料调味剂这样一个“狭窄细小”的领域立足成为“国际化动物采食调控专家”，保持足够的战略定力与意志力，孜孜以求、专心致志，培育出自己的专精特长，蹚出了一条自己的成功道路。

值得一提的是，大帝汉克是夫妻创业，一个人是技术专家，一个人是营销管理高手，二人珠联璧合，举案齐眉，实现了事业成功与家庭幸福的双赢，实属难得。多年来，实际经营管理企业的李小兵充分发挥自己的经营才能与女性领导者的柔性领导优势，将企业经营得有声有色，管理得井井有条，颇具特色。

二是技术开创与产品主义。大帝汉克的董事长喻麟是国内饲料调味剂的先行者、领头人，又在国内率先将生物技术应用到饲料调味剂领域，获得多项国家专利，参与多项国家行业标准制定，“小企业”走出“大专家”，“小企业”制定“大标准”，企业建立了一支门类齐全、人才素养素质极高的创新研发团队，这是大帝汉克问道隐形冠军的重要潜质。同时，奉行产品主义，具有较高的产品差异化及品质、成本竞争优势，基于专业能力为客户提供系统集成化的解决方案，这与很多世界级隐形冠军企业的思路也是一致的。

三是营销创新及品牌建设。大帝汉克虽然是伴随着大客户的发展而成长起来的，但在他们的理念里，企业有大小、客户无大小，高度重视对所有客户的服务深度，提出“因客户而存在”的理念，与中国各个饲料业企业建立了深度、紧密的合作关系，走出了一条以技术营销为核心的专业化营销之路。大帝汉克高度重视品牌建设，小举小打、动静也大，大开大合、气势也足，一步步明确品牌定位，多举措打造品牌形象。

四是柔性文化与组织凝聚力。隐形冠军企业普遍有着简单而客户化的高效决策与敏捷流程，战略稳定，决策也很灵活，能快速响应客户需求变化。企业规模小，老板的文化能直接影响到整个企业。大帝汉克的李小兵有着女企业家的特征及优势，如管理细腻、柔性领导及重视人文情感，企业里形成了关注人、重视人、相信人、成就人的文化，管理层平均在职时间较长，员工忠诚度较高，大家庭氛围浓厚，组织内部凝聚力较强。

五是自主培养人才与团队建设。自主培养人才是大帝汉克的一项核心特质，在人才培养上舍得投、敢于投，一家小体量的企业，持续投入1000多万元，自主培养了6名博士、7名硕士和国家认可的专业人才，体现出了超越其企业规模的“冠军”气魄。充分利用本地高校的教研人员资源，通过兼职、科研合作等方式，构建了一支专业水平过硬、综合能力优秀的稳定的科研与管理团队。采用本土化人才策略，这也是隐形冠军企业的一个普遍性成功特点。

六是业财融合的精细化管理。专注聚焦的中小企业要有相对完整的产品生产与供应链掌控力，需要精细化管理运作。大帝汉克采用的是业财融合模式，财务人员以服务市场为导向，做业务的支撑者，服务价值创造，融入经营全环节，打造管理闭环，取得了集约化经营的丰硕成果。

七是环境友好绿色发展。对于生产企业来说，安全环保绿色是健康经营、持续发展的基石。大帝汉克这项理念提得早，行动落实得坚决，是企业发展的一条红线，甚至有独立成为一个经营板块的可能。在全社会实现碳达峰碳中和的目标下，也履行了对行业的责任，树立了良好的社会形象。

八是全球化目标、深耕本土资源。隐形冠军企业的标志之一就是全球化，在细分领域里世界领先。大帝汉克早在十几年前就开始布局全球市场，将全球化作为主要目标，现已在30多个国家和地区开展业务。同时充分利用本土以及国际上公司业务所在地的智力资源，深入开展产学研合作，并与高校、科研院所、上下游相关企业深度链接，在技术研发、人才选用等方面生根深耕，巩固优势。

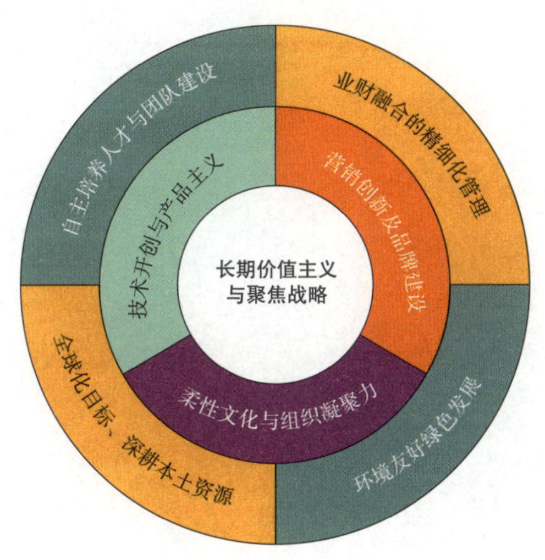

面向未来，站在30年发展节点上，大帝汉克提出“问道隐形冠军”，在做大中国市场的同时，坚定推进全球化，体现了中国民营企业家的雄心和抱负，以及企业家的创新精神、持续拼搏奋斗精神。

自改革开放至今，中国经济发展正式进入“下半场”，国家提出构建双循环的新发展格局，追求高质量发展，这是大帝汉克这样的专注聚焦、具备隐形冠军潜质企业的机遇。当然，从单项冠军到世界级隐形冠军，并不是量的积累，而是质的飞跃。大帝汉克也面临着一系列内外部挑战，尤其在百年变局中，全球经济形势充满变化和不确定，在数字化智能化时代，生产企业需要转型升级，迈向隐形冠军之路绝非坦途，并不容易。

但我一直认为，不管外部环境怎么变，决定性因素还是在于自己，企业还是要回归经营的本质，经营人才、经营品牌、打造组织能力、奉行产品主义，追求高质量发展，以长期价值主义者的追求，勇于自我变革，拥抱新的时代、新的机遇，在迈向世界级领军企业，尤其是在细分领域具有全球竞争力的隐形冠军道路上，坚定信念，做好自己。

祝贺大帝汉克创立30周年！期待大帝汉克实现永续经营、持续成功！

彭剑锋

2022.2.15

CONTENTS

目 录

第一章 0到30，炼成“专精特新” 001

从机会牵引到价值驱动 004

从0到1：两项基本职能的培育 010

创新者特质：“奇思怪想” 013

企业家文化奠定成功基石 016

第二章 专注成就专业 战略引领发展 025

战略是基于未来的选择 028

专业化发展的战略状态 035

以成果为核心的战略管理 042

坚持聚焦战略问道隐形冠军 049

第三章 技术立企的坚持 055

小企业做“国标” 058

小产业创价值 068

"小企业"专业服务 072

自主培养"采食调控专家" 078

"四新"驱动未来的思考 084

第四章　DDC 的价值营销模式 089

"首席营销官" 092

贴近客户，因客户而存在 097

营销创新的 30 年 108

走向广阔的全球市场 119

打造动物采食调控专家品牌 125

第五章　产品主义：将极致进行到底 135

好料才有好产品 138

工欲善其事，必先利其器 144

好产品是用心做出来的 153

管好质量这条生命线 159

把产品主义进行到极致 166

第六章　柔性文化与高绩效组织 169

文化的柔性之美 172

柔性领导与"开明家长制" 181

文化的示范与约束 186

文化建设与价值传递 192

打通理念，融于制度 196

第七章　与同道者行稳致远 199

只选“对的” 201

多管齐下“育优人” 207

知人善用，以用代育 211

战略需求下的人才难题 215

第八章　业财融合的经营探索 217

不懂业务的财务不是好财务 220

事前引导与事中管控 222

成本管理的加减法 226

敢冒经过计算的风险 232

第九章　安全环保铸就基石 235

安全管理最重要的是人 238

环保不是投入，是投资 243

践行责任　全面探索绿色发展 249

第十章　味无止境　迈向隐形冠军 255

从“创一代”到“创二代”的传承 258

跨越持续成长的三大壁垒 261

迈向隐形冠军的挑战与思考 264

参考书目 273

后　记 276

第一章

0到30，炼成『专精特新』

“星光不问赶路人。”在实干家那里，梦想不虚无也不遥远，就在点点滴滴的辛勤积累和年复一年的不懈坚持中。走着走着，不仅实现了自己的梦想，也帮很多同路人实现了梦想。就像2012年喻麟和李小兵为纪念大帝汉克成立20周年所创作的那首诗中所写：大帝汉克不仅仅是一个企业/更多的是有缘人的相聚/让人生变得更加香甜。

主观为自己，客观上为了别人、为了社会。开始时可能没有高远追求，一旦上路却像滚动的齿轮停不下来，从模糊的想法到清晰的志向，从短期的目标到长期的愿景，从无意识的贡献到有意识的价值追求，从自我驱动到价值驱动、使命驱动，在成就客户、员工和合作伙伴的过程中成就了自己。这就是企业家。

管理学家说，一个企业的成功首先是企业家和企业家精神的成功。只有企业家才能掌握一门特别的工具：创新。他们能将一个事物从无到有，能从细微之处看到机会，也能将某些变化或不利的局面转化成有利的发展机遇。企业家精神的核心就是创新。

农业农村部畜牧兽医局局长杨振海曾评价大帝汉克：这是一家善于抓机遇的企业，伴随中国饲料工业的快速发展和西南地区领军企业的全国布局，饲料调味剂产品及时跟进，全程服务；这是一家依靠科技进步赢得先机的企业，始终将核心技术和核心竞争力作为企业立身之本，原料来源面向世界，生产设备优中选优，产品研发瞄准市场需求，产品营销实际上也是先进技术的分享；这是一家注重文化建设的企业……

“岁月不居，时节如流。”中国工程院院士谯仕彦教授说，希望大帝汉克“香甜馨溢远”。如今，大帝汉克30周年“忽焉已至”“香甜更溢远”，2020年大帝汉克荣获四川省“专精特新”中小企业称号。

回顾来路，大帝汉克的成功要素有很多，但大帝汉克自己认为，最根本的还是愿景牵引、价值驱动与文化信念的力量：是专注成为动物采食调控专家的孜孜不倦，并用行动践行的长期价值主义；是从为家庭到为员工、为客户、为伙伴、为社会创造价值的矢志不渝；是创始人的信念融入企业，并吸纳了优秀组织成员的智慧后形成的一种文化和价值观的力量。

从机会牵引到价值驱动

“大帝汉克的成长史就是一部中国饲料调味剂的发展史。”大帝汉克的老朋友，西南科技大学副教授曾凡坤这样评价到。

万物有源，凡事有因。大帝汉克的“中国饲料调味剂发展史”之所以长卷漫展，在于大帝汉克的创始人在事业道路上完成了三个转变：从科技工作者向科技成果转化者转变，毅然从体制内转到广阔市场，开创中国饲料调味产业；从学术导向型科研向需求导向型科研转变，持续坚持创新驱动；从下海创业向终身事业的转变，坚持做动物采食调控产业，专注动物健康养殖。

世界知名企业中，比如福特、IBM、本田等，创始人都是实现了从技术专家到企业家的转变，他们将科技或专业知识转化为市场需要的产品。而从科研工作者思维转变到企业家思维，核心在于能否将技术和应用进行结合，让科技研发“接地气”。

大帝汉克的创始人喻麟从开始就认识到“科学必须和生产对接，不然就毫无价值”。这一观念促使他从一位饲料科技工作者转变为企业经营者，把科技成果逐步孵化，转变为一类应用型产品。大帝汉克产品研发的缘起就是，怎么让猪吃得香、吃得多、长得快，怎么提高畜牧业生产效率，以及解决“调味剂只有国外产品”的发展困境，在研发这条路上始终与中国饲料行业和畜牧行业的发展同呼吸、共命运。

务实的科技工作者

喻麟少年时，正值“割资本主义尾巴”的风潮，不允许农民从事养殖、做小生意等副业。他母亲为了养活 5 个孩子，在屋角偷偷养了一只小猪。也许是小猪也知道它的“不合理”存在，只长到 50 斤就厌食了，于是母亲让身为长子的喻麟牵到集市上去，卖了 20 元。喻麟后来风趣地说，这是他与猪结缘的开始。而母亲这种冲破现实条件桎梏的做法，也给少年的喻麟心里埋下了一颗种子——无论是在科研工作中，还是在创办企业时，人的主观愿望永远会受到现实客观条件的制约，只有穷尽办法来突破。

李小兵也是这样，她所说的“每件事要做到极致，努力努力再努力，坚持坚持再坚持”，就是一种突破客观条件制约，穷尽办法达到目标的信念和方法论。

潜心于学习研究的喻麟，也非常善于从实际中发现问题，以问题导向来牵引科研方向，促成了饲料调味剂这一科研成果的产生，成为国内饲料香味剂产品的首创者。

他常说，“市场是最好的老师，比在办公室空谈要有用得多”。这句话表达出来的是“技术要与市场相结合才有价值”的务实理念，这正是 20 世纪 90 年代末，任正非在华为大力提倡的。

当时华为招聘进来一批大学生，大家经常一研讨就陷入夸夸其谈，于是，任正非给大学生们开座谈会进行思想教育，他说：“你们不要以为毕业于名牌大学来华为就是做科研的，你们来华为不是做院士的，而是做‘院土’的。华为没有院士，只有‘院土’，所谓‘院土’就是‘工程商人’，你是工程师没错，但同时你也是‘工程商人’，为解决客户的需求和痛点存在。”

在这种主张下，华为形成了一种研发文化：“工程商人文化”，即以业务为导向，以市场为导向。研发人员不是简简单单把产品开发出来，还要在研发过程中构建产品的质量优势、成本优势。可以说，华为取得今天的成绩和这种“院土文化”“工程商人文化”密不可分。任正非曾将“卖不出去的研发成果”称作“奢侈性浪费”，并警告那些有盲目研发倾向的华为人，“研发成果不能转化为商品，那就是失败！”“真理再前进一步就是谬误”，技术创新要避免盲目。

同样是技术立企的企业，大帝汉克也走出了一条“工程商人”的科技务实之路。一是企业研发坚持以“技术应用”为主，不把资源浪费在企业做不了的事情上；二是坚持产学研结合，资助学校和科研机构去做基础性、原理性的研究，为社会作贡献。

在“客户价值导向和技术导向有效结合”的理念指导下，大帝汉克自主研发设计产品。一是深耕农牧行业，满足终端市场即养殖企业的需要，产品线丰富，包括香味剂、甜味剂、酸化剂、诱食剂、植物精油，以生物技术为支撑，形成了强有力的产品体系；同时，针对不同动物，以及动物不同的生长阶段，量身订制客户所需要的产品。二是注重新技术在产品研发上的应用，开展跨领域、跨学科的新技术探索，采用最新制造工艺，开发新产品，增加产品新功能，在国内率先采用生物技术开发功能性诱食剂，得到客户一致青睐。

机遇是偶然和必然的结合

很多成功企业家在分析自己为什么成功时，都会把“机遇”视为关键因素。企业的成功，是必然性与偶然性的结合。

大帝汉克以及第一个产品“大地香”的诞生，被喻麟称为“机遇”使然。他曾这样回忆：

> 产品不能及时投入市场，就是白纸一张。在应用科学领域，成果堆积如山，能够转变成生产力的成果可能只有百分之一。我抓住了这百分之一的机遇。
>
> 1990 年年底，个体户老板刘总问我有没有什么好的项目？我谈到了饲料香味剂的事情。经过多次商谈，我同意将“成果”转让给他们。
>
> 刘总在四川电视台将饲料香味剂产品以“四川省粮油科研所监制”的名义打广告，这个情况我毫不知情。所里的领导找上门，指责这是侵权行为。刘总公司的人为了推卸责任，回答是我同意的。这时，省粮食局的主管领导出面说这么好的产品，为什么科研所不能生产，而转让给个体户去搞？是什么原因？我的领导对我很宽容，倒是没有批评我。但从这时起，局领导就把这一产品作为单位的科研成果。由于单位体制等各方面的原因，加之工厂的负责人员频繁更换以及工厂内部的矛盾，最终没有生产出产品。刘总公司几年后也没有搞生产，而是转向了金融和房地产。
>
> 这时候，我和李小兵同时意识到，再不自己投入生产，一年半载后就晚了。经过筹划，1992 年 3 月 12 日，注册了“成都市成华区大地香饲料行”。

一波三折的创业过程被“轻描淡写”地称为“机遇”，从中不难看出喻麟那时的艰难抉择，曾经遭遇过的挫折、困难，在他看来“一切都是最好的安排”。而这段创业历程也再次证印了一个朴素的道理：机会总是留给有准备的人。

假如没有喻麟的钻研精神，假如他不能发现市场的痛点，并且以解决痛点问题为导向进行功能性调味剂研究，也就不会有后来的“技术成果转化”，自然也不会有经历了一波三折后，“逼上梁山”般的创业。

假如没有李小兵对市场的敏锐，不能实现被马克思称为从产品到商品的“惊险一跃”，大帝汉克就不会赶上20世纪八九十年代饲料业快速发展的机遇。

由此可以说，“机遇”并不是偶然的，在偶然性中一定有着必然性。如果说那些成功的偶然性因素是一棵小树，必然性因素就是阳光雨水，让企业长成参天大树。

顺势、趁势、造势

“那时，我和喻麟甚至没有想清楚要把这份事业做到什么程度才算好，心中只有一个懵懂的目标，就是要把这件事做下去。现在想来，怀抱单纯的意愿对于创业者来说非常重要。如果创业的动机过于复杂，将会过早地分散你的注意力，使你坐失良机。”李小兵曾在《味无穷》（此书于2017年在四川人民出版社出版）里这样写道。

这里所讲到的“良机”，正是20世纪八九十年代中国饲料工业势如破竹的发展形势。

西方哲学家讲“人不可能两次踏进同一条河流”，强调机会的不可复制性。以老子思想为核心的道家智慧更强调“势”的重要性，老子说：“道生之，德畜之，物形之，势成之。”“势”是一个令中国人着迷的字，从古到今，人们一直都在使用它，既认为它是成功不可或缺、不可替代的因素，如势不可当、势如破竹、势在必行、大势所趋等；又认为人只有顺“势”方可有所作为，如审时度势、借势而为、顺势而上等。

1979年，正大集团进入中国市场，标志着商品饲料真正出现。1983年1月，邓小平在同国家计委、国家经委和农业部（现为农业农村部）负责人谈话时指出：“全国都要注意搞饲料加工，要搞几百个现代化的饲料加工厂。饲料要作为工业办，这是个很大的行业。”之后，国务院于1984年12月26日正式颁布了《1984—2000年全国饲料工业发展纲要（试行草案）》。从纲要颁布到1990年，我国饲料工业进入快速发展阶段。本土饲料行业的代表——希望集团也是在那一时期诞生的。1992—1995 年，是希望集团飞速扩张的几年。刘永行、刘永好兄弟“中南七日行”，一周之内就在 3 个省与 4 家国营饲料企业签订了收购协议，还先后在重庆、河南、云南、上海等地建立了自己的工厂。这个速度对任何一家企业来说，都可谓奇迹。由此可见当时我国饲料工业的发展速度。

希望集团是最早使用大帝汉克饲料调味剂的大企业。在当时的条件下，物流业还不发达，各地饲料企业大量使用本地饼粕和非常规原料。他们发现，在各种变化多样的原料中添加饲料调味剂，能使饲料产品香气宜人，使猪肯吃肯长，产品深受经销商和养殖场喜爱，具有很强的市场竞争力。在饲料风格上，希望饲料开拓出一条与正大饲料完全不同的路径，他们的示范作用大大加强了全国众多饲料生产厂商对饲料调味剂的认识。

如同很多隐形冠军企业是为大产业做配套而成长起来的一样，大帝汉克创业后的第一单客户就是希望集团，“大帝香”以不亚于国外同类产品的质量、本地物流优势和成本优势成为希望饲料的供应商，“大帝香”也随着希望集团的扩张步伐而香飘全国。

由于创业初期得益于饲料行业的快速发展，所以大帝汉克一直非常注重对饲料行业的贡献和价值。虽然那时还没有流行“产业生态”这个理念，但李小兵很早就认识到，只有主动贡献、相互依存、共担共创才能实现行业共赢。

对于客户，大帝汉克很早就提出“价值服务”的理念，通过“响应需求、技术攻坚、打磨产品”三者有机融合，促进养殖生产率的提升，为饲料行业客户创造价值，促进整个饲料行业发展水平的提升。

对于调味剂领域的竞争对手，大帝汉克从来不打压、不贬低、不轻视，因为有竞争才能促进行业发展和繁荣，才能逼迫自己在各方面做得更好。同行既是竞争对手，更是互相学习的榜样。李小兵严格要求市场一线营销人员，任何时候都不要在客户那里说竞争对手不好，只讲自己的特点，用实验数据说话，用产品效果说话，用服务说话。比如，大帝汉克建议为客户做饲料“盲测”的动物实验，把每份实验结果的详细报告呈现给客户，由客户来作出最终的评判选择。大帝汉克的很多大客户正是由于这样的态度和产品“盲测”的结果而选择了合作。

对于原料供应伙伴，大帝汉克也视为客户。早期大帝汉克就有一个“奇怪”的规定，供应商来到成都，一律由大帝汉克接待，不让供应商掏腰包。为了让供应商了解大帝汉克，了解饲料产业，从 2006 年到现在，大帝汉克每年都把供应商请到公司座谈，讨论行业发展情况，这种“开门办企”的理念，促进了双方的理解与沟通，加深了大家共创共赢的发展理念。

纵观近 30 年来我国饲料工业的发展，大帝汉克可以很自信地说：没有饲料添加剂，就没有现在的中国饲料工业水平。面向未来，如果没有动物采食调控领域的研究，也不可能有畜牧养殖业效益和效能的提高。

目前，饲料调味剂在饲料添加剂领域是一个很小的分支。未来随着时代的发展，生态文明的进步，社会对动物福利的关注，以及动物机理研究水平的提高和生物技术应用水平的发展。大帝汉克坚信，动物采食调控领域也能成为“风口”，带动一条新兴产业链的发展，大帝汉克将专注与坚持这个领域，为国民经济发展增光添彩，为社会贡献更大价值。

从 0 到 1：两项基本职能的培育

“创新的行为是独一无二的，创新发生的瞬间也是独一无二的，结果新奇的事物诞生了。”《从 0 到 1：开启商业与未来的秘密》的两位作者彼得·蒂尔、布莱克·马斯特斯认为商业成功和开启未来的秘密就是“从 0 到 1”，或者说“从无到有”，用“道生一”的智慧，通过创新给人类带来了更多可能性，创造新价值。

管理学大师德鲁克在 50 多年前对创新之于企业的意义也有论断，他认为，企业本身就是企业家创新精神的产物，而且，企业存在的使命只有一个：创造顾客。由此，企业有两项基本职能：创新与营销。而且他认为这两项职能只能由企业家来履行。

也就是说，如果企业不具备“创新与营销”这两项关键职能，也就不具备作为一个市场主体的竞争能力，自然也就无法生存或没有存在的价值。

大帝汉克的成功，正是得益于这两项基本职能的培育并成为企业的核心竞争力。喻麟在公司建立伊始，就提出了始终坚持“科技是生产力、科技是先导、创新是公司发展的命根子”的理念。“大帝汉克因客户而存在”“以营销为龙头”是李小兵在营销实践中得出的经营信条。

难能可贵的是，夫妻二人恰好各自擅长其中的一项，相互补充、相互促进，互补的事业搭档已成为行业“美谈”。此外，大帝汉克选择的专注聚焦策略，将资源集中配置，也使得创新与营销两项职能得到充分发挥。

企业家精神就是创新创造价值

2017 年，我国首次以专门文件发布的《中共中央　国务院关于营造企业家健康成长环境弘扬优秀企业家精神更好发挥企业家作用的意见》指出：激发企业家创新活力和创造潜能，依法保护企业家拓展创新空间，持续推进产品创新、技术创新、商业模式创新、管理创新、制度创新，将创新、创业作为终身追求，增强创新自信。

这与经济学家熊彼特与管理学大师德鲁克对企业家（或企业家精神）的理解是一致的，德鲁克在《创新与企业家精神》中指出，“企业家的本质就是有目的、有组织的系统创新；而创新就是改变资源的产出，就是通过改变产品和服务，为客户提供价值和满意度”。他特别强调，“一个人开了一家餐馆，虽然他冒了一点风险，但不能算是企业家，因为他既没有创造出一种新的满足，也没有创造出新的消费诉求。但同样在餐饮业，麦当劳的创始人雷·克罗克却是杰出的企业家，因为他让汉堡包这一种很普遍的产品通过连锁的方式进行标准化生产，大大提高了资源的产出，增加了新的消费需求，影响了人们的生活”。

概括而言，在德鲁克看来，企业家（或企业家精神）的特征是：

大幅度提高资源的产出；

创造出新颖而与众不同的东西，改变价值；

开创了新市场和新顾客群；

视变化为常态，他们总是寻找变化，对它做出反应，并将它视为机遇而加以利用。

德鲁克同时也告诉我们企业家或企业家精神与什么无关：一是企业家（或企业家精神）与企业的规模和性质无关。无论是大企业还是小企业，无论是私人企业还是公共部门（包括政府部门），无论是高科技企业还是非科技企业都可以有企业家，也可以具备企业家精神。二是企业家（或企业家精神）与所有权无关。无论是企业所有者，还是职业经理人，还是一个普通职员，都可以成为企业家，并具备企业家精神。三是企业家与人格特性无关，他们不是“专注于冒险”，而是“专注于机遇”。

华夏基石研究团队认为大帝汉克企业家精神是：以长期价值主义信念，坚持创新创造价值的事业追求。

这在喻麟和李小兵在大帝汉克创业路上几个关键节点的决策中可见一斑。

比如，在1992年得到首笔13500元的订单“巨款”时，他们唯一想到的是去买原料，投入再生产。1993年3月，在成都市成华区私营企业试点时，第一批注册成立公司。大帝汉克在遭遇畜牧饲料行业低潮与行业竞争乱象时，一方面与客户共患难，另一方面回到实验室，踏实搞科研，提升技术促进竞争力。2004年1月，在选择是否成立生物科技有限公司并进入海峡两岸科技产业开发园时，李小兵坦言：“长期以来，饲料香味剂和甜味剂在外人看来就是混合型产品，技术门槛低。作为在这个行业摸爬滚打的人，我必须用行动来改变这一认知，这对公司未来品牌形象的树立将起到重要作用。”在她的前瞻和坚持下，公司成功入驻海峡两岸科技产业开发园，并开始向着高新技术企业迈进。

在全球化市场探索初期，面对当时的外资“并购潮”，大帝汉克差点被收购，但最终坚持保留民族品牌，自主经营。谈及这个决策，李小兵说：“当时就是一股不服输的精神，凭什么我们做不过国外企业？当时想外资企业究竟好在哪里，我们又缺什么，从技术、客户到人才梳理了一遍，发现什么也不缺，那为什么我们不继续干？当时有人反对，我就说，这个行业即使要死，那大帝汉克就最后一个死。”

对企业发展道路的自信，对企业自主研发能力的自信，对企业文化与人才的自信，以及坚持在研发、品牌、人才等软性竞争实力方面的投入，都是大帝汉克企业家精神的彰显。

2019 年以来，中国畜牧业受到非洲猪瘟和全球新冠肺炎疫情的双重影响，进入饲料禁抗、养殖减抗、畜产品无抗的绿色发展阶段。大帝汉克一方面通过保持稳定的质量与供应等措施与行业共克时艰；另一方面顺应绿色健康环保发展大势，在生物技术和功能性调味剂方面加大研发创新力度，扩大人才投入与专业团队建设，加强了生物技术团队和宠物团队的人员配备和设备投入，积极部署创新驱动与人才驱动，推动企业发展升级。

归根结底一句话：大帝汉克的企业家精神就是“千方百计谋发展，百折不挠干事业”。30 年来，大帝汉克在动物采食调控领域专注聚焦，坚持坚持再坚持地孜孜以求，积极促进中国饲料工业的丰富和发展。面向未来，大帝汉克将继续秉持着这种宝贵的精神，沿着“成为国际化的动物采食调控专家”的愿景前行，通过持续创新和永不满足的价值追求，继续为行业、为社会作出贡献。

创新者特质：“奇思怪想”

有创新意识的人，在一般人眼中往往是比较“怪”的，他有着自己的逻辑和思维。喻麟就是这样的人，在四川农业大学求学的日子里，曾做过许多让人啼笑皆非的“怪事”。比如，从哲学的角度解释解剖学和生理学，甚至写过一篇《人体特异功能的机理分析》的文章，试图从生物磁场角度来解释人体“特异功能”，大学毕业论文别出心裁地写了一篇很有前瞻性的《分子生物学在养羊业中的应用》，结果差一点不及格。

“很多我认为有逻辑的想法，在当时还常常被人嘲笑，但我认为，创新的思维，也许就来源于经受被别人嘲弄的过程。”喻麟回忆道。

其实，创新的缘起往往是“奇思怪想”，奇思怪想的产生需要渊博的学识与开阔的视野。奇思怪想是发散型的，而把这些奇思怪想落实到科研行动上则需要周密的设计和构想，也需要严密的实验验证。做到二者融合，才是一个创新型科技工作者，或者说是创新型企业家。

从 1987 年参加工作到现在，作为大帝汉克的技术开创者、研发引路人，喻麟带领研发团队走出了一条大帝汉克的创新研发之路：一是注重从应用和需求端发现科研攻关难点，而且保持专注，不轻易更改方向和目标；二是提倡创新“功夫在诗外”“真正的创新高手都不是在实验室埋头做实验”；三是善于发现和培养创新人才，带领创新研发团队。

未来，大帝汉克将抓住创新能力建设这个关键环节，进一步完善研发中心功能，以产品为支点，带动相关技术、工艺、设备和新材料的研究开发。

经营者关键品质：服务精神

作为大帝汉克的经营者，李小兵有着多面的魅力与品质。在员工眼里，她既有作为领导人的魄力与影响力，也有女性的柔情与细腻，“像母亲一样关注到每一个人”；在客户眼里，她“特别会办事”，是情商与智商双高、理性与激情兼具的企业家；在合作伙伴眼里，她具有超强的行动力，且行动往往卓有成效，一举多得，能兼顾到各个方面；在朋友眼里，她是不吝分享、具有成人之美、可信赖依靠的“小兵姐”……

但如果从李小兵身上提炼出一项最为关键的经营者品质，那就是：服务精神，以及这种精神背后的“善低”智慧、“利他”信念和创新意识。

经营企业的本质是利他。德鲁克说，“企业是社会的器官”，经营企业本质上是为了成全顾客，成就员工和伙伴，为社会作贡献。日本本田创始人本田宗一郎也因为率先确立“三喜欢原则”（让干的人喜欢、卖的人喜欢、用的人喜欢）而成为“汽车大王”。中国的儒家文化也强调“成人为己，成己达人”，意思是帮助别人就是帮助自己，自己成功的同时可以成就别人。

亨利·福特总结自己的成功之道时曾说：“成功的秘诀，在于把自己的脚放入他人的鞋子里，进而从他人的角度来考虑事情。”

李小兵在回忆大帝汉克的服务理念起源时讲道：“1995 年之前，我还在四川省经委饲料办工作，每天忙完单位的工作就联系客户，询问到货情况及产品使用情况，并按时回访意向客户，记录整理客户档案……这期间，我似乎找到了做营销的感觉，并初步形成了自己的销售理念——客户除了需要产品，还需要产品之外的服务。随着生产饲料调味剂的企业越来越多，竞争越来越激烈，客户越来越理性，售后服务工作就显得越来越重要。当时，我们在销售‘大帝香’产品之外，还充分发挥自身优势，帮助一些饲料厂做配方，指导他们生产，还帮助他们申请批文、参加评优等，从此开始迈向服务营销之路。”

在李小兵的亲身实践及带动示范下，大帝汉克的服务营销不断创新升级，构建了包含技术服务、价值营销、体验式营销、实证营销、生态营销等在内的“立体式”、系统性的服务解决方案。在 30 年的服务实践中，以服务为核心的营销文化鼓舞并影响到行业，获得无数赞誉，成为大帝汉克的品牌象征。

服务精神的底色是利他，需要有“善低”的智慧、“示弱”的胸襟，“地不畏其低，方能聚水成海；人不畏其低，方能孚众成王。”不管是与客户，还是其他的合作伙伴打交道，李小兵总是谦逊诚恳，把姿态放得很低。以为客户创造价值的诚挚之心打动客户，这样的例子不胜枚举。

“善低”也好，“示弱”也好，并不是懦弱无能的卑微，恰恰是“拿得起放得下”的通透修为，是至刚至柔的水的智慧、水的德性。

《道德经》中说，“上善若水”，“天下莫柔弱于水，而攻坚强者莫之能胜，以其无以易之”“水善利万物而不争，居众人之所恶，故几于道。居善地，心善渊，与善仁，言善信，政善治，事善能，动善时”。概括起来，所谓水的智慧、水的德行，一是清浊相融，包容宽广；二是至柔至刚，以己之力推动他物；三是愈挫愈勇，遇阻力更激发其能力；四是随境遇而“形变”，却始终不改本性。

30 年创业路上，李小兵成就了大帝汉克这份事业，大帝汉克也成就了李小兵的人生。

企业家文化奠定成功基石

企业组织是一个生命体，有着“与生俱来”的基因。这就是一个企业生存、发展、成长的遗传物质（DNA），是企业成长的底层力量，即企业精神与文化价值观的力量。

大帝汉克是一个注重文化、依靠文化的企业。大帝汉克成立 20 周年时，现任全国畜牧总站站长、中国饲料工业协会常务副会长兼秘书长王宗礼寄语大帝汉克：“前廿年初创筚路蓝缕立大信，后廿年拓展甜味芬芳孚众生。”这可以看作是对大帝汉克的企业精神与文化价值观的认可。

企业文化首先是企业家的文化。企业家的价值观与品质、精神在被成功验证后，继而被企业全体成员学习与效仿，并上升为企业精神与核心价值观，这也经常被称为企业文化的基因。

大帝汉克的两位创始人为大帝汉克的文化植入很多优良基因。例如，除了他们共有的创新精神和执着坚定的事业信念外，在喻麟身上突出体现的重事实、讲数据、重规律的科学理性，以及精益求精的钻研精神；在李小兵身上突出体现的不轻言放弃、坚持不懈的韧劲，追求完美、极致，“择一事终一生”的专注执着，富有人情味、以人为本的柔性管理，以及因为重视人、知恩感恩而广结行业善缘，等等。这些已经成为大帝汉克的企业精神与文化，成为大帝汉克实现持续成功的坚实力量。

追求完美极致铸就企业精神

李小兵曾说自己是大帝汉克的一个“小兵”，因为她把全部的心力都贡献给了大帝汉克与家庭。大帝汉克处处都有她的烙印，她的性格、品质、信念在企业实践中化为一种精神力量，深刻影响着大帝汉克的成长与发展，是大帝汉克企业文化当之无愧的缔造者。

文化有一种“教化”的力量，但它首先来自领导人的率先实践、垂范。她曾在《味无穷》里写道：

对于创业型企业来说，我的风格和作为会直接影响企业的状态——我勤奋，员工就勤奋；我一往无前，员工就会干劲十足，看到希望。一个勤奋、有闯劲的创业者，一定能够感染自己的员工和团队，能够让他们看到光明和希望……我非常不喜欢工作拖拖拉拉，拖沓和低效是我最不能容忍的。

作为大帝汉克企业文化的缔造者与率先实践者，在李小兵身上鲜明地体现出这些精神。

不服输的韧劲与坚持到底的决心。

做企业犹如逆水行舟，不进则退，需要有一路“过五关斩六将”的决心与勇气，而把企业做成功更是需要付出常人想象不到的艰辛，以及顽强的意志力。李小兵曾说，丘吉尔的一句名言我一直铭记着：“不被打败，唯一的办法就是不放弃、不放弃，绝不放弃。”“放弃”二字15画，“坚持”二字16画，放弃和坚持就仅有一笔之差！实谓差之毫厘、谬之千里。市场不相信眼泪，也不会因为性别、年龄、国界而体谅你，将市场送给你，只有自己武装起来，抬头挺胸向前走，坚持，坚持，再坚持！

不管是企业初创期间从无到有的艰难探索，还是在面对国内外品牌竞争时的无奈和无助，以及专业化的战略选择，拒绝外资收购坚持自主经营，生物技术研发，抗瘟、“禁抗”考验等，每一个艰难时刻，每一个重大决策，作为领导人，李小兵的这种坚持、坚定和韧劲，在关键时刻起到“一锤定音”的作用，给团队吃下定心丸。

她这种强大的韧劲与决心也使大帝汉克的经营更多了一种定力与稳健，让公司始终按照自己的节奏调整步伐、稳步成长、修炼“内功”：抓管理、建品牌，育人才，为大帝汉克的未来发展“夯实了土壤，增加了肥力”。

李小兵对发展企业的坚持与坚定，还体现在她敢于在基础设施设备上做投入、为未来做投入。比如，大帝汉克不仅在科研硬件设备、厂房与生产线安装投入上创下了多个“第一”“首次”，还组建专门的技术攻关团队，在环保设施与技术设备上也先后六次迭代升级，投入两三千万元，解决了环保难题。这每个决策的背后不仅要巨大的金钱投入，还要解决一系列复杂问题。而李小兵这种敢于拍板、敢作敢为的魄力也令大帝汉克人折服。

追求完美、极致，凡事力求尽善尽美，尽心尽力。

“英雄集中精力实现了每个想法，而‘狗熊’则是带着想法无聊地闲逛”，这是福特汽车创始人的一句名言。但凡能把一件事做成功的人都有一股子偏执狂般的较真劲儿。他们首先是对自己有高要求、追求完美、永不满足，以专注、极致、精益求精，追求“成事”和达到最优成果。

与李小兵共过事的人，对她都有这样的评价：极其认真，思维活跃，想法很多，凡事精益求精，尽心尽力，力求达到尽善尽美。虽然也有人说这太理想主义了，但正如《孙子兵法》所云：“求其上，得其中；求其中，得其下；求其下，必败。”高标准也是一种高追求。

李小兵自己对此有过深刻剖析，她说：“我非常推崇专注与极致。极致代表最佳意境、最高情趣、达到最高程度。它是一种态度，拥有这种态度就会自然而然地寻求极致的工作方法，极致的工作方法又会产生极致的工作成果——这个逻辑非常简单明了。”

极致并不代表复杂，它往往是穿越复杂之后的简单……虽然世界上从来不曾有什么完美的东西，但人类从来就没有放弃过追求完美。正是在这种不断追求的过程中，人类才得以不断进步。追求完美还可以让你尽最大可能地发掘自己的潜力，把事情做出色。如果不是几十年如一日地不懈追求，何来今天的大帝汉克？事实上，大帝汉克距离极致的目标还很远。动物采食调控的发展空间还很大，还有很多事情没有做好。要追求极致就必须做好每个细节。在中国，想做大事的人很多，但愿意把小事做细的人很少。大帝汉克的成功，就是做好了每一件小事，专注、极致地做好了一个细分领域。

值得敬佩的是，李小兵对极致完美、精益求精的追求，并没有因为年龄增长而消减半分。在公司里每当有攻关项目，她仍然是那个想到最前、盯到最后的人，而且不会放过任何一个可能会出纰漏的地方。虽然随着企业的发展，她也明白有时候应该“装糊涂”，没有必要事必躬亲，但30年来事无巨细、亲力亲为养成的习惯很难一时改变。

“择一事终一生”的执着与专注。

知乎上曾有一个热门问题：人最可贵的品质是什么？有人说是善良，有人说是努力，而其中不少人选择了专注。人生一世，在专不在广，在精不在多，一生做一件事、做成一件事，心无旁骛、持之以恒，于平凡处成就不平凡，这既是一种可贵的品质，也是一种人生境界。

李小兵曾说过，创业时并没有想到这份事情能干多久，但渐渐地就生出了深厚的感情，渐渐地就变成了不悔的追求。30年岁月如白驹过隙，一件件往事却历历在目，也曾困惑、迷茫、纠结，也有过无比艰难的“至暗时刻”，但心中始终有一股力量在支撑，这就是对事业的执着，对客户和员工的责任，对专业的敬畏。从饲料调味剂到动物采食调控，几十年如一日地孜孜以求，成就“国际化动物采食调控专家”，可谓“择一事，终一生，铸专家”。

李小兵的精神特质融入30年经营实践中，化成了大帝汉克的企业精神、文化基因。

企业精神是企业文化的核心，是比价值观更高一层的要求。大帝汉克的企业精神提炼为“四个主义”。①完美主义：精益求精，尽善尽美；②极致主义：尽心尽力，做到极点；③专业主义：择一事，终一生，铸专家；④坚持主义：坚持，坚持，再坚持。

“人对事成”为文化注入灵魂

由衷地重视人、关心人、相信人、成就人，管理有人情味是李小兵作为企业家、领导者的一项突出特征，也为大帝汉克的文化注入了熠熠生辉的人性之魂。

曾经有一度，“狼性”文化盛行，李小兵说：“我不希望把企业搞得很紧张，我不认为温情一些、人性化就干不成事，如果搞得很紧张很痛苦，那为什么要干呢？”喻麟也说，人，更多的是为他人而活。

在大帝汉克成立25周年的演讲中，李小兵讲道：我不希望我自己和我的员工变成不懂生活的“机器人”。我们应该用对待工作的态度来对待生活，用对待生活的态度来对待工作。“爱人者，人恒爱之；敬人者，人恒敬之。”她总认为，每个人都有一个属于自己的家和团队，离开家离开团队，就是无源之水，无本之木。

李小兵是这样说的，更是这样坚持实践的，大帝汉克尊重人性、有人情味，注重人文关怀的企业文化特色在中国饲料行业里卓有声誉。

以人为本，相信人对事成，注重员工工作与生活的平衡，这些理念都是超前的。

社会上一直有一种误解，认为有人情味的文化就是只讲情理不讲“规则制度”的“家文化”。事实上并不是这样，尊重人性、有人情味是指在管理中真正把人当作目的，而不是工具，以人为本。在西方大规模工业组织发展过程中曾过度强调规范化、标准化管理，一度把人等同于物，以德国和日本为代表的隐形冠军企业的涌现与崛起，恰恰证明了人本管理才是未来管理的大势所趋。

抱持感恩心态广结行业善缘

大帝汉克企业规模虽然属于中小型企业，却是中国饲料行业颇具影响力的企业，他们的朋友遍及产学研，这与李小兵重视人、关心人、相信人，富有人性关怀，始终保持着强烈的感恩心态有关。

在大帝汉克20周年的巡回演讲上，李小兵和喻麟总是在说“感谢”，客户、员工、家人、师长、朋友……从谁那里得到过启发，从谁那里得到过鼓励，他们如数家珍，说了无数次的感谢。回顾一路走过来得到的无数帮助与支持，以及受到的非难与挫折，留下的只有一句“感谢”。这种谦逊品质、感恩心态和赤诚之心令在场人士无不感动。

李小兵说：“回想大帝汉克从创业到发展一路走来，创造了一个又一个的‘不可能’，成为中国饲料调味剂开发的佼佼者和领跑者。追根溯源，不是我一个人在管理企业，管理团队，而是饲料行业最优秀的专家在帮助我排忧解难。”

这些朋友，这些老师，始终印刻在她的深情回忆中：

1991年，我有幸认识了中国农业大学李德发教授，在一次晚宴后，他得知喻麟要考托福，耐心地告诉我们如何报名备考。当听说我们没那么多钱报名时，他毫不犹豫地就从口袋里掏出500美元给我，当时我感动得掉下眼泪，这件事让我终生难忘。后来我有幸又和他同往美国，他在飞机上告诉我：“科研成果必须与生产实践相结合，在生产实践中才能完善自己的理论，通过科研成果的转化获得收益来补偿科研经费的不足，只有这样才能保障科研工作的持续性。如果说我们的研究工作最终不能指导生产实践，那么这种投入就是浪费。”他的一席话启发了我，让我认真思考大帝汉克如何与高校的科研相结合。

回顾大帝汉克30年的历程，李小兵深情地说道：“大帝汉克30年的发展，感谢这个伟大的时代，感恩于大帝汉克出生于中国，成长于中国，中国市场、中国饲料行业养育并助推了大帝汉克的发展；感谢支持、帮助、见证大帝汉克成长的客户、供应商和各界朋友；感谢曾经为大帝汉克发展作出贡献的大帝人……”。

中国人民大学的彭剑锋教授说：“企业经营的本质是经营人性、经营人心，经营人的价值与人的发展。”我们深以为然，正是从李小兵开始的重视人、相信人，以人为本、人对事成的文化，才成就了今天的大帝汉克与大可期待的未来。

企业家的胸怀、格局与事业追求，是一个企业能否活得久、走得远的决定性因素。

做企业归根结底是为社会作贡献。正如李小兵所说：“开始做企业时，想到的仅仅是干点事情，养家糊口；后来想到要支持亲属和朋友；后来又想到员工，想到要给每位员工一个实现自我价值的舞台；再后来才想到要更多地为社会作贡献。”

一直以来，我国中小民营企业的低存活率一直备受关注，到目前为止，中小民营企业平均存活期限仍然不足10年。据《经济日报》报道，准确的统计数据是2016年的“6.9年”。

彭剑锋教授在一篇《回归长期主义，完成顶层设计思考——世界级企业与细分行业领袖与隐形冠军之道》的长文中分析道：“为什么很多中小企业活不长做不大？我认为也不是企业家没有抓住机遇，而是企业家目标追求‘封顶’了，企业家成了企业持续成长的天花板。根本原因在于企业没有打造一个不依赖于个人的组织，没有完成从机会成长向组织成长、从个人能力到组织能力的转变。”

中国企业家最需要改变的地方，就是要建立长期价值主义思维，企业家要善于抓机会、顺势而为，但不能过度投机主义，如“急于求成、等不及，毕其功于一役，赌一把”的心态；走捷径、挣快钱、捞浮财的思维惯性；盲目多元、不专注、不聚焦的成长路径，不愿意也不舍得在人才、技术、管理这些软实力上去做长期投入，不关注产品如何真正为客户创造价值。

流水不争先，争的是滔滔不绝，这是大帝汉克一直信奉的理念。专注聚焦、稳健发展、步履不停，这是大帝汉克的长期价值主张。

第二章

专注成就专业
战略引领发展

“战略规划是一项企业家技能”，德鲁克说。原因是，“无论是研发还是新建工厂，设计新营销组织还是新产品，每项重大管理决策的后果都需要经过多年时间才能显现出来，在此后数年里决策必须富有成效才能收回人员和资金方面的投入……领导者别无选择，必须立足于系统性的基础，善于做出长期决策，进而平衡短期和长期目标。”所以，企业的战略主要体现在基于未来的系统规划。

企业的成功在很大程度上源于战略规划的成功。

战略规划是一个连续性的过程、一组系统性的策略及实施计划。一个完整的战略规划至少包括确定目标、制订计划、形成文本以备评估。战略规划是企业从机会状态迈入战略状态的标志。

战略规划的起点是企业的目标，在每一个目标领域都需要思考：“当前必须做什么才能实现未来的目标？”“必须从事什么业务，何时着手？”等，因此，战略也是一种有目的性的选择。

有人说“战略 99% 的是执行”，这是因为战略规划只有转化为具体的工作，才不会成为一纸空文。因此，战略是需要被管理起来的落地实施，是为战略管理。

大帝汉克取得今天的成就，与企业领导者的战略意识、规划意识与战略定力分不开，尤其是从 2008 年确立了专业化发展战略后，坚定地聚焦于目标配置资源，一丝不苟抓落实，在技术创新、市场与品牌建设上取得突出成绩。当然，战略规划能够切实落地，与大帝汉克人对战略目标锲而不舍的追求，以及对战略规划兢兢业业、认认真真地落地执行分不开。

从 2005 年开始系统思考和规划企业发展战略问题，至 2021 年，大帝汉克已进行了 5 次战略管理修订，完成了“让动物享受健康和美味”到“成为国际化的动物采食调控专家”的企业愿景提升。

在饲料调味剂、动物采食调控领域的聚焦专注也使公司收获了各界的认可：被认定为“国家高新技术企业”和四川省“专精特新”企业，经营上也实现了被称为“最美销量曲线”的持续稳健增长。

战略是基于未来的选择

战略是一种选择，是一种从“未来”观照现在的思考：做什么和不做什么，以及怎么做的选择。选择是一种取舍。这种选择，并不都是“高瞻远瞩”和“伟大正确”的，恰恰相反，它往往是创始人伴随企业发展的自我成长和觉悟，经历了从不自觉到自觉、从被动选择到主动选择的一个过程。在这些转变和实践探索中，大帝汉克有过失败的经历，有过迷茫的徘徊，但始终有不抛弃、不放弃的坚守，总结了经验教训，积累了成功经验，提升了研发能力，沉淀了企业文化，夯实了管理基础，构建了以战略目标管理为核心的管理体系和战略引领企业发展的格局。

四次选择坚定事业信心

中国的“吸管大王”、浙江义乌双童日用品董事长楼仲平曾说：“（创业时）哪有什么战略，我们都是踩着西瓜皮，滑到哪里算哪里。但有一点清楚，我们就像爬楼梯，从来没有满足过，从来没有停顿过，爬上一个楼层又看到一层，我们还可以爬上去，就又爬上去了。”

大帝汉克也有类似的经历，创业初期忙于埋头拉车，对于公司走到哪里去？要走多远？也不是很明确。但埋头赶路的过程中，潜心钻研，渐渐地状态有了，方向明了，目标清楚了。

在战略规划上，大帝汉克从开始的认真做事到战略意识的萌发，再到以战略规划与战略管理系统指导公司经营；在愿景目标上，经历了从“让动物享受健康和美味”到“饲料调味剂专家”，再到“动物采食调控专家”的进化；在业务上，经历了从一元化到多元化探索，再到专业化聚焦的历程。

20 世纪 90 年代初，祖国大江南北沐浴着改革开放的春风，涌现出一大批私营企业，创业者们看准了一个赚钱的机会，拉上家人朋友、同学哥们儿，风风火火地开起“夫妻店”，办起“家庭工厂”。1992 年 3 月 12 日，“成都市成华区大地香饲料行”正式注册挂牌成立。当时的养殖客户基本都是散养户，饲喂动物以农副产品下脚料和泔水为主，对商品饲料的接受度低，饲料香味剂在普及科学养殖和推广饲料科技中发挥了积极作用，在中国饲料行业的发展中有独特的历史地位。因而选择饲料香味剂作为主产品，可以看作公司的第一次选择。

1996 年，为了更好地研发产品，把控质量，为客户提供稳定可靠的产品和服务，“成都市成华区大地香饲料行”改名为“成都大地饲料有限公司”，并注册“大帝”商标（“大地”商标已被他人注册），由饲料行转向生产销售公司，这可以看作公司的第二次选择。成立公司，不仅意味着要承担更大的责任、面临更多的考验，更是一种对岁月的承诺，是一种准备好经受时间磨砺的选择。

考验很快来到了，除夫妻俩之外的一位合伙人由于不认同公司化运营，在经营思路上发生分歧。此时，喻麟和李小兵却萌发了“把企业当成事业做，把事业当成家庭经营”的意识，坚持公司化运营。最终合伙人决定退出，把股份转让给了喻麟和李小兵夫妻二人。由于公司的建立是以喻麟的科研成果为基础，所以合伙人的变动没有动摇二人经营公司的信心，反而坚定了把公司做下去的决心，这可以看作公司的第三次选择。

那时候，邓小平同志提出的“科技是第一生产力”“发展是硬道理”极大地鼓舞了夫妻二人，市场需求的旺盛也使他们看到了经营前景。从那时起也坚定了技术是企业发展的核心的认识，要使企业更具市场竞争力，必须优先建立技术团队。这一时期，留日的归国学者包清彬、留德的归国学者曾凡坤、成都香料总厂副总工程师李松柏等一批优秀技术人员陆续加入公司，为大帝汉克技术核心团队的形成奠定了坚实的基础。

第四个战略选择是关于“选择”的选择。在家族企业中，战略选择往往由少数家庭成员来决定，缺少组织化的决策机制，很容易引起企业家族成员之间的分歧和矛盾，从而影响企业的正常经营。在企业的战略选择过程中，喻麟和李小兵也曾经有过分歧，简单说就是，谁最后拍板?

站在企业发展的角度，夫妻俩都有一番设想，谁也说服不了谁，那就换一个角度来考虑：企业和儿子，夫妻俩如何分工负责，或者说谁更适合去国外陪孩子读书？这样一问，答案渐渐明朗：喻麟英语是强项，开车是能手，主攻科研，时间自由，远程操作更方便，是适合去国外的最佳人选。

对两位创始人来讲，他们有两个情感深厚的“儿子”，一个是在国外读书的亲生“血脉儿子”，一个是大帝汉克这个“缔造儿子”。面对两个“儿子”，手心手背都是肉。双方都有难以割舍的情感、放不下的牵挂。经反复掂量和思考，最后，喻麟把企业实际控制权、经营权交给了妻子，自己去加拿大边照顾儿子、边搞科研，甘当“空中飞人”。

这一决定，对于大帝汉克走到今天来说至关重要。在中国的私营企业中，“昨天艰苦创业是夫妻，尔后富贵成路人”的故事屡见不鲜。究其原因，不外乎在权力和财富面前谁也不肯相让，企业与家庭难以平衡，情、理、法、财等纠缠在一起，“剪不断理还乱”，直至夫妻感情消磨殆尽，甚至酿成解不开的怨恨。

把企业与家庭平衡好需要大智慧，而喻麟和李小兵一手经营婚姻家庭，一手经营企业，夫唱妇随，妇唱夫随，情深意切，“你在前，我就是你身后的坚定支撑者”，形成完美的互补，在业内被传为佳话，也成就了大帝汉克的成功。

探索多元化经营

大多数中小企业在创业成功之后，会在扩张的冲动和稳定的经营之间纠结徘徊，经常要面对“专业化”和“多元化”发展战略的选择，而经营环境的变化往往是影响决策的重要推手。

1999 年，中国饲料工业几乎一夜之间普降寒霜，全国 13000 多家饲料厂出现了大面积亏损，行业企业倒闭 2000 多家。当时希望集团一下子并购了大大小小的饲料企业 30 余家。正虹等企业也开始在全国建厂，饲料行业的大集团时代正在来临。在经历了 1999 年的大面积亏损后，到 2002 年，饲料原料持续涨价，饲料行业又全面进入了微利时代。猪饲料利润一般在每吨 120~150 元。母猪料、仔猪料利润较高，可以达到每吨 300 元左右。相比猪饲料，家禽饲料利润更低，一般每吨利润只有 100 元左右。有些饲料企业为了节省成本，开始减少饲料添加剂的使用，饲料调味剂面临危局。

李小兵负责营销和管理，长期的经营经验告诉她，任何时候，客户至上是关键、保住销量才是第一。基于这个重要的考量，天生稳重性格的她毅然决定，打好产业链上下游牌，开辟添加剂预混料业务，与主营业务形成互动。让大帝汉克在行业低迷的情况下仍然保持了增长。2002 年 7 月，大帝汉克收购了占地 30 多亩的凤凰山奶牛场，开辟了新的生产及动物试验基地，“大地饲料公司”在多元化领域里的第一次试水开始。

2003 年 1 月，成都智能春生物技术有限公司挂牌营业，主营业务为添加剂预混料，大地饲料是大股东，其他股东来自公司员工。遗憾的是多元化经营之路并非一帆风顺，一年半之后，智能春的经营出现问题。当时的预混料企业普遍存在“赊销放货、低质低价、同质化”等问题，智能春也不例外。另外，预混料企业为了扩大销量，往往是先铺货后收款，但李小兵要求智能春坚持货款交接方式：现款现货。结果许多经销商立即转头去代理其他企业的产品。这样一来，智能春的客户日渐趋少，经销商合作意愿不强，经营越来越困难，创业的职业经理人退股另谋发展。新人接手半年无发展，无奈只好关闭智能春。

当时很多饲料企业开始建立自己的商贸部，除了销售自己的产品外，还对外销售饲料添加剂等产品。为了扩大销量，拓展流通渠道，降低成本，2004年1月，大帝汉克投资设立四川美意达商贸有限公司，除了销售自己生产的酸化剂、大蒜素外，还代理其他饲料添加剂产品，由专人负责运营管理。

与此同时，在“让资本创造更大价值”理念的驱动下，大帝汉克在2007年9月成立了成都大地春天投资有限公司，投资了一些业务，其中的土地投资项目取得不错的效果。2008年，成都市新建一条从中心城区通往北部新城及新都区的快速通道，根据规划，凤凰山奶牛场正好在这条路上，政府除了补偿了一部分现金外，还在城区以平价补偿了4套房产，根据员工的贡献，公司将这4套房产以平价奖售给了员工。

第一份战略规划书

至今，李小兵还清楚记得这样的一幕：2004年6月的一个周末，喻麟、李小兵夫妇在成都一家茶馆里约见出差四川的老朋友——加拿大国际发展署中国农业发展项目的前项目官员胡松先生。看似轻松的喝茶聊天，3人却热烈地讨论一个严肃的话题：大帝汉克创业成功后，未来企业还有多大发展空间？是继续专注于香味剂市场，还是抓住中国经济腾飞的机会搞多元化发展？尤其是在中国2001年加入WTO后，中国畜牧饲料行业和企业正面临前所未有的新挑战、新机遇。这是一个关乎公司前途和命运的重大课题和历史转折点。从那时起，这位资深国际农业发展项目专家意外地开始了一个兼职“副业”——为大帝汉克做企业战略顾问。

喻麟和李小兵梳理出当时企业面临的三个重要问题：企业的发展方向是什么？怎么给予员工更大的舞台？怎么保持业绩稳中有升？由于这些问题涉及企业的战略规划，因此提出来与胡松进行讨论。

胡松首先问了李小兵一个私人问题：为什么要继续做企业？有没有想过把企业卖掉，然后可以云游世界，享受世间繁华？李小兵朴实地回答：企业发展到今天有感情了，割舍不下员工之情，客户之情，何况自己的兴趣爱好也不是云游世界坐享清福，除了这个饲料行业别的生意也不会干、也不感兴趣。胡松接着又问了一个问题：既然想继续做企业，那么想把企业做成什么样子？比如做多大规模？李小兵坦诚道：从没想过做世界 500 强，只是想把企业做好，保持增长，让员工和客户都满意开心就好。

虽然李小兵当时并没有学过企业战略管理理论，但出于企业家的敏锐和对企业经营的质感，她准确抓住了“增长与保持竞争中的安全规模”这个关键点。

战略首要的是寻找规模增长空间，企业不仅是要规模增长，更需要利润增长。只有保持增长才能保持企业在竞争中的安全规模。也就是说，围绕畜牧业产业链的上下游寻找机会，而不跨界发展，核心是保持业绩增长，形成安全规模。毫无疑问，这一定位是清晰的，符合当时大帝汉克的实际情况。

企业家的思路清晰了，接下来就是看能否在企业内部达成共识。

2005 年 4 月，胡松负责的加拿大国际发展署“中加小农户适应全球市场发展项目”与中国农业大学经济管理学院 MBA 中心联合开发的“中小农牧企业工商管理培训课程”在四川省绵阳市梓潼县的“两弹城”举办首期培训，李小兵带领公司核心管理团队全程参加培训，系统学习了家族企业管理、中国农产品及食品加工产业发展战略、中小农牧企业的生存空间和市场营销、电子商务和信息化管理、财务及风险管理、新产品开发战略、现代化生产管理、人力资源管理、现代企业制度、如何编写企业商业计划、企业 CIS 策划（公关和品牌打造）、企业团队和文化建设。通过这次培训，公司管理层不仅丰富了企业管理的理论知识，开阔了眼界和思路，也有幸结识了一批专家。

大帝汉克是企业家的企业，也是全体大帝汉克人的企业。企业的发展方向是什么？怎么让员工有更大的舞台？怎么保持业绩稳中有升？其实老板和员工都想知道这些问题的答案，也是大家希望努力的方向。2005 年 12 月，大帝汉克召开了专门的企业战略研讨会，聘请胡松主持研讨，拟订 2006—2010 年公司五年发展战略规划。

大帝汉克的战略制订过程，既有专家的前期摸底、调研准备，也有企业管理人员在主持人引导下开展的深度研讨。当时，较多的人主张成立企业集团，实行业务多元化，理由主要有四个：一是公司的调味剂产品品类较少、市场同质化程度较高，不尝试多元化业务，在集约化养殖趋势下，业绩难以保证；二是当时饲料企业纷纷成立集团公司，为饲料企业服务的公司形象和实力也应提升位次，以与客户位次相符；三是大帝汉克经历十几年发展，在资金、内部管理、企业组织机构建设、人才储备、产品体系、市场网络、企业形象与品牌建设方面均达到一定程度，积累了更大的发展条件；四是实际上当时大帝汉克在多元化发展上已进行了布局，也取得了初步成效，具备多元化发展的基础。

从上到下几经讨论，2006 年 3 月，大帝汉克编制了第一份战略计划——《成都大地饲料有限公司企业发展战略计划书（2006—2010）》。

这份战略规划书的关键点：一是确定了公司未来多元化集团化道路，总体是立足畜牧业发展，以产供销实体和资本运作两条路方式，实现国际化企业集团之路；二是在多元化的发展中，进一步明确了调味剂产品的主营地位；三是明确了业务多元化的方向，即生物发酵产品，探讨生物技术与饲料调味剂如何结合。

第一份战略规划书，明确了公司未来发展的具体方向和目标，标志着大帝汉克从机会发展状态进入战略发展状态。

值得强调的是，从 2005 年年底的战略讨论开始，到后来每年的战略盘点，在大帝汉克逐渐形成了组织外部顾问、内部核心团队成员共同进行头脑风暴，经过民主而充分的讨论后集中决策的特点。

专业化发展的战略状态

企业有两种存在状态：机会状态和战略状态。机会状态简单说是只要赚钱就行，赚钱是唯一标准，而战略状态是会根据企业的产业理想及事业规划进行选择和部署，有所为有所不为。

什么叫战略状态？可用跑步比赛来比喻：战略规划是包括赛道、冲刺线、发令枪、裁判与规则等在内的一个场景，场景准备好了并不代表跑步比赛就开始了。只有当运动员已经在心中做好了战术计划，并且伏身在起跑线外做好起跑姿势等发令枪响起，一场跑步比赛才算真正开始。所以很多管理咨询师在进入企业时，会首先了解企业是否进入战略状态。

进入战略状态的企业，并不是说就不要机会了，机会本身不是错，但是企业如果总处在机会状态（或称作机会主义）就会是个问题：只有生意，没有事业，或只是投资一个项目，而不是经营一个产业；圈占机会往往会带来人才、时间、资金等的不平衡，实质是资源与机会的不匹配。

从产业位置选择来讲，机会状态时，企业不会谋求占据产业中的地位；战略状态时，企业是为了达到产业的某种地位，也就是企业有“产业理想”。

从组织建设讲，机会状态时，企业往往是“英雄作战”，只要有老板或者几个资源整合能力强的人，企业就赚钱了；战略状态时，是“军队作战”，需要市场、渠道、研发、生产、供应、物流、质管等协同作战。

企业只有进入战略状态，明确主业，明确定位，明确竞争的市场、区域、客户领域，也就是明确自己的经营模式和盈利模式，企业才可以集中配置资源、付出努力。

只有进入战略状态，才能看清楚战略与内外部环境的适应性、战略与资源的匹配性等战略问题，战略得失也只有在战略状态中才能得到检验。

执行第一份战略规划之后，迈入战略状态的大帝汉克在 2008 年迎来了一次关键转变：在多元化试水后聚焦于动物采食调控领域的专业化发展道路。这次重大转变，为后来构建领先于业内的竞争优势，“小步快跑”式的稳健发展奠定了基础。

坚定走专业化道路

“如果有谁试图同时赢得 100 米和马拉松比赛的金牌，那么他在这两个比赛中注定都会失败。聚焦是获取优异表现的先决条件。”聚焦战略在业务领域，首先是专业化，知识的专门化和产品的专业化。《隐形冠军》作者赫尔曼·西蒙教授指出：“尽管进行战略聚焦和坚持不懈的专注是一项艰难的任务，但是，相对于什么都做而导致的精力和资源分散而言，高度专注战略带来的风险可能更小。专才往往能够击败全才。”

大帝汉克通过自己的亲身实践，也深深领悟到这一点。专注和聚焦可以理解为是一种价值观：坚持长期价值导向，围绕特定客户提供有价值的长期服务，而不是追求短期发展机会，专注、聚焦于自身所坚守的产业领域，围绕客户创造独特的、不可替代的价值。

大帝汉克的多元化和国际整合过程并不顺利。2008 年，在国际化整合过程中，本意“借船出海”与国际知名企业进行合资，但合作的外资企业却开出了“五年后创始人退出”“大帝汉克品牌消失”的收购条件，这迫使李小兵重新去定义市场发展空间、盘点组织能力、思考大帝汉克的未来。

她把人才、资本、技术等经营要素一一地仔细盘点和反复权衡，认为大帝汉克各方面的条件并不比国外企业差，“国外企业能做好，我们就做不好吗？”李小兵柔中带刚不服输的劲头再次展现出来，顶着各方面的压力，断然拒绝了国外企业的合作协议。她当时说了一句话：**饲料调味剂虽然是饲料添加剂的一个小品种，但也需要优秀国产品牌的存在，大帝汉克是中国的企业、民族的品牌，不能一卖了之。**这句话，掷地有声，展示了一位女企业家的气魄和爱国情怀。

大帝汉克拒绝了外企的高价收购，也斩断了一条退路。开弓没有回头箭，这个经历反而坚定了李小兵把大帝汉克做精做强的决心，由此大帝汉克延续了7年之久的专业化和多元化之争也到此结束。在同年的温江幸运城战略研讨会议中，大帝汉克不仅明确了走“聚焦优势领域，走专业化发展道路”的战略决心，甚至做好了“向死而生”的准备——面对“调味剂行业这么小，可能是死路一条”的质疑，李小兵说：“要死，我也要让大帝汉克做到行业里最后一个死！”

2008年12月，在成都温江东方幸运城，大帝汉克召开了由供应商、经销商、用户、外部专家代表以及公司员工代表参加的战略研讨大会，战略讨论环节由胡松主持，采取分组讨论的方式，回顾近些年的发展和战略执行情况，对产品、市场、管理、品牌、文化等进行了全面审视和评价，对大帝汉克的定位和未来发展做出了决定，意义重大，影响深远。

（1）将愿景“发展成为具有国际竞争力的企业集团”修正为“成为具有国际竞争力的企业，成为世界级的饲料调味剂专家”，这就将战略定位从多元化、集团化发展，转型定位为专业化发展，从此坚定了公司专业化的道路。

（2）整合上下游合作伙伴（客户）及内外部智慧资源，达成了共识，增强了做“调味剂专家”的信心。

（3）全面回顾了发展战略，制订各板块的战略实施计划（年度计划），建立了一套战略制订的有效程序。

东方幸运城战略研讨会是确定专业化发展道路的重要里程碑，是大帝汉克“长征”中的“遵义会议”。

通过 2008 年战略目标的修订，大帝汉克坚定走专业化发展的道路。在战略目标的指引下，加大了专业化科研投入与品牌建设。2008—2013 年，大帝汉克实现了销售目标的逐年递增，从众多的饲料调味剂企业中脱颖而出。

2013 年 12 月，大帝汉克进行战略复盘，发现已顺利实现了“饲料调味剂领域保持领先地位”的战略目标。但面对移动互联网时代的来临、养殖结构快速从散养户走向规模化经营的环境变化，公司将战略周期从五年调整至三年。

2014—2016 年战略规划里，在强调继续走专业化发展之路的同时，进行专业化升级，大帝汉克愿景目标从“成为世界级的饲料调味剂专家”明确升级为“成为世界级的动物采食调控专家”，在这一战略周期里，开创性地将生物技术运用于饲料调味剂生产领域，并获得 14 项国家专利技术，奠定了未来发展的技术基础。

2019 年 12 月 19 日，大帝汉克举行了“凝心聚力，赢享未来”的战略大会，在这次大会上，进一步将企业愿景明确为“成为国际化的动物采食调控专家”，确立使命为“给动物提供美味和健康的产品，为社会创造价值”。

值得一提的是，大帝汉克在专业化发展的同时，注重社会责任的履行。2016 年，把“环保绿色发展”纳入公司战略，并创造性地用自主研制的生物技术攻克了“气味环保”的难题，致力于农牧产业链的绿色健康发展。2018—2020 年连续三年获得最高环保等级殊荣——“环保诚信企业”。

聚焦细分市场

全球领先的医药包装设备公司乌尔曼（Uhlmann）说：“我们一直以来只有一个客户，将来我们也会只有一个客户，这就是制药行业。”这家公司的理念是“只做这个，做到极致”。

占领一个市场最简单的方式是从一开始创造这个市场。专业化经营首先要做的是聚焦于细分市场，致力于在这一市场的竞争力提升，从而主导这个利基市场，通过专业化经营获取更多的利润。菲利普·科特勒在《营销管理》中提出“利基市场”的概念，即企业集中力量针对某个特定的目标市场，或严格针对一个细分市场，或重点经营一个产品和服务创造出产品或服务优势。利基市场要求专注、聚焦，专注于自己的竞争力，成为小市场中的主导者，在小市场中做出大成果。

大帝汉克是因饲料调味剂技术研发而诞生的，喻麟是国内饲料功能性调味剂研究的先行者，更是香味调味剂的首创者。从市场的角度来说，这相当于自己创造了一个市场，创造了客户，从而占据了市场先机。在后面的发展中，虽经过短暂的战略摇摆，但技术这个核心抓手始终没有放松过。30年来，大帝汉克仍然是依据技术领先和紧密的客户关系，以及具有影响力的品牌和创新的价值服务，占据了调味剂这个细分市场的主导地位，为持续发展奠定了基础。

聚焦于细分市场，大帝汉克依靠并锻造了两张“王牌”。

调味剂领域技术领先。大帝汉克因技术立企，技术研发是企业基因。公司搭建了一支由饲料和动物营养学领域国内顶级专家顾问+自主培养的科研型人才为核心的研发团队，保持科学精神，以客户价值为导向，一头从动物机理研究入手，一头从客户需求入手，把两者有机结合，取得了一系列科研成果，构建了结构合理、应用全面的产品系列。大帝汉克获得多项省级、国家级科技成果认证，有的还填补国内空白，获得国家高新技术企业、四川省动物采食调控工程技术研究中心、四川省企业技术中心、四川省博士后创新实践基地、成都市院士专家工作站以及成都市产学研联合实验室等多项技术机构资质，参与三项国家标准制定，在设备和工艺水平方面，也取得多项“第一”和“唯一”。正因此彭剑锋教授高度评价大帝汉克是“小企业出大专家，小企业制定大标准”。

客户利益最大化。做企业就是要洞察客户需求，包括隐性需求（还没有显性化），满足客户需求，为客户创造价值。对客户的需求研究深入，成为客户的好朋友，为客户提供解决方案（包括解决客户遇到的疑难问题），这些正是大帝汉克的基因。大帝汉克得以成立就是因为客户买单，第一单是与希望公司签订的。作为饲料行业中的一个分支，产品属于功能性产品，赢得了广大客户的认可和支持，为客户创造了最大价值，才有大帝汉克的今天。

“以客户为中心”既是大帝汉克的理念，也是大帝汉克的必需。李小兵既有营销天赋，又有服务意识，还有创新思维，她身体力行总结出来的大帝汉克的营销文化以及包含价值营销、体验式营销、技术营销的营销模式等，某种程度上已经形成一种难以模仿的企业竞争优势。

华夏基石的专家指出，单一领域的成功企业都有自己独特的竞争优势，竞争优势必须满足三个条件：对客户来说是重要的；客户能够切实感受到的；保持不易模仿的。

而大帝汉克在产品质量的稳定性、与客户的紧密关系、准时交货、售前售中售后服务和经济效益这五个方面是客户非常认可的。他们深深地体会到，要长久地赢得客户的心、赢得市场的认可，不是靠一项优势，靠一时的努力，更不能急于一时的规模和资本的逐利，而是要在“人、财、物、产品、市场”诸多方面齐头并进，发扬“努力再努力，坚持再坚持”的持之以恒精神，以及追求“极致、完美”的深耕态度。

经历了多元化探索之后，大帝汉克认清了自己的优势，专业专注是取得市场地位的法宝，因为只有这样才能更好地贴近用户，为客户带来更大的价值。专注和聚焦战略为大帝汉克带来了 30 年的稳健增长，给了他们信心和底气。展望未来，在不确定的时代，相对于突飞猛进式的增长，稳健的“小步快跑”式发展将是时代发展的主旋律。从 2016 年开始，国家也大力倡导“专特精新”的单项冠军企业发展，这也给了大帝汉克极大的鼓舞，未来围绕着“成为国际化的动物采食调控专家”的愿景，他们将继续走一条专业、专注、聚焦、持续的发展之路。

专注成就专业

“我们是动物采食调控方面的专家”，这是大帝汉克人经常自豪地挂在嘴边的话。

德鲁克有个观点：企业经营本质上是在经营知识。他提出，企业经济绩效的取得往往是差别化的结果，而差别化的源泉是企业中的一批人所掌握的特定和独特的知识，有形的商品或服务只是企业独特知识的载体，是用顾客的购买力交换企业知识的手段。

因此，“企业必须了解自己擅长做什么和不擅长做什么。必须经常问自己：我们擅长做什么，怎么才能比其他企业做得更好？随后，还要问：我们不擅长做什么，而其他企业在这方面似乎没遇到过麻烦？”

事实上，这正是大帝汉克在坚持专业化道路上的持续追问：我们感到最有优势的，最自信的是什么？我们怎么保持这种优势和自信？每次战略会议研讨，这都是基本命题。最后的答案是一致的：我们在动物采食领域的专业知识，包括科技、产品、工艺及对客户需求的把握。我们也只有通过持续的保持专业、专注，持续深入研究和积淀，坚持自主研发和持续创新，坚持专业，才能不断保持领先。

专注成就专业，深度成就高度。坚持在饲料调味剂领域的深耕，让大帝汉克对动物味觉和嗅觉的研究也更加深入，很多产品都属于前沿性、引领性的。大帝汉克自主开发的“222”“110”“501”“312”等香味剂产品适应动物的喜好和生理需求，至今没有被其他企业模仿成功。比如，“110”产品的一些概念，其中的成分对动物采食的影响，在2021年左右才被报告出来，而这个产品大帝汉克已推广了25年。

专业给大帝汉克带来了更多发展机会。大帝汉克每推出一个原创产品就会打开一片新的市场，吸引同行模仿，起到引导行业整体水平提升，促进饲料工业发展的作用。

没有饲料添加剂，就没有饲料工业。今天，伴随着研究的深入，大帝汉克经历了几次专业化升级，体现在企业愿景上，是从“大帝香”到“安全美味的调味剂”再到“饲料调味剂专家”，直到“动物采食调控专家”。从注重调味剂对提高养殖生产率的功用，到注重对动物生理的影响和应用的实际效果，以及生物技术的环保安全性，大帝汉克依据的就是对动物采食机理的深度研究和几十年积淀下来的专业知识。

大帝汉克始终关注技术研发与价值创造的结合，一头是对动物采食机理的研究，另一头是对饲料工业发展的关注，同时关注我国的资源和环保压力，通过技术进步，主动承担科学发展的企业社会责任。

大帝汉克企业体量虽然不大，但凭借知识专业性、技术领先性和产品先进性，以及服务创新引领性，换来了客户的称赞与认可，这是大帝汉克的营销人员最感到骄傲的地方，不是靠促销、低价等手段去卖产品，而是通过产品、技术和服务，帮助客户解决真问题，创造真价值，与客户共同成长，并促进整个饲料行业的科技水平提升。

以成果为核心的战略管理

德鲁克指出，战略规划始于目标，目标牵引行动，行动指向成果。德鲁克非常强调战略管理要为成果而管理，他的著作《为成果而管理》，其实最初的书名是《战略管理》。

愿景是企业的最高目标。关于愿景目标的意义，法国作家安托万·德·圣·埃克苏佩里有个形象的比喻：如果你想建造一艘船，先不要把工匠都召集到一起，收集木材，安排任务，分配工作，你要做的是激起他们对浩瀚大海的向往。

大帝汉克的做法是，让员工充分参与目标制订与管理，达成战略共识，形成“千军万马攻一个城墙口”的力量；同时以市场为导向，围绕着增长配置资源、分解目标、落实责任，通过绩效管理保障目标实施，最终取得与预期相符合的经营成果，这就是以成果为核心的战略管理过程。

实现“最美销量曲线”

“要么持续增长，要么衰退。”这就好比一棵树，停止生长的那一刻就是死亡的开始。销售规模增长是衡量一个企业是否具有生存能力和发展能力的关键指标，稳健的增长也是一个企业是否健康运行的标志。

世界知名设计家和商业巨子雷蒙德·罗维有一句名言：“最美的曲线是销量上升的曲线。”

30 年间，大帝汉克销售额从 1992 年的 15 万元到 2021 年的 3.2 亿元，2000 多倍的增长，这是大帝汉克交出的答卷；30 年，从 1992 年的 96 吨到 2021 年的 9778 吨，年均增长率保持在 15%，这是大帝汉克绘制出来的美丽“山峦”。

2014 年 3 月 21 日，中国农业大学 MBA 教育中心主任付文阁教授率 2013 级中国农业大学农业与食品行业青年领袖 EMBA 班及部分企业代表近 50 人来到公司，以大帝汉克战略管理的演变和 2014—2016 年的战略为案例进行课程教学、学习研讨，研讨结果认为大帝汉克在战略管理方面是成功的，尤其体现在战略目标的实施与管理上。成功的原因归纳为：

（1）企业发展战略目标在实施的过程中，喻麟与李小兵高度重视，专人管理，不断修正、不断强化，使战略目标的实现成为可能。

（2）在战略目标制订的过程中，对企业上下游的资源都进行了梳理，并邀请利益攸关者参与战略制订过程，有效地利用了外部资源。

（3）围绕公司的发展战略目标进行了强有力的动员推广，如广告、会议、品牌推广活动。

（4）围绕公司的发展战略目标，组织架构清晰，公司确定了分管负责人，从组织上确保目标落实到位。

（5）公司在制订营销战略的过程中，十分注重营销人员的参与。如公司的海外市场战略由海外部的总经理牵头起草并与有关人员进行广泛讨论后定稿，区域市场战略则由区域经理按照同样的程序和方法制订并执行。

付文阁教授根据大帝汉克的战略管理特点总结道：企业不分大小，关键要看这个企业怎么做生意，做事业。做企业是不是幸福，要问客户、员工、老板感到幸福了吗？一个幸福的企业也会赢得客户的尊重。

大帝汉克正是通过保持战略定力，聚焦增长目标，实现了稳健增长，让员工感到未来可预期、努力有回报、成长有空间，员工的幸福感也油然而生，这种幸福感也传递给了客户和伙伴，得到客户和伙伴的尊敬。

共同的愿景才是好愿景

大帝汉克在战略实践中，赋予公司“愿景”一个新内涵，那就是，好的愿景一定是企业全体员工共同的美好愿望，战略目标是大家参与制订的目标，而不是老板拍脑袋的目标。员工往往认同和乐于支持自己有参与感、获得感的“亲切”目标，而不是去完成一串冰冷的数字。

“我选择，我担当”。

1. 参与战略目标制订

有的企业喜欢说让员工有主人翁意识，管理上却不透明、高高在上，把员工只视为管理对象，而不是管理者，或者搞“愚民式管理”，认为员工知道得越多越不利于管理，等等。大帝汉克一直信奉的是参与式开放管理，每一次重大决策都有企业员工、产业链合作伙伴、外部专家等参与。

大帝汉克的战略目标决策首先是充分开展战略研讨，在吸收公司内外部和产业链合作伙伴的意见基础上，提出了愿景目标和任务。

2008 年公司的首次战略研讨会，就邀请了供应商、客户、终端用户、外部专家和员工代表（占全体员工的一半以上）出席会议，对大帝汉克的产品研发和生产、市场网络与客户服务、供应链管理、品牌宣传、团队建设、企业文化等进行全面审视和评价，为公司的未来发展提建议、出主意。

这场会议在企业内部和行业中引起广泛热议，很多会议代表认为这种战略研讨形式很新颖，一方面加深了对大帝汉克的了解，增强了对公司未来发展的信心，另一方面感受到信任、尊重和亲切，很愿意配合支持公司战略的实施。

在以后每一次战略评估、战略修订、战略目标制定，公司各管理层、员工、相关利益链均会参加到适宜的环节。2019 年 12 月，大帝汉克召开了供应链战略研讨大会，邀请供应链的伙伴、客户、专家及员工代表来研讨、制订 2020—2022 年的发展战略。

2. 强调沟通，全员参与目标管理

目标管理法中，特别强调过程中的沟通，这一点在大帝汉克做得很到位。李小兵一直强调沟通文化，只有保持沟通，才能发现问题，才能解决问题。员工作为战略目标管理的主体，在绩效指标的制订、绩效（目标）达成、绩效评估、绩效改善各环节上，全过程参与，并充分发表意见，与员工达成共识。且分层级签订战略目标分解和实施行动方案任务书，这样制订出来的指标，可量化、可实现，同时是大家认同的，员工对考核的结果也心服口服，毫无怨言。此外大帝汉克还特设了专项基金，用于奖励员工合理化建议、节约增效、特殊贡献等，以激励全体员工积极参与到公司的经营管理中来。

全员营销实现“力出一孔”。

大帝汉克从 1996 年就提出“以市场为导向，全员营销”的策略，做到人人营销、事事营销、时时营销；处处营销、内部营销和外部营销。

“利出一孔者，其国无敌；出二孔者，其兵半屈；出三孔者，不可以举兵；出四孔者，其国必亡。”“力出一孔、利出一孔。”从企业来看，能做到“力出一孔”，把所有精力都集中到一个点上，才能团结和聚焦。创业初期，喻麟、李小兵就意识到“市场不论大小，寸土必争”，因此提出“要先把家门口的事情做好”的经营理念，动员全体员工走访终端客户，送货下乡，开始到四川省各地去宣传公司及“大帝香”品牌。行政、生产等各部门轮流到四川的每个乡镇市场走村串户去宣传“大帝香”，售卖“大帝香”，让大帝汉克人自己做自己的移动广告。

这种“人人下市场”的方式，极大地调动了员工的积极性，凝聚了员工服务市场、服务客户的力量，形成了“上下同心”的良好局面，确保了目标的顺利实现。此后每年都会将“下市场的天数”，作为能为市场提供服务的员工 KPI 考核指标之一。

时至今日，全体员工的奖金仍与公司的销量挂钩。大帝汉克自上而下每时每刻把每件事情都与营销联系起来。全员营销绝非“全员做销售”，而是让每一个员工都有市场意识，一线、后勤等各个部门统一为客户服务，在企业内形成一种人人关心、处处支持营销的工作氛围，让每个员工心中时刻装着客户，形成永远“以客户为中心”和“因客户而存在”的自觉意识与行为习惯。

“全员营销”的理论和行动，使得大帝汉克始终坚持贴近顾客，始终聚焦客户需求、专注主营业务，“力出一孔”“千军万马瞄准一个城墙口突破”，使得公司在顺境中不懈怠，在逆境中不逃避，实现了一个又一个的战略目标。

目标导向下的绩效管理

战略管理是一组管理决策和行动，它决定了组织的长期绩效。战略管理几乎包括所有的基本管理职能，也就是说组织的战略必须被计划、组织、实施和控制。其中，有两个关键性决定要素，一个是组织方式，另一个是目标管理。

2019年，大帝汉克成立战略发展部，为战略管理提供了组织保障。战略发展部主要的职责是，围绕战略目标，组织战略目标复盘会议，引导各部门制订达成目标的实施战略方案和措施，并作为各层级的绩效考核管理。这种绩效考核，与大帝汉克人本管理交融在一起，以目标促成长，以成长促绩效特色，并探索落实了“第一责任人”机制，有力保障了各项目标的执行和达成。

以目标牵引成长，以成长促进绩效。

大帝汉克采用的是目标管理法，简单说就是将战略目标分解为年度绩效总目标，并分解为关键任务、区域市场，层层落实到具体负责人。同时，大帝汉克是一个崇尚文化、富有人本气息的企业，所以目标管理法和人本管理是紧密交融在一起的，大帝汉克认为，管理者所有工作不但要围绕企业目标的实现，还应围绕员工的绩效管理展开，任何的决策和行动都离不开对员工绩效的关注，员工绩效好了，企业绩效也就好了，企业目标也就实现了。关注绩效就是关注员工的成长，就是对员工承担责任，就是人本管理的实践。

在这种管理思想指引下，大帝汉克在绩效管理上重点做了几件事。

（1）团队绩效文化建设。各级主管的一个核心任务是积极创建一种“人本、成长、目标三位一体”的团队氛围，既要紧张严肃——“革命不是请客吃饭，松散拖沓干不成事”，又要团结活泼，让大家享受全力投入工作和同心协力干成一件事的快乐，注重过程中对人的关心、引导和支持，团队领导不是靠说教和训诫，而是身体力行，带头示范，帮助员工不断挑战和突破自己，取得成果，提高能力，以具备不断地向更高目标努力的信心。

（2）老老实实抓落实。源于西方管理制度的绩效管理工具已经比较成熟，能不能发挥效果，关键在于落实。大帝汉克是个认真的好学生，抓住一个工具就踏踏实实、老老实实地去完成。

比如，在2005年，从营销团队目标绩效管理试点开始，李小兵亲自负责这项工作，从战略目标分解，到编制各岗位的“工作说明书”“工作日志”，召开月度工作分析会、季度总结会，一项一项地抠细节、抓执行，挨个找员工说明、做沟通，为绩效管理文化的形成奠定了非常好的基础。

（3）考核结果公正公开。这一点是直接让员工有“肉感”的，这是“老板说话算不算数，这个企业有没有管理”的一个重要衡量指标。如果年初制订了考核指标，年底老板一看要发出这么多钱，心疼。该奖的不奖到位，该升职不给升，该调整岗位的不调整，找个理由出台个新政策企图糊弄过关，那第二年绩效考评就是一纸空文，员工就要“用脚投票”了。在大帝汉克，这种情况是不存在的。

抓核心骨干，落实“第一责任人”。

“二八原则”是指企业 80% 的盈利是由 20% 的员工创造。因此，找出这些核心人物，对他们进行有效的激励和管理才能使企业产生最大的“投资收益率”。除了奖酬与绩效挂钩外，对于达到并超过绩效考核指标的核心业务骨干，采取的是独创的颇有大帝汉克特色的“自助餐”式福利项目激励机制：员工需要继续深造，公司给员工创造条件，满足其个人成长的需要；员工要结婚，房子还没有着落，公司以低于市场价格 1 倍的房价将住房半卖半送给员工……只要员工能够给公司创造价值，“自助餐”式的激励机制就会令员工在生活、工作、求学等愿望如愿以偿。

大帝汉克注重核心人才的作用，但不推崇个人英雄主义，而是将部门目标实现与团队的合作能力作为考核中高层管理人员的一项重要指标，促进团队绩效与人才成长。

实施第一责任人战略，把每个子目标落实到位。随着战略管理工作水平的提高，目标管理工作做得更加细致、扎实。在 2017—2019 年的战略周期里，大帝汉克进一步理顺了公司战略层次，将愿景目标“成为国际化动物采食调控专家”和战略总目标“以生物技术为依托，打造动物采食调控专家”，细分为一级战略目标、二级战略目标，三级子目标，直接与公司日常经营活动及各部门日常工作对应起来。并且，每级目标落实了责任人，如一级战略目标由总经理向股东负责，二级战略目标由分管副总经理向总经理负责，三级子目标由各部门经理向分管副总经理负责，子目标的行动计划又落实到具体人员。对每一个子目标，都确定了具体的考核要求，落实了目标周期（3 年）的行动计划，行动计划具体到工作任务时间表、地点、责任人、预算等。

公司各层级目标和行动计划的制订，是各业务板块结合本职工作，在充分讨论基础上制订的，覆盖了公司日常经营活动的各个方面，因此，大帝汉克也开启了战略管理全面指导经营的新时期。

坚持聚焦战略问道隐形冠军

回顾大帝汉克 30 年来，从机会状态进入战略状态后，基本完成了当初制订的目标，例如确立了使命、愿景，明确了事业范围，成为“国际化动物采食调控专家”以及“以生物技术为依托”的实现途径，经过十几年的战略管理积淀，也构建了很好的管理基础，但今天的成长，不等于明天的成长，战略不仅是要赢得现在，更重要的是赢得未来。问道隐形冠军，是大帝汉克 30 年专注、聚焦发展的战略选择，实现这一目标，必须对未来之路进行深度思考和战略谋划。

坚持聚焦采食调控的战略定位

彭剑锋团队结合德国隐形冠军企业和中国隐形冠军企业的研究，总结世界级隐形冠军与细分行业领袖企业的十大特质之首就是“企业家有做世界级行业领袖的雄心与清晰的行业战略定位思维，奉行长期价值主义，有足够的战略定力与意志力”。

大帝汉克未来问道动物采食调控领域的隐形冠军，企业家就必须坚持企业聚焦动物采食调控领域这一战略定位。当前，外部环境复杂多变，对企业经营来说，存在着很多的不确定性。问道动物采食调控领域的隐形冠军，就必须要在这个领域坚持长期价值主义，有足够的战略定力与意志力。

在坚持聚焦动物采食调控领域的战略定位下，对于大帝汉克人来说，需要确定的是对于客户价值的坚守，对于技术立企的坚定，以及对于企业成功之道的自信、对于专业化发展道路的自信、对于以人本为核心的企业文化的自信。基于“变”，做好“不变”，夯实这些内在的基础，内在的“本”，才能更好地应对复杂的、不确定的外部环境，在以“成为国际化的动物采食调控专家”的愿景导引下，以躬身践行的姿态坚定地问道隐形冠军。

永远因客户而存在

大帝汉克从做“调味剂专家”到做“动物采食调控专家”，再到“动物采食调控隐形冠军”，不仅是对专业知识的提升要求，它还是一种对于业务模式的重新思考。

业务模式创新是一个热门词，但是我们经常看到，有很多看起来很美好的业务模式，却无法使企业盈利。首先，企业要活下去，要看清利润如何产生，也就是讲，弄清盈利模式，才能谈业务模式。

盈利模式必须以客户为起点，大帝汉克必须思考未来的客户是谁，客户有哪些需求，能为客户提供什么样的价值，客户为什么选择大帝汉克而不是竞争对手，等等。明确了这些问题，盈利模式就清晰了。

第一，思考清楚客户结构。一类是带来利润的客户，另一类是带来价值的客户；一类是既有客户，另一类是潜在客户。对于不同客户需要不同的策略，针对不同的客户提供不同的产品或服务组合。

第二，针对既有客户，进行不同的价值定位。

第三，想清楚未来“谁是我们的客户，以及谁应当成为我们的客户”。

问道隐形冠军，更是需要对企业因客户而存在、企业盈利模式进行深度的思考和理解。

解决方案的深度与宽度

从生产饲料调味剂，到“成为国际化的动物采食调控专家”，从为客户提供产品服务，到为客户提供系统解决方案，这正是隐形冠军企业普遍采用的战略。未来大帝汉克还需要对此深度思考并将之落实到战略目标的制订与工作任务分解上。

在《隐形冠军》一书中，西蒙教授指出“与专注战略密切相关的一个维度是解决方案的深度”“解决方案的宽度指的是一家企业提供的不同产品的数量，而深度指的是问题解决方案的完整性或者价值链的覆盖程度，即供应商覆盖了客户价值链中的哪一部分”。

过去的30年，大帝汉克由于注重引进专家与自主培养人才相结合，研发核心团队具有很高的创造潜力，营销团队也在李小兵的指导和吕博士的带领下，建立了较好的市场服务体系。多年来，大帝汉克专注于“成为国际化动物采食调控专家”的战略，在解决方案的深度与宽度方面，颇具成就，未来“成为国际化的动物采食调控专家”意味着大帝汉克将持续专注聚焦于“动物采食调控”，将沿着“技术、产品、服务”交融的模式，深挖市场潜力，为客户提供包括产品、技术、知识、服务等在内的，更贴切于客户的系统解决方案。

一方面，将在动物品种和产品品类上拓展，突破市场应用规模的局限性，比如从生猪养殖扩展到反刍动物、水产类及宠物类；产品品种类型从最早的香味剂、甜味剂，到酸化剂，到诱食剂，到植物精油，是为宽度。

另一方面，作为“技术立企”和“因客户价值而存在”的企业，大帝汉克的深度朝向两头延伸：一头是对动物采食调控机理、动物生理生化等基础理论的深入研究，持续建立及完善动物采食调控技术体系和原料适口性数据库，以生物技术为依托，持续创新技术，持续助力行业发展。另一头向客户延伸，通过服务好“客户的客户”，系统化地解决好最终用户的需求与问题，为客户创造价值，促进产业链整体发展水平的提升。

持续创新与国际化的思考

关于持续创新。大帝汉克是一家有创新基因的公司，通过过去 30 年的发展，大帝汉克深知唯有依靠持续创新才能够获得并保持市场的领先地位。

虽然创新不仅局限产品与技术，商业活动的各个方面都可以作为创新的切入点，但是，作为技术立企的大帝汉克，技术研发创新责无旁贷地成为创新的先锋军。

从公司来说，保持对创新的持续投入是一个硬标准，大帝汉克对技术的投入，将逐渐由目前高新技术企业占比 3% 以上，加大比例到隐形冠军的 8% 以上。但技术创新最终取决于技术人员的综合素质和创新思维。所以在实现技术创新的过程中，塑造出一支有技术深度、有创新思维的队伍尤为重要。大帝汉克将在现有较强的科研队伍中，持续注入新的力量，培养更高层次的专家队伍。

对全球化的思考。在中美竞争、全球疫情等大的背景变化下，中国企业对全球化正在进行新的认识与思考。尤其是在国家提出“加快形成内循环为主、国内国际双循环相互促进的新格局”的背景下，大帝汉克认识到：全球化并不只是市场的全球化，还包括资源、人才的全球化。

中国的资源很多，但全球的资源更多。“成为国际化的动物采食调控专家”的愿景，首先要求大帝汉克进行认知革命与思维创新，不局限于过去的成功经验，不自我设限。其次，大帝汉克要打开战略视野，坚定发展信心，进一步思考如何将自身的优势与全球化发展相结合，比如通过国际化人才培养，以及国际化的产学研合作，积极融入国际化产业分工体系，并且自觉地以国际化公司的思维进行体制机制创新。目前，大帝汉克已在全球化资料利用、国际采购、国际产学研合作、国外人才资源利用和整合等方面开展布局。

带着这些命题，2019 年、2020 年、2021 年，在战略顾问胡松的主持下，大帝汉克连续三年举行战略执行研讨会。2021 年战略执行研讨会，在四川省“专精特新”企业的基础上，问道隐形冠军，制订相应实施战略，探索一条全新的“中国造”隐形冠军的发展之路。

第三章

技术立企的坚持

技术，是大帝汉克的立企之本。

以技术立企的大帝汉克，把“科技是生产力、科技是先导、创新是公司发展的命根子”等技术理念不断地注入研发和产品中，在一块看似“狭窄的领域”持续深耕、开拓创新，从而拥有了自己的核心竞争力。

管理学大师德鲁克说，“创新是创造价值，创新不是一个组织的内部事件，而是回应变化的外部环境，工商企业的创新必须始终以市场为中心”。世界领先的凑型测试仪公司奥幂认为，“企业的价值创造源于创新和研发，我们的客户看重我们在技术方面的领导力”。

大帝汉克在实践中也掌握了这一“以市场为中心、以客户价值为导向”的企业创新真谛。在技术上狠下功夫，为公司更好的未来争取时间和机会，就是大帝汉克的技术哲学。

大帝汉克认为，企业做的一定是技术应用，一定是面向市场与客户的。如果说检验创新有一条永远的标准，那么它就是：紧密立足于业务，立足于自己的业务给市场及客户（行业）带来的价值。这正是德鲁克所说的，企业创新一定是始于“我们的业务是什么，以及应该是什么”。

30 年来，大帝汉克贴近客户、洞察行业，不断将行业、客户的需求转化为产品、服务的亮点，技术创新紧紧围绕客户价值展开。在这个过程中，大帝汉克锻造了一支富有创造力、行业领先的研发与技术队伍，探索出一套适合自己的“人才创新驱动企业发展，企业自主培育创新人才”的创新人才培养、管理办法。

创新驱动，规划未来，在向更宽广舞台前行的路上，大帝汉克将坚持科技立企的道路自信，通过“以生物技术为依托，打造动物采食调控专家”的战略实施，持续创新技术研发、生产工艺和检测技术，整合内外资源，促进产学研结合，促进市场需求和技术导向结合，不断创造更高价值。

小企业做“国标”

小企业出“大专家”，小企业制定“国标”，是大帝汉克的显著特质。

公司创立前后，喻麟基于打破国外的技术和产品垄断，解决中国饲料行业“卡脖子”问题，基于一个科研工作者对技术探索的执着追求，完善相应的技术、开发相应的产品。大帝汉克从诞生之初就坚守自主研发，坚守做个“学者型”的企业，坚持产学研相结合，进一步拓展了公司的技术创新。截至目前，大帝汉克是唯一的以企业身份先后参与了行业 3 项国家标准制定的企业，成为行业技术的领军者。

一步一个脚印攀登科技高峰

“一方面是精深的理论，一方面是火热的斗争，是冷与热的结合，是理论与实践的结合，这里没有胆小鬼的藏身处，也没有自私者的活动地，这里需要的是真才实用和献身精神”，中国航天事业奠基人、科学家钱学森这样描述科技研究的艰难挑战。

一边是对未知领域的艰辛探索，一边是市场的激烈竞争；一边是科技理性，一边是经营激情。企业的科研之路犹如攀越高山，不仅需要深厚的专业理论素养，更需要热爱、坚韧和倾情投入。大帝汉克的技术研发创立者、领路人喻麟是一位将精力全部投入技术创新的攀登者。

早在1988年6月，他就开始从事饲料香味剂研究，经过近两年的设计与实验，成功研制出技术与国外比肩、价格低于国外产品的香味剂。在学术刊物上发表多篇研究论文后，受到国内外饲料同行的瞩目。

20世纪90年代初，不少公司加入饲料调味剂行业中来。为了应对环境变化，让企业立得住、走得远，喻麟分析评估行业现状、市场前景、差异化价值点，提出功能性调味剂的研发思路。功能性调味剂产品在改善饲料品质、动物诱食、安全等功能方面，与传统饲料调味剂相比，具有明显的技术优势。

在这一研发思路下，2006年，大帝汉克开始集中力量重点攻关，研究方向聚焦天然饲料调味剂和其他功能性调味剂产品，把生物技术、微胶囊技术等工艺用于饲料调味剂行业，开展风味肽与功能肽相结合的饲料调味剂产品的研发，开创功能性调味剂，并围绕功能性调味剂产品展开动物采食调控机理，以及动物采食系统反馈调节机制进行生理生化研究，其中包括各种呈味物质在动物采食调控中的作用机理，一干就是十年。

2016年，呈味肽项目研发成功，并正式命名为“滋肽”。“滋肽”使调味剂由单一的增加采食量功能扩展到其他功能，为传统饲料调味剂注入了新的活力，并更好地满足了畜牧养殖的绿色、天然、健康、安全等生产需要，得到市场的高度认可。对企业来说，这是新的技术方向，可减少对原料的依赖，更绿色更安全。最终，该项目获得8项国家发明专利，并被列为四川省重大科技成果示范项目。

对长期价值的坚定追求，是滋肽产品能够排除万难，最终结成硕果的原动力。而大帝汉克对于长期价值的笃信和追求，也随着时间的流逝展现出越发强大的生命力：农业农村部在2018年9月13日第64号公告中要求饲料生产企业暂停使用以猪血为原料的血液制品生产猪用饲料。后血浆时代，“滋肽”作为有效替代血浆的诱食产品，将为大帝汉克的客户提供更丰富、更具差异化的价值，展现出越来越强的市场潜力。

滋肽产品的研发是大帝汉克对于技术立企、技术创新“姿态”的缩影，它凝结了整个技术研发团队的心血，在液态发酵室、固态发酵室，无数个日日夜夜，大帝汉克的研发人员常常在实验室里 24 小时不间断监测和控制发酵温度、湿度、pH 等各项工艺参数……其间也有心力交瘁、迷茫困惑，甚至有打退堂鼓的念头，但既然认定了，就必须坚持下去，大帝汉克人有这个韧性。

◎链接：技术引路人喻麟

国内饲料香味剂的首创者

喻麟从 1988 年 6 月开始从事饲料香味剂的研究，通过查资料和收集市场信息，发现当时中国没有饲料香味剂生产，于是结合自己的研究和自己多年做饲料配方的经验以及查阅国内外资料，设计了两个饲料香味剂，经过三个月的小猪实验，喻麟的饲料香味剂的效果与国外相差无几，但成本却比国外低得多，并且研发出公司第一号产品“大帝香”。后来他又先后在学术刊物上发表多篇研究论文，受到国内外饲料同行的瞩目，是国内饲料香味剂的首创者。

在国内率先提出功能性调味剂的研发思路

20 世纪 80 年代末、90 年代初，受益于饲料工业的蓬勃发展，调味剂市场也如火如荼，调味剂产业虽然只是饲料工业的一个细小分枝，但解决了饲料和养殖中动物采食量和适口性的问题，使动物能够最大限度地发挥生长潜能，因此，不少公司加入饲料调味剂行业中来。分析评估行业现状、市场前景、差异化价值点，喻麟提出了功能性调味剂的研发思路，并研发出公司拳头产品“312”。

牵头成立生物技术研究室，推动公司向开发天然的饲料调味剂和其他功能性调味剂产品发展

2006 年，在喻麟的牵头下，公司建立了生物技术研究室，着重对生物技术在饲料调味剂领域中的应用进行技术攻关，生物技术平台配有50L全自动化液态发酵系统、生物酶解中试生产系统、微生物无菌操作系统和微生物发酵工程所需的全套培养及检测设备。采取与科研单位、大专院校合作的方式应用生物技术进行新产品的开发。

经过几年的潜心研究，功能性调味剂产品在改善饲料品质、诱食、安全、功能性等方面，与传统饲料调味剂相比，具有明显的技术优势和很好的功能性及营养性因子。近年来，在“以生物技术为依托，打造动物采食调控专家”的战略指引下，喻麟将全部精力投入生物技术创新领域，从动物生理和采食机理研究入手，努力开拓动物采食调控的新领域、新方向。

以科技为本，建设调味剂应用研究硬件

作为技术带头人，喻麟深知先进的科研成果离不开先进的硬件设备支撑，也一直相信“工欲善其事，必先利其器”的道理。这些年在硬件设备上持续不断的投入。如2002年7月，公司成功收购占地近30亩的成都奶牛研究所，组建当时国内的首批动物试验基地；2006年8月，建成国内首个饲料调味剂应用实验室；2009年6月公司做出了对研发机构进行整合的重大决定，并于2009年7月1日正式成立了企业研发中心，2014年被认定为四川省企业技术中心，公司的技术研发机构建设取得了突破性的成果；2011年10月，占地300亩的彭山动物试验基地投入使用，2016年6月，荣获四川省家庭农场省级示范场；2017年2月，动物试验基地通过省级生态示范牧场验收；2018年，公司研发中心获批成立“四川省动物采食调控工程技术研究中心”。

“国家标准”是怎样炼成的

管理界有句名言，“一流企业做标准”。制定国家级行业技术标准是对一家企业的技术水平及专业能力的最高认可。

世界上，烟草加工企业德国豪尼、鱼类加工企业德国巴达、经编机械制造商德国卡尔迈耶等，规模都不算大，但在各自领域都罕有对手。其主要原因就在于通过创新确立了各自细分行业的标准。同时，具有一支在业界颇具影响力的专家人才队伍，有的甚至拥有比所有竞争对手、供应商和客户加起来更多的专业知识。

大帝汉克以“做三项国标”被业内称道。

2004 年 10 月，大帝汉克收到全国饲料工业标准化技术委员会关于参与制定国家标准《饲料添加剂　调味剂　通用要求》的函。经过 3 年多的努力，2008 年 4 月 9 日，《饲料添加剂　调味剂　通用要求》（GB/T 21543—2008）由国家质量监督检验检疫总局、中国国家标准化管理委员会正式发布。2008 年 7 月 1 日正式实施。这个标准是我国发布的第一个饲料调味剂标准，由农业部提出，中国农业科学院北京畜牧兽医研究所参与，而大帝汉克是唯一一家参与起草的企业单位，喻麟、包清彬参与起草。2021 年，又由公司参与对该标准进行了修订（GB/T 21543—2021）。

此后，大帝汉克分别参与了 2014 年的《混合型饲料添加剂 甜味剂通用要求》（GB/T 31215—2014）和 2018 年的《混合型饲料添加剂 酸化剂通用要求》（GB/T 22141—2018）两项国家标准的制定。如果说第一次制定标准，是大帝汉克技术形象的“闪亮登场”，那么三次参与下来，公司的技术形象已经“深入人心”。

2012 年，为使饲料调味剂在饲料生产和动物养殖业中更加有效和规范地使用，本着对学术作出有益贡献，对读者无私奉献的初衷，公司依据 20 年在饲料调味剂研发、生产和销售过程中的探索和沉淀，由喻麟主编，10 位长期致力于饲料调味剂研发、生产、检测、评估、动物试验、应用推广等的专家参编，完成了《实用饲料调味剂学》的出版。这是中国第一本饲料调味剂研究应用专著，填补了该领域的空白，对饲料调味剂教学、产品研发、生产技术提供了参考和指导。预计 2022 年 9 月，本书将出版发行第二版，英文版预计将于 2023 年面向全球发行。李德发院士在序言中写道：“大帝汉克矢志不渝，致力于动物采食调控，专注于饲料调味剂的研发与推广应用，在技术研究和产品开发方面取得了许多新的突破，可喜可贺。”

科研能力提升的两条路径

对于技术导向的企业来说，提升技术研发能力有两条有效路径：一是自主研发，二是产学研合作，两种研发均需企业研发资金的投入。

研发投入和研发产出是一枚硬币的两面。德国经济研究所有一项调查数据显示，企业年均研发投入占销售额的比例为 1.8%，这个比例就是研发强度，如果聚焦于研发型企业，研发强度是 3%。再放眼全球，博斯咨询公司调查了世界上 1000 家研发投入最多的上市公司，平均研发强度为 3.6%。

大帝汉克的研发强度在 3% 以上，每年投入资金 1000 万元左右。在大帝汉克的技术理念里，研发就是用资金来获取新技术，就长远而言，缺乏研发投入的企业，最终一定被淘汰出局。研发的周期长，有成功率不高的风险，而且与企业眼前要实现盈利的诉求互相矛盾，或者说产业利益与企业利益两者有时会不一致。但正因如此，只有具备长远发展眼光的持续研发投入，才有可能在竞争中缩小差距，赶超对手、领先对手，这是一个正向循环，反之，企业的差距会越来越大，缺乏竞争力。

在这一理念下，技术立企型的大帝汉克一开始在研发上就很舍得投入。2010 年，公司被认定为国家级高新技术企业。对于高新技术企业，研发投入水平是一个重点考评指标。年销售收入在 5000 万元至 20000 万元，研发投入比例不得低于 4%；如果最近一年销售收入在 20000 万元以上，比例不能低于 3%。大帝汉克在每三年一次的重新认定中都圆满地完成了这项指标。

除了研发投入，能否以企业为轴，整合产学研资源，建立起较为科学完善的研发流程，实现多方共赢，也是一家企业科研能力的体现。大帝汉克利用自身的资源优势、市场优势等，向专业学院与研发机构提供资金、实验场所、数据等便利，就一些共性问题开展深入的探索，在取得自身技术进步的同时，也为整个行业的科技水平提升作出力所能及的贡献。

企业研发与科学研究相比，后者主要是探索一些未知，回答“为什么”，回答完了，任务也就完成了。所以科学研究应该由大学、科研院所去做，而企业做的研究更多是应用研究，哪怕像无人驾驶这样的前沿技术，也是前瞻了十几年、几十年的应用研究。不同的科研组织有不同的功能、不同的优势，在这样一个开放的时代，日新月异的时代，企业不能关起门来做研发，必须走出去，加强产学研合作的投入力度，以及加大企业间合作，实现互利共赢，协同攻关。

2015 年，大帝汉克与西华大学联合创建“成都市产学研联合实验室”，2018 年获建“四川省动物采食调控工程技术研究中心”，2019 年获建“四川省博士后创新实践基地”，这些荣誉和平台，都展现了大帝汉克深化产学研结合的战略考量与决心。

大帝汉克与国家饲料工程中心、中国农业大学、四川农业大学、西华大学、四川大学、兰州大学、西南交通大学、南京农业大学、西北农林科技大学、华南农业大学、西南民族大学、西南科技大学等国内的院校机构建立了密切的合作关系，通过委托研发、合作研发、技术成果转让等多种方式开展了大量技术合作并在技术创新方面取得了丰硕的成果。同时，大帝汉克也积极调动自身所有的国际动物营养专家资源，与美国康奈尔大学、堪萨斯州立大学、加拿大曼尼托巴大学、韩国檀国大学等动物科学研究院所及专家教授交流与合作。

近年来，北美区域由陈曦博士负责，大帝汉克开始与美国伊利诺伊大学、南达科他州立大学、佐治亚大学和巴西维索萨联邦大学等展开合作，投入经费近 200 万元。同时，进一步联合国内外技术领先的高校，通过四川省动物采食调控工程技术研究中心开放项目的方式支持和参与多个项目研发，资助其科学研究，总经费持续投入超500余万元。可以预见的是，这些“加分动作”还会通过不同的方式越来越多。

“我们将进一步加大研发经费投入，因为我认为现在的投入比例还是不够，企业挣到了钱还要花出去，而做研发是功在未来的事，我们更要重视。”李小兵说。

创新能力建设还有一个重要标志，就是拥有专利。

大帝汉克拥有多项自主知识产权技术。比如，2013年，应用酶解奶油的奶香调味剂被列为成都市战略性新兴产品，该产品综合利用了脂肪酸酶解等呈味技术，对饲料安全、畜牧业绿色养殖发挥了积极的推动作用。2014年，公司对奶香的生物技术深度研发被四川省经信委列为四川省产业技术开发重点项目。2018年，公司“一种复合风味肽动物调味剂及其制备方法”获得四川省专利奖三等奖。

这些年，公司发表了饲料调味剂相关研究论文206篇，其中SCI收录论文15篇，许多研究论文结果填补了国内相关研究领域的空白。截至2021年，公司共申请专利58项，其中获批发明专利16项，实用新型专利25项。

工艺技术保障产品质量与创新

大帝汉克的技术研发体系，下设检测中心、研发中心、动物试验基地和生物技术研发平台四个重要分支。生产工艺技术与检测是产品质量、产品创新的“基础”环节。大帝汉克深知其中的要害，一直把生产工艺技术的持续改进视为科研能力的重要部分。大帝汉克研发中心持续研究和创新产品的工艺和检测方法，提升产品的质量和效用，为客户带来更大、更具差异化的独特价值。

以甜味剂为例。2005年，大帝汉克自主设计（设备供应商制作）了第一条具有自主知识产权的甜味剂细微粉碎生产线，拥有5项专利技术，具有粉碎粒度细、均匀度高等特点。2007年，公司与四川大学联合设计的分子融合喷雾干燥生产线投入使用。2018年，公司又对原有的甜味剂喷雾干燥生产线进行专项技改，这一次我们把目光聚焦到新的压力喷雾设备，在总结原喷雾生产线的经验后，重新设计新的喷雾产品。技改后的喷雾干燥生产线工艺流程为全自主设计，集成喷雾干燥、产品后处理及包装、废气洗涤回收、余热利用、环保于一体，并实现全智能触摸屏控制。

而在检测设备和检测方法方面，公司质控部也在持续投入并不断提升检测标准。2008年，在公司各领导的大力支持下，先后购买了进口的气相色谱仪、液相色谱仪、气相色谱－质谱联用仪，大大地加强了质量控制的检测手段，而其中的气相色谱仪在中国是这种型号仪器的第二台。2018年，为了适应饲料行业新的发展和要求，公司具有前瞻性地开始运行FAMI-QS（欧盟饲料预混料和饲料添加剂良好操作规范）体系，在保证日常的质量管理体系和食品安全管理体系正常运行条件下，更加关注食品安全要求。

大帝汉克高质量的检测水平还直接服务了一位客户。原来由于甜味剂没有专门的国家检测标准，有一位客户在使用产品时，涉及甜味剂中一些有效成分的检测，客户提出要求后，质控部经理刘晋渝直接带着检测人员到客户厂里去，凭借丰富的经验，对客户的检测人员进行了两天的现场培训，包括仪器的使用、检测结果的分析等，最终，这个客户成了大帝汉克的稳定客户。

大帝汉克的工艺技术和检测模式，主要是技术与人工相结合，既靠机器，也靠技术人员。机器设备固然重要，技术人员的专业能力和责任心同样重要。

大帝汉克的产品主要是香味剂、甜味剂、酸化剂、植物精油、诱食剂五大类。根据每类产品的特性，细化到每一个类型，分别在生产线和实验室配备现场评估的检测人员。

邓虹是安捷伦认证的高级检测工程师，在她的努力下，大帝汉克成功建立了酸化剂和新添加剂目录中增加的甜味剂原料的检测方法，填补了公司在这些产品上的检测空白。通过比对，酸化剂成分的检测数据与外部权威机构数据一致，有效性得到了认可；而通过对甜原料 NHDC 的深入研究，不止建立了检测方法，还对影响检测的因素进行了一个个分析，为产品实验提供了重要的实验数据。

工艺技术与检测水平促进了大帝汉克的产品创新。典型代表是“甜多多”的问世。

2018 年，公司新的压力喷雾干燥设备技改完成，甜味剂产品经理刘张育肩负着新产品开发及工艺优化重担，为此她结合市场需求开发了高甜度、口感佳的喷雾型产品“甜多多”。

在产品开发过程中，因部分原料的理化性质特殊，如何根据配方要求更多地溶解原料，这是个难题。有的呈絮状、有的沉底不溶解、有的导致整个溶解液浑浊……一个个没有预料到的状态出现，这些为生产工艺的实现带来了很大的挑战。

刘张育一个个去调整，溶解的大难题解决了，但又遇到了新问题，压力喷雾设备和原有的离心喷雾设备不同，喷雾时设置的参数也不同，喷雾的产品也与原有产品不同，既往的经验能借鉴的很少，只有重新摸索工艺参数。从实验室到车间，一次次失败，一次次尝试。经过不断的摸索，终于“甜多多”问世了，达到了产品检测要求，达到了最初的甜度高、口感好的产品设计要求。

正因为有这样一支富有攻关精神的生产工艺与检测队伍，大帝汉克的工艺检测能力、产品品质的稳定可靠性获得了业内的认可与信赖。大帝汉克的检测团队也多次在全国动物营养安全高层论坛等平台上进行“饲料添加剂质量的安全检测”的分享。

未来，大帝汉克将在生产工艺和检测方法上继续探索，希望为行业贡献自己的一分力量。

小产业创价值

“没有食品添加剂就没有食品工业。”在一次会议上，李小兵看到这样一条横幅，她灵机一动联想到：饲料添加剂之于饲料工业不也是如此吗？

没有饲料添加剂就没有饲料工业！

没有饲料调味剂就没有饲料养殖行业的效益更大化！

换个角度来看，这实际是深刻地理解了企业如何谋取和确立自身在产业链中的位置，这也是企业创新的出发点。德鲁克一再强调，企业创新一定是始于“我们的业务是什么，以及应该是什么”的思考。

没有饲料调味剂就没有饲料养殖行业的效益更大化

饲料调味剂这个饲料行业的细分领域，看似“狭窄细小”，实则价值巨大。中国工程院李德发院士在《实用饲料调味剂学》第二版序言中指出：“如今中国饲料产量逾2亿吨，位居世界第一，占全球总产量的1/4。随着我国饲料工业的发展及科技的进步，饲料调味剂作为饲料添加剂领域不可或缺的组成部分越来越受到关注。”

从最终用户动物来说，它们与人一样，对食物的色、香、味有感官上的要求。许多动物的嗅觉神经蕾在脑部占据较大的比重，其嗅觉和味觉通常情况下比人类灵敏。饲料调味剂的价值就在于满足动物对于食物感官上的要求：让它们吃得健康，吃得美味。对于动物而言，饲料调味剂，以及更广泛意义上的动物采食调控服务，可以使动物提高采食量，增加日增重，降低腹泻率，提高消化吸收率，提升它们的健康水平，进而有利于人类的健康饮食。

从畜牧行业来说，畜牧企业、养殖户通过科学、有效地采用饲料调味剂，可以降低动物料肉比，提前出栏时间，带来更多的经济效益，共同推动行业的长期稳定发展。从某种程度上说，没有动物采食调控这个看似

“狭窄”领域的技术和研究，畜牧行业就没有抓手也无法实现其效益的最大化。大帝汉克所创造的价值，有利于行业，有利于客户，也正是出于对这一“狭窄”领域巨大价值的笃定，大帝汉克才能 30 年如一日细心钻研、不断创新。

“只要畜牧业存在，大帝汉克就一定存在。”李小兵说，“我有这个决心，没有饲料添加剂，畜牧业就达不到工业化。大帝汉克的非营养功能性添加剂，对于中国饲料行业和畜牧养殖业的发展，能促使养殖饲料行业效益更大化。”

如果进一步察形观势，会发现：一方面，随着世界粮食短缺的风险逐渐凸显，如何更加有效地利用现有资源解决人类的生存需求，势必成为畜牧养殖业面临的迫切问题。而如何在动物饲养中采取非传统饲料原料以及饲养方法，提高饲料的适口性，解决饲养的科学经济性显得尤为重要。说得通俗些，既要动物吃好，但又不能不限量地吃；既要动物长肉，又不能不健康地长肉。要解决这个“两难问题”，更丰富、更精准的饲料调味剂和动物采食调控技术是必经之路。

另一方面，在碳达峰、碳中和的背景下，饲料生产与养殖业要减少排放，必然要通过降低料肉比、减少饲料浪费。通过有效的动物采食调控产品技术，可达到前面所说的“吃好、吃健康，健康高效生长”，减少因饲料浪费产生的额外的二氧化碳排放，从而产生更绿色、更安全的经济和社会价值。

从解决饲料适口性，到动物采食调控，30 年来，大帝汉克专注、聚焦、深耕在这一领域，通过不断进行跨领域跨学科的新技术研发，开发产品新香型，增加产品新功能，竭力解决行业难题，致力于为我国饲料工业、养殖畜牧业的高质量发展贡献科技力量，与此同时，也积淀了自己的技术优势和品牌优势，奠定了自身在产业链中不可或缺的位置。

生物技术引领绿色发展

保持技术的持续领先是每个科技型企业的梦想，但实现它需要持续聚焦在一个领域竭尽心力、穷尽办法、极致专注。

世界领先的中国天然色素企业晨光生物，从河北县城的一家“小作坊”起步，将辣椒红、辣椒精、叶黄素三个产品做到世界第一。晨光生物的技术理念是“吃干榨净”。2006 年，老板卢庆国在新疆考察时发现，戈壁滩上随处可见的是制作番茄酱的下脚料番茄皮籽，他突发奇想，打算利用皮籽提取番茄红素。据说这是一个“世界难题”，但晨光生物“不信邪”，在工艺、技术、设备上不断改进，经过 8 年的反复探索和尝试，攻克了这一“世界难题”，把技术壁垒留给了竞争对手。

成功的企业大致相同，大帝汉克也是在攻克一个个“不可能”中，获得行业内持续领先的技术优势。

经久不衰的“312”产品就是大帝汉克技术创新的代表之一。

“312”的技术研发由喻麟领衔，从 2000 年开始，历时 3 年，百余次调香，36 次应用试验而成。最终攻克了猪乳香气成分分析及再现等两项关键技术，获得“一种奶油酶解组合物及其制备方法”等两项专利。2003 年 3 月 12 日产品研发成功，因为这个日子很巧合地与公司的成立日是同一天，因此被命名为“312”。

“312”是大帝汉克历史上最具里程碑意义的产品，连续 18 年销售额排名第一，见证了公司以技术为依托，率先创新应用于动物采食调控的历程。

技术创新永无止境。在“科技领航，承载大帝汉克未来”的理念下，2006 年，喻麟亲自牵头，在国内率先创建了生物技术研发平台，着重对生物技术在饲料调味剂领域中的应用进行技术攻关。到 2014 年，大帝汉克进一步正式将“以生物技术为依托”写入公司战略。

绿色安全、健康美味是饲料行业发展的主要趋势，大帝汉克的技术创新与新产品研发不仅契合了这一发展需求，更是起到了重要的促进与引领作用。公司通过自身的技术力量，推出了一系列性价比高、安全性强、对替代抗生素具有一定作用的新产品，如精油、酸化剂等产品和生物技术制备的新型诱食剂，促进了饲料行业的安全健康发展。

试举两例：

大帝汉克承担的四川省科技厅“绿色安全复合功能肽制备技术产业化”项目中，所开发的肽类新型饲料调味剂取材于自然界的天然动植物蛋白，通过安全环保的生物酶解技术将其分解为各种功能性肽，通过不同肽类的生物学活性和呈味特性的协调作用有效地促进动物的健康生长。

丹参多糖具有较高的药用价值，是丹参的重要有效活性成分之一。大帝汉克自2012年就开始针对丹参醇提残渣中的多糖开发相应提取工艺，并联合四川农业大学共同承担了成都市中小企业创新基金和国家中小企业创新基金。经过近5年的实验室研发、规模化中试放大以及产物评价等开发了酶法辅助超声波提取技术提取丹参多糖技术。2017年以该技术为核心内容的科研成果荣获四川省科技进步二等奖。

30年来，大帝汉克以生物技术为依托，整合国内外一流的技术资源进行科技创新，无论是香味剂、甜味剂、酸化剂、诱食剂、植物精油，还是开创性的环保菌异味处理，都融合了大帝汉克人在生物技术研究中的智慧结晶，其中，酶解奶油制备技术、发酵制备动物采食调控剂技术分别通过四川省科技成果评价，被认定为“国内领先”。公司奶香产品及甜味剂产品分别被认定为“成都市战略新兴产品”与“成都市重点新产品”。

2021年公司与农业农村部沼气科学研究所、中国科学院成都生物研究所、四川大学及四川农业大学等十家院校企业共同承担了四川省“十四五”川猪重大科技专项“川猪养殖污染控制与废弃物资源化利用”项目。生物技术创新研发成果，不仅为大帝汉克未来发展奠定了坚实的基础，也为我国饲料工业整体的科技水平提升与绿色环保发展贡献了力量。

时任国家首席兽医师的于康震曾这样寄语大帝汉克："创新为魂，振兴饲料工业。"这是对大帝汉克最大的认可、最好的激励。

"小企业"专业服务

企业要凭借技术研发优势谋取生存与发展，即所谓技术立企，决定因素在于能否通过技术为客户创造价值。只有将市场需求与技术研发相结合，真正为客户创造价值和效益，也才能真正立企。

深耕于饲料添加剂领域，大帝汉克从一次填补行业空白的技术创新起航。在 30 年的发展中，兼顾市场导向和技术导向，不仅在技术上做到了领先，更成功地将技术优势转化成为客户创造的额外价值、差异化价值。将"响应需求、攻坚技术、打磨产品"三者有机融合，正是大帝汉克以不大的企业规模，却能与国内外一流饲料大企业缔结客户合作关系的根本原因。

从难点、痛点到技术亮点

大帝汉克作为国家高新技术企业，产品是生命线，技术是生命力，创新是灵魂和引擎。他们会根据社会调查掌握的市场需求情况以及企业本身条件，充分考虑用户的使用要求和竞争对手的动向，有针对性地提出开发新产品的设想和构思。换句话说，市场需要什么，客户认可什么，他们就研发什么，生产什么；市场的难点痛点是什么，他们就攻克什么。

以酸化剂为例，从 2005 年起，大帝汉克就着手酸化剂的研发，但因多年来公司的酸化剂一直以经销商而非直销的方式进入市场，这种模式让他们错失一些机会。2015 年，公司收回酸化剂代理权，从技术研发开始直面市场，直接与客户需求对接。

禁抗后，市场客户酸化剂产品的使用情况、使用产品类型，以及客户对于酸化剂的最新诉求是什么？现任酸化剂产品经理李志忠自 2020 年 10 月接手酸化剂产品线以来，到 2021 年 12 月，走访了超过 300 家饲料厂，根据所了解到的情况，针对性地将现有酸化剂产品进行了调整提升，同时，针对市场需求，推出了“富优酸”等新型酸化剂产品。

2021 年，公司提出“中链脂肪酸和精油成分协同增效”理论，并结合三丁酸甘油酯着眼于动物胃肠健康的替抗新产品“胃肠健”；提出传统酸化剂与精油复配，利用精油成分改变细胞膜通透性和转运通道，研发出兼具酸化剂和精油功能的新产品“必克酸”。相比 2020 年，2021 年整体酸化剂的销量增长超过 30%。

公司从上自下，关于创新所有人只问四句话：痛点是什么？亮点是什么？这个产品方案解决了客户什么痛点？和竞品比亮点在哪里？一旦弄清楚了，创新就落地了。

植物精油是公司针对市场痛点开发的另一款代表性产品。2018 年 4 月，农业农村部公布《关于开展兽用抗菌药使用减量化行动试点工作的通知》，明确了养殖端减抗和限抗的时间表，2020 年药物饲料添加剂将全部退出，“饲料禁抗，养殖减抗，食品无抗”是大势所趋。为应对行业趋势，2018 年 2 月，公司正式决定启动精油项目研究，由原任研发总监雷燕牵头，香味剂产品经理黄明亚负责，资深调香师李松柏、西南科技大学曾凡坤副教授、西南民族大学郭春华教授作为技术指导，质控部、技术服务部协助。研发团队提出了精油产品需在抑菌、抗氧化、适口性和稳定性四方面进行探究。2019 年 4 月，公司正式向市场推出猪用精油产品“酚多多”，两年内，“酚多多”系列产品累计销量近 1000 吨，累计销售额 3500 多万元，一跃成为公司增长最快的产品系列。

大帝汉克的技术创新和产品研发同样秉持着“一定要与客户直接交流产品。如果不倾听客户的意见，体会客户的使用感受，那么便无法研发成功的产品”这样的信念。

一方面，大帝汉克研发方向的决策是基于产品经理等针对客户、市场独到而深入的洞察做出的，最大限度地保证最终产品能够精准击中客户的难点、痛点；另一方面，工艺的选择和产品的设计真正做到了从市场、客户需求出发，在提升客户效用的同时降低客户的成本，并通过可量化的标准进行价值传递，从而获得客户的信任。

到客户身边去与客户一同研发

与客户一同研发意义重大，不仅可以提高最终产品的质量，同时也缩短了研发时间。其中的关键因素是研发与生产的融合，供应商与客户之间的紧密合作，特别是相互之间的信任。

世界领先的香精香料生产商奇华顿的愿景是，通过与客户在产品开发、创造和完善过程中的合作对话，成为客户开发香精香料可持续性方案的重要合作伙伴。一家为机械制造业提供组建或完整模块的企业 Deutsche Mechatronics 说："如果客户能够在研发设备早期及时与我们一同进行研发，我们可以帮助客户节约超过 20% 的成本。"

回顾大帝汉克的技术研发之路，其创新构想有的来自全球前沿技术的创新、有的来自研发人员的创新理念、有的来自行业专家指导、有的来自与竞争对手的竞争、有的来自市场建议、有的来自客户需求并参与其中……特别是，有客户参与的技术创新往往能起到事半功倍的效果。

吕博士在与一家战略合作伙伴进行技术交流时，发现他们需要一款仔猪诱食剂。为此，回来后和公司研发中心共同论证方案的可行性，研发中心发现开发产品有较大的技术难度。为此吕博士反复与客户交流，深入了解技术和市场需求的关键点，客户也提出了一些建设性意见。综合相关情况，对方案重新调整，最终与客户一起研发出了符合预期的、客户满意的新产品"滋满鲜"。

由于每个客户的设计思路不同、需求点不同，就要求大帝汉克针对不同的客户做出符合需求的个性化、订制化产品。通过与客户在产品开发、创造中的合作对话，让大帝汉克与客户的合作关系更加紧密稳定。

产品经理制：产品全生命周期责任人

如果说围绕客户价值是有效创新的“道”，那么产品经理制就是通过组织流程进行有效创新的“术”。产品经理不但需要拥有扎实的研发能力，还需要具备敏锐的市场思维，一方面，负责产品的研发和迭代，需要下车间关注产品的生产质量；另一方面，也承担与产品推广相关的营销与渠道服务工作，协助提供技术、处理客户投诉、完成客户提出的研究相关需求等，是市场与研发之间的桥梁，也是产品全生命周期的责任人。

2015 年，原任研发总监雷燕在工作中发现，大帝汉克所有技术人员都集中在技术部，好处是可以集大家的智慧做研发，开发产品以及解决问题，但也会出现一些相互推诿或沟通不畅的问题。她一直在思考如何能解决这个问题。

一次偶然的机会，她听一位做 IT 的朋友提起产品经理，产品经理就是一竿子插到底。只要是这个产品的事，都归产品经理管，产品经理就是这个产品的第一责任人。她由此得到启发，开始在公司的大力支持下推行产品经理制，成立研发中心。主要思路是，打破原有的技术部分工，启用产品线管理，分别设置香味剂、甜味剂、酸化剂产品经理，从原料的选择到配方，从工艺到生产，从产品推广到客户投诉，产品经理负责到底。同时，下设实验员，协助产品经理开展研发试验以及工艺探究，并将质控部的功能进一步开发，把辅助研发这一职责增进到质控人员的工作职责中来。

大帝汉克的产品经理是为终端用户服务、负责产品整个生命周期的人，其职责就是搭建起市场与研发的桥梁。概括产品经理制的成功经验，一是分产品线管理，责任明确，生产人员和营销人员都很清楚如果产品出了问题应该找谁，直接快速解决问题；二是聚焦，各产品经理聚焦在某一个产品上，从原料一直到售后，每一个环节都心中有数，细心打磨产品，在新产品的推出率和销量上得到量和质的突破；三是从产品到商品的能力，开发出来的只是产品，要得到客户的认可，有销售才是商品，产品经理不是只做产品，更重要的是做商品，研发人员的市场思维得到提升。

值得一提的是，在李小兵“以市场为导向，到客户身边去”的理念下，走访市场成了大帝汉克产品经理工作中卓有成效的“法宝”。

香味剂产品线产品经理黄明亚在内蒙古和辽宁走访市场时，发现公司领先市场的甜奶香香味剂虽然对于犊牛和羔羊有一定的效果，但是因为牛、羊独特的反刍消化方式，甜奶香发挥的整体诱食效果有限。同时，当时市面上类似的具有甜香、奶香的香味剂产品已经很多，竞争较为激烈。这激发了他的思考：能不能专门针对犊牛和羔羊开发一款新的香味剂产品？之后，黄明亚采取“母子一体化”的思路，将常用于成年反刍动物的甜橙香和幼龄反刍动物喜欢的奶味进行结合，自主研发出专用于反刍动物的甜橙奶香产品。推出后获得客户和市场的高度认可，销量从 2018 年的几吨逐年增长，到 2021 年已达到约 30 吨的规模。

大帝汉克的产品经理制之所以发挥出重要作用，就在于清晰指定产品的第一负责人，将原来散布于不同职级部门的决策权集中在一处，为技术创新和产品的精益求精提供了聚焦的发力点。同时，产品经理有充分的权限调动公司的各方资源，在打磨解决方案的过程中获取指导和建议。“‘富优酸’的使用方案，就是我在内蒙古走访市场时萌芽的”，酸化剂产品线产品经理李志忠说。

为动物提供美味健康的食品

李德发院士指出：“饲料调味剂不仅对提高动物采食量和生长性能有积极作用，而且能为动物带来美味和健康的食物体验，是动物福利的一种体现。”

大帝汉克产品的最终用户是动物，成为动物采食调控专家的“专”字，很大程度上体现在以动物为本进行有效创新。

30 年来，公司技术团队紧密围绕动物需求，展开大量的机理研究和应用创新，在动物采食机理、动物采食应用理论、动物试验等方面积累了相当的研究成果与实践经验，填补了相关领域的空白，拓宽了相关领域的边界。

2006 年 8 月，大帝汉克建成国内首个饲料调味剂应用实验室。在这里，研发人员可以更容易地就新产品或其他小样开展应用实验，进行效果评估与检验。“公司的应用实验中心就像一个微型饲料厂，不仅可以为客户提供产品应用效果评估报告，还能配合研发，让产品做到真实可靠。”包清彬这样评价。通过应用实验室这个沟通平台，我们可以了解到客户的真实需要，提供更好的产品和服务。而应用实验室所建立的饲料调味剂评估方法在行业内的广泛推广，为饲料行业提供了客观有效的相关产品评价体系，极大提升了饲料调味剂评价的科学性与客观性。

2002 年 7 月，公司收购了占地 30 多亩的凤凰山奶牛场，生产及动物试验基地开始起步。2011 年 4 月 5 日，公司租赁眉山市彭山区公义镇的 300 亩农场，并在此建立动物试验基地。2021 年 8 月，经过标准化改造升级，正式挂牌为“四川省动物采食调控工程技术研究中心试验基地”。这座试验基地不仅承担着公司新产品的研发试验，还承接着服务客户，与客户、科研院所深度合作开展动物试验的任务，使大帝汉克在采食机理领域的研究有了更科学、客观、翔实的数据支持。

大帝汉克的许多技术和产品都是在动物试验中发现并不断完善的。从 2003 年在猪场的饲养试验中发现配制好的饲料出现发霉情况，到 2014 年完成“酚多多”系列对断奶仔猪、生长猪偏好实验和促生长实验研究，再到 2019 年连续不断进行“酚多多”系列对大肠杆菌、金色葡萄球菌、沙门氏杆菌的体外抑菌实验和动物试验研究，他们“十年磨一剑”推出能有效抑制动物肠道有害微生物、提高生产性能的精油系列产品，备受市场欢迎。

在以动物为本的研究方法上，由曾凡坤副教授带队，大帝汉克创造性地建立了可量化的饲料调味剂的评价体系，主要指标包括偏嗜指数、愉悦度、透发力及耐高温性等，能够有效验证饲料调味剂在不同饲粮或饲料类型中的表现。其中的偏嗜指数以自创的自由选择法评估体系为基础，通过实验判断出猪对某种调味剂的喜好程度，从而衡量饲料调味剂的诱食效果。关于愉悦度、透发力、耐高温性等指标，则由专家评香小组在模拟不同的外部环境中进行打分，最终综合评定饲料调味剂产品是否对某种动物饲料具有应用价值和商品特性。

这一套评价体系，不仅为客户对大帝汉克产品的评价提供了切实可行的方案，使客户不再陷入选择困难，也使得大帝汉克更有底气向客户保证产品的品质。同时，这也为大帝汉克自己验证产品是否真正受动物喜爱提供了理论基础。大帝汉克的明星产品“312”，就是通过这样的方式进行的产品验证。

通过对研发硬件的持续投入和研发方法的不断创新，大帝汉克在以动物为本的研究上不断为客户、为行业带来新技术、新方法。基于对动物采食的深入探索和有效创新，大帝汉克为客户传递“领先于同行、更贴近动物”的独特价值。

近年来，大帝汉克加强在宠物诱食剂方面的研发力度，运用自身深厚的生物技术沉淀，研发出气味天然、风味醇厚的宠物诱食剂，部分产品已出口韩国。

自主培养“采食调控专家”

企业的持续竞争力来自人。随着行业的发展和激烈的竞争，单次创新带来的竞争优势可能很快会被取代，只有具备充满创新活力的人才队伍，才能推动企业持续创新，形成长期竞争力。

大帝汉克30年发展历程中，科技人员始终扮演着极其重要的角色。正是相信科技的力量，相信创新人才的价值，公司才舍得投入、优先投入、持续投入自主培养科技人才，建设了一支高水平、高能力，敢于攻关、能打胜仗的科研人才队伍。

“为有源头活水来”

如果有人问，大帝汉克技术创新的第一优势、最持久的优势是什么？那一定是人才。正是靠着优秀的专业研发团队，公司才得以在科技成果转化方面，不断攻克技术难关，保证了在市场技术研发领域的领导地位，确保在市场上掌握主动权。

问渠哪得清如许，为有源头活水来。大帝汉克生机勃勃的研发力量正是源于企业创始人以人为本，重视人、培养人，鼓励创新创造的文化理念。

李小兵在回忆公司研发历程中这样说道：

作为科技引路人，喻麟注重研发，长期坚持以人为本、鼓励创新的理念，对公司确有贡献的科技人员、中高管理层人员在住房、购车、工资待遇、福利等方面都有不同程度的优惠措施，设立了“一个舞台（科研平台），两条跑道（职务晋升与职称评定）”激励体系，极大地调动了科技人员的工作积极性。

喻麟跟我讲：“虽然我国饲料工业发展30多年了，但国内长期潜心于饲料调味剂作用机理研究的专家几乎没有，而饲料调味剂作用的生化机理、饲料调味剂对动物采食行为及神经生理等方面的研究将是未来研究的热点，也是饲料调味剂产品技术的关键，更是饲料调味剂生产企业是否能在未来立足本行业的根本。我们在国内同行中率先进行了包括动物对各种甜味物质敏感性及作用机理、调味剂诱食机理等方面的研究，那么是否可以培养一名专注于调味剂机理研究的博士呢？”

2001年，喻麟为了提升自己的研发能力和学术水平，考取了四川大学的遗传学专业全日制博士研究生，志在对天然花香基因方面进行深入研究和探索，这为公司将生物技术应用于动物采食调控打下了坚实基础。同时，基于他的建议和推动，结合行业发展趋势及公司自身的发展战略，我们决定由公司全资培养调味剂高级人才。

在此引导下，培养了专注于饲料调味剂机理研究的第一个博士吕继蓉，后又相继培养雷燕、王仁杰、余淼分别攻读了韩国檀国大学、中国农业大学、四川农业大学的全日制博士，不仅为大帝汉克培育了专业人才，更为行业培养了众多的高级人才，推动了饲料调味剂技术的进步。以王仁杰博士为例，2021 年 7 月王仁杰被任命为四川省动物采食调控工程技术研究中心副主任，并进入中国农业大学攻读博士后，深度参与由李德发院士领衔的“大帝汉克－农业农村部饲料工业中心产学研合作项目”。依托农业农村部饲料工业中心科研资源，王仁杰在采食机理、动物健康养殖等多个方面进行了深入研究。2021 年全年，王博士以公司作为第一作者发表 SCI 文章 2 篇，在《动物营养学报》上发表 2 篇，这些文章均为行业提供了前沿技术支撑。

30 年的锻造雕琢，通过对技术团队的培养、传帮带，以及技术研发战略前瞻性指导等多种方式，公司打造了一支以喻麟为技术带头人，由大专院校的专家教授、多年从事香料分析研究的高级工程师、精通香精香料的调香工程师、甜味剂专家、年轻的动物营养学博士和硕士，以及有丰富实践经验的一线技术人员组成的学术研究水平高、技术操作能力强，并且具有前瞻性、开拓性的技术梯队。

截至目前，公司已经构建了一支围绕着饲料适口性和动物采食调控，包含动物营养学、食品工程学、生物技术等学科在内，知识结构丰富、跨学科研究能力强的科研人才队伍。

科研人才齐备是成都大帝汉克持续创新的动力和源泉。

行业专家与“明日之星”

30 年来，“小而美”的大帝汉克不仅做出了行业“国标”，更拥有行业专家，且各有专长，特色鲜明。

这里列举几位领军人物：

首席调香师李松柏。调香并非简单地将几种香原料混合在一起，而是一门艺术与技术结合的手艺，容不得一点点小的瑕疵，仅 0.1 克的差别，就会带来“天壤之别”，且一种产品就有少到几种、多到三四十种原料。而李松柏把调香技术做到了极致，一个配方，只要看一眼，便能精准描述出其呈现的香气特征。李松柏是大帝汉克的首席调香师和高级工程师，仅他个人就陆续开发近百个饲料香味剂的特色品种。所开发的“501”系列产品，每年平均可实现销售收入数千万元。

生产与工程专家包清彬。包清彬是西华大学食品科学与工程专业教授，曾留学日本，1997 年归国后开始与大帝汉克进行产学研合作，这一合作就是 20 多年。身为科技部重点科研项目评审专家，他与公司密切开展产学研合作，创建了动物采食调控成都市产学研联合实验室、四川省动物采食调控工程技术研究中心等科研平台。包清彬作为主要执笔专家编制、起草了饲料调味剂、甜味剂、酸化剂三项国家标准，将高校理论知识与科技成果结合企业实践，自主设计了甜味剂、香味剂、酸化剂、精油生产线，并前后主持了 4 次全面升级技改，获得多项专利。自主设计了公司环保设施，并持续进行多次技术改造。还主持建设了公司生物工程研究及中试平台，为公司以生物技术为依托的战略实施打下了坚实基础。

一专多能的郭春华。1998 年，时任西南民族大学动物科学教研室主任的郭春华教授开始与大帝汉克合作。从主编《大地文摘》到主持技术服务，她从市场和品牌出发，持续推动技术创新工作。2018 年 12 月起，郭春华将更多的精力投入指导研发人员创作科研文章，以及为研发人员进行技术培训等工作上，使研发人员更好地掌握全面、系统的理论知识和研究方法，从而补充企业内部的技术短板，提高公司的研发水平和实力。2020 年，为了进一步研究大帝汉克精油在肉兔无抗日粮中的适宜添加量和作用机理，郭春华教授在成都市金堂县开展了为期 8 周的复合精油在肉兔无抗日粮中的动物试验，围绕对断奶仔兔生产性能、血清免疫指标和抗氧化指标、肠道发育、盲肠微生物、免疫器官发育和肉品质等的影响，为复合精油的合理应用提供理论依据和实际指导。

具有首创精神的曾凡坤。曾凡坤长期从事动物营养的研究和教学工作，擅长动物科学试验的设计及客户技术服务，为公司的发展创新作出了很多贡献，是公司研发中心的核心人物。建立了饲料调味剂应用效果评价体系，主要指标偏嗜指数、愉悦度、透发力及耐高温性等，直到今天仍在被广泛使用；首创了可调节动物生理功能内源性诱食剂超能香，品质达到行业先进水平；创新性自主研发生物环保系统，用自主技术解决了环保问题。

中国首个专业饲料调味剂博士吕继蓉。作为公司技术服务部的第一任负责人和分管营销和技术服务工作的公司副总，在产品应用推广和市场需求信息沟通平台的搭建方面，她以科研工作者的认真和钻研精神下市场了解客户、熟悉产品、思考客户服务方案，将技术、产品和销售紧密连接起来，一体部署，一体推动。

值得一提的是，在这些“大专家”的带领和指导下，公司的技术团队专业高效、团结协作，年轻的技术人才快速成长，很多人已经能独当一面，渐渐呈现出“灿若群星”的局面。

持续培植创新土壤

创新人才是吸引而来的，招聘引进的，是培养出来的，也是“用”出来的。为创新人才提供土壤，搭建平台，是大帝汉克一直坚持做的事情。

大帝汉克是中国饲料调味剂的拓荒者，在这个领域，大帝汉克天然地是创新者的沃土，从公司成立早期就加入大帝汉克的技术专家，有很多都是冲着这个干事创业的平台而来，都是冲着喻麟的技术和两位创始人的热情而来。随着公司不断壮大，吸引的人才也越来越多，大帝汉克这块孕育创新，诞生人才的土壤更加具有“肥力”。

给舞台。质控经理刘晋渝来到大帝汉克后一直从事质检的工作，研发中心成立后，在原质控经理离职的情况下，刘晋渝全面负责质控部工作，原本性格内敛的他，经过这个岗位的历练，不仅能承接好之前的工作，而且能够把之前的一些漏洞和待完善的地方提出来，给出改进建议。

善识人。酸化剂产品经理李志忠是毕业于西北农林科技大学的动物营养硕士，入职时从事的是技术服务岗位，属于营销板块。在技术服务期间，擅于发现市场需求和提出产品开发思路。于是在征求其个人意见后，原任研发总监雷燕大胆提出调任李志忠担任产品经理，事实证明，这一决定是正确的。

压担子。刘张育很长一段时间里都拒绝当产品经理，于是公司想尽各种办法，安排多项任务，让她先做起来，慢慢地她越做越好，越做越顺，后来还攻克了纽甜的溶解性难关，顺利完成了压力喷雾干燥设备（新设备）的调试，并实现了稳定化地生产新产品“甜多多”。

传帮带。2016 年年底，黄明亚调到研发中心做香味剂产品线助理，李松柏作为师父对他传帮带，使他从一个不熟悉产品特性、不熟悉香原料特性的新手，成长为可以自主开发新香的调香师，并胜任香味剂产品线产品经理。

重学习。大帝汉克采用的是一才多用、内培外训的育才路径。鼓励每个技术人员在持续学习中提升本领，同时，公司也为大家创造了良好的学习氛围与提升平台，不断创造条件，提供支持。

重投入。公司出资培养硕士、博士已是行业的美谈。正如喻麟说：“科技本是包容的，兼收并蓄，取长补短，方可铸成大器，就是要不同专业，不同层次的人出去学习，才能吸收更多的科技营养，让科技充满活力。”原任研发总监雷燕博士，2010 年四川农业大学硕士毕业后进入大帝汉克，后由大帝汉克出资培养她到韩国檀国大学攻读博士学位。读博期间，公司还出资支持她到美国康奈尔大学进行进修。

“四新”驱动未来的思考

一般来说，世界上典型的隐形冠军企业，研发投入往往占到营收的 8% 以上。面向未来，大帝汉克的技术创新路径可以简要归纳为六条：一是研发经费持续投入，加大投入；二是技术方向继续以生物技术为依托；三是加强产学研合作，继续提升与一流院校、科研院所和权威专家的深入合作，从诱食机理上向产品工艺、产品功能等方向拓宽合作方向和范围；四是提升技术解决方案的深度；五是加强复合型、国际化研发团队的引进和培养；六是从国家专利走向世界专利。

“大帝汉克前 30 年的技术研发深耕一个领域，可以概括为专业。未来如何走？如何成为百年企业、基业长青？专注和极致应该是我们的目标。持续的技术创新力和未来的研发方向是我一直在思考的问题，也一直是我的压力所在，具体的实现路径集中在 14 个字‘用激励驱动创新、用创新提升价值。’”现任研发总监余淼博士说道。

在既有的做法和经验基础上，大帝汉克初步提出了“一定二精双整合”的思路。

“一定”为定方向。

技术驱动和客户导向同等重要，方向是满足市场需求，即第一时间满足市场和客户的技术创新，沿着“打造动物采食调控专家”的目标路径进行研发创新。

具体方向为“四新”：新思路、新领域、新技术、新功能。

新思路。即着眼于整个采食系统，从感官刺激到胃肠道吸收再到神经中枢调控。嗅觉和味觉刺激外分泌和内分泌，甚至在食物进入口腔之前就刺激肠道运动。大脑通过感觉神经和循环接收来自胃肠道的信号，采食的发生是动物机体调动采食系统所发生的一系列反应，不是单纯的点的问题，是面的问题，未来的研发着重考虑面的问题。“五味令人口爽”，动物亦如此，如何将基本味觉综合效果发挥到极致、胃肠道向大脑神经中枢传递的关键信号是什么，动物采食调控中心下丘脑又是如何反馈采食活动等都是公司未来围绕动物采食调控做的深入研究。

新领域。目前大帝汉克产品涉及猪、家禽、草食、宠物、特种经济动物等。鱼类主要靠味觉、嗅觉和触觉觅食，嗅觉是鱼类最发达的感官，更是觅食的主要手段，根据各水产动物的机理需求，有针对性地研究其诱食机理及相应产品是大帝汉克未来研发的重点。

2020 年，大帝汉克将宠物设为新项目，宠物经济的快速发展对社会贡献逐渐显现。在原来已有宠物产品研究的基础上，由西南民族大学郭春华教授领衔技术和产品开发，组建并引入专业技术团队，未来公司也会在该项目发力。

目前大帝汉克的客户更多是饲料企业，还没有真正走到养殖终端。2021 年，公司也将奶牛作为新领域的项目，希望能以奶牛作为切入点，将产品带到牧场、走进养殖终端。

新技术。产品的整个生命周期中，全程贯穿着质量意识。而质量源于设计、工艺决定质量，如何实现产品效果最大化，工艺是核心。赋予产品好的工艺，是开发出好产品的一个重要环节。不断探索适合产品的新工艺，让产品在口腔、肠道等实现效用最大化也是大帝汉克未来研发方向的重要环节。

新功能。以香味剂产品为例，芳香馥郁是大自然赋予我们的最美妙乐章。食品香料产品目录中 1000 多种香原料，尤其是一些自带功能的天然原料。如何更深层次挖掘它们的作用机理，如何通过生物工程技术手段赋予产品新的功能，是大帝汉克未来要做的事情。

在公司战略的引领下，将酶工程、微生物技术、发酵技术等手段赋予产品更高的价值是大帝汉克开发产品和研发产品的重要思路。

“二精”为精团队、精机制。

就目前公司的研发体制而言，每个产品线设立的独立产品经理制相对健全，相对独立的各业务线负责人可以专注和深入地开展业务，并成为创新的重要推动力。

不过，在实现技术创新的过程中，仍需进一步塑造一支有技术深度、有创新思维的研发队伍。有效做法就是精简机制，激发激励技术人员的创新活力。在考核上，重点放在研发创新思维、项目达成的激励上，而不仅只满足于日常工作 KPI 的达标。在政策导向上，需要什么就激励什么，根据设定目标的难易，划分激励等级，每个目标链条上的所有参与人员都纳入其中，分工明确、奖惩分明。

“双整合”为内、外资源整合。

一个团队就像一条珍珠项链，要求技术管理者向全部技术人员输出同一个目标，做好串起珍珠的那根绳子，摆好每颗珍珠的位置，让整个团队发挥出最大效率。在实施目标的过程中为每一个研发人员提供持续进步和发展的机会，让每一个团队人员发挥出应有的表现。

向内整合资源，即与公司内部职能部门的配合与合作。研发的产品工艺是否能解决、是否符合大生产要求，需要技术人员与生产合作；创新是否能符合客户需求、市场需求，需要研发与营销配合合作，所以技术创新需要公司各职能部门互通有无、打通障碍，紧密合作。

向外整合资源，即技术创新不能闭门造车，要走出去，与时俱进，了解行业动态、行业前沿，整合相关资源并考虑自己该做什么，了解客户、市场需要什么，自己能做什么。

在具体的行动中，大帝汉克设定短期目标、中期目标、长期目标。短期目标为当下急于解决的问题；中期目标是为布局未来 3~5 年技术创新中要解决的难点、痛点问题；长期目标是成为国际化的动物采食调控专家。大帝汉克计划每年以立项的形式制订短期、中期目标，按照项目计划一步步实施，项目负责人整合各方面资源，在实施过程中打通关键环节，公司高层在这个过程中不断总结、纠偏，使研发内容不偏离战略轨道。

面向未来，大帝汉克既满怀自信，也深知任重道远。只有坚信科技立企的成功道路，用“创新为客户创造价值”的企业发展理念，矢志不渝地向着成为国际化的动物采食调控专家方向前行。

第四章

DDC的价值营销模式

“企业只有两项基本职能，营销与创新。”在德鲁克看来，营销是企业的根本，是一切业务的基础，某种程度上说营销即企业。大帝汉克的成功营销实践，印证了这位管理学大师的经典论断。30 年来，在李小兵这位“首席营销官”的带领下，大帝汉克始终坚持“因客户而存在”的理念，以“营销为龙头”，深耕客户，持续创新，打造品牌，走出了一条以技术营销为核心的专业化营销之路，形成了富有特色的“DDC 价值营销模式”。

持续创新，战略领跑营销路。大帝汉克不仅关注行业内以及客户的营销策略变化，还关注食品等其他行业的营销策略，率先在同行中进行策略调整，跟进并陪伴客户成长。同时，勤于学习、敏于学习、积极参观、调研海内外龙头公司，学习和消化优秀公司的管理理念以及品牌策略，不断探索实践，逐步明确公司的品牌定位，打造品牌形象。

历练人才，提高营销团队战斗力。公司领导身体力行“严选、严传教、严帮带”选培营销人才，分享与开放式培育人才，给目标、给挑战，成就人才，激励和约束相结合鼓励人才。合理制订目标，明确职责和要求，坚持兑现承诺和奖励不打折扣，保持同行业较高水平的薪酬。并将考核和目标透明化，营造公平竞争环境，实现上下同欲、个人与企业共发展，精心打造了一支“既懂技术，又懂客户，舍得跑、善沟通、攻堡垒”的营销团队，建设与沉淀大帝汉克的营销文化和营销模式。

李小兵常说，企业离不开营销，营销永远是龙头，客户就是上帝，老板永远离不开市场一线。老板就是“首席营销官”，真正把“因客户而存在”刻在心里、落在行动上，心心念念为客户提供服务、创造价值。大帝汉克和客户建立的不仅是合作关系，更是共生共创共赢的生态关系。

“首席营销官”

企业家是企业最大的名片，也是企业最好的品牌代言人。在实践中，李小兵把营销作为企业家职能，以“首席营销官”的姿态，通过辛勤探索与亲身实践，成为“DDC 营销模式”的创始人和践行者，为大帝汉克的营销文化注入了宝贵的基因。

天赋 + 学习，为营销注入精神

大帝汉克成立前，李小兵在工作之余，还兼职卖面包贴补家用，常常在下班回家的路上带着儿子卖面包。妈妈卖面包，儿子吃面包，“面包母子”成为一道亮丽的风景和“活广告”。当时，别人卖面包直接用手拿，只有她制备了一个专门的面包夹，带上烤盘，把面包摆得整整齐齐，教顾客如何识别刚烘烤出来的新鲜面包，还贴心地把装面包的袋子亲手拴在客户的自行车龙头上。她每天只卖两箱，卖完即收工，这样既保证了面包的新鲜，又形成了“饥饿营销法”，因此她的面包卖得又快又开心。

一个卖面包的小故事，将李小兵的创新意识、服务意识、质量意识、品牌意识、营销意识体现得淋漓尽致，这些可贵的意识在大帝汉克成立后，完全注入了公司的营销价值观和营销体系里。

创始人的天赋可以让一家企业脱颖而出，但只有不脱离市场并持续地学习才可以走得更稳、更远。

在多年的往来中，胡松对李小兵最深的印象就是她的学习精神。“到现在为止，每次我们聊天的时候，她都拿出纸和笔做笔记，有时候在餐馆、茶馆里，偶尔没有带纸笔，她就请服务员提供”，胡松说，“她的学习精神贯穿了几十年，始终如一”。大帝汉克人深有同感。30 年来，李小兵不管走到哪里，不管是见客户、参观企业、参加行业论坛或展会等，她做的第一件事情永远是学习，向专家学、向客户学、向业内业外的人士学习。

榜样的力量是无穷的。李小兵的天赋 + 学习，为大帝汉克的营销注入了无穷的动力，她所追求的完美、极致、坚持、专业，也成为全体大帝汉克人的追求。

大区总经理董顺轩常说：“我在大帝汉克最佩服的人就是李小兵，李小兵的舍得、坚持和专业对我的影响最大，我营销成绩的取得离不开李小兵。”董顺轩 1998 年正式加入大帝汉克，因工作积极主动、业绩表现突出，公司将他从负责四川、重庆的区域经理，一路晋升至华北区总经理。2016 年，公司再次全额出资派送他到中国人民大学总裁研修班半脱产学习 2 年。2020 年，其管辖区销售额超过 1 亿元，大家戏称他是“董一亿”。2021 年，在“非洲猪瘟”“新冠肺炎疫情”双重压力下，董顺轩所在的区域销售额逆势增长突破 1.5 亿元。

融会贯通，引领营销创新

企业家必须有目的地寻找创新的来源，寻找预示成功创新的机遇和征兆，懂得并应用成功创新的原则。而创新的“萌芽”往往是从学习借鉴入手、结合企业的实际问题，消化吸收、融会贯通。

大帝汉克的体验式营销，正是来源于此。

“首席营销官”身影 1：2005 年年底，李小兵在参观蒙牛和伊利的工业旅游示范点、生产车间和示范农场后，顿时感觉到体验式营销能够增进并强化与客户的关系，让企业可持续发展。她当即决定要走体验式营销的道路——邀请越来越多的客户，到大帝汉克参观交流，让他们亲眼看看公司的工厂、实验室、展馆。回公司后很快规划了详细的参观路线，“知味馆”由此诞生了，后继续升级为“味无穷馆”，这是完全靠大帝汉克一己之力承建的中国饲料调味剂行业科技馆，入选为成都市科普基地，成为大帝汉克体验式营销的“阵地”，形成了大帝汉克独具特色的体验式营销模式。

从此之后，大帝汉克进入营销创新的快车道，价值营销、实证营销、生态营销等先进的营销模式相继创造了出来，公司业绩也进入增长的快车道。

构建专业化营销团队

领导者有三项职能：出主意、用干部、带团队。30 年来，李小兵一直是这样做的，为大帝汉克营销队伍的建设倾注了最多的心血。

“首席营销官”身影 2：云南办事处主任蒋敬忠，1998 年加入大帝汉克，在生产岗位锻炼了一年后，凭着对产品的熟悉和对营销工作的热爱进入了营销部。两年多的营销工作，他几乎走遍了四川的所有市场。2001 年，公司准备在云南成立省外第一个办事处，李小兵认为蒋敬忠舍得付出，市场拓展有规划，客户服务有系统方案，是办事处主任的第一候选人。在李小兵的支持下，蒋敬忠携家带口，举家搬迁，从四川到云南，在昆明安家落户，扎根云南市场，一干就是 22 年，为 DDC 办事处高质量发展探索出一种新模式。2021 年，云南办事处成为首个销售额突破 1000 万元的办事处。

2003 年，大帝汉克时任营销总监突然带团队离职，另立门户。这场“人事大地震”让李小兵开始反思经营管理，认真思考如何让公司变得更有吸引力，如何花更大力气进行营销队伍的梯度培养。梯度培养的首要任务是营销队伍使用人才的年轻化，着眼于培养下一个十年甚至二十年能够堪当重任的营销人才。

“首席营销官”身影 3：2010 年 4 月，李小兵到山东出差间隙亲自面试了李克，并邀请他和客户共进午餐，通过待人接物方面的细节观察，感觉他踏实稳重，有服务意识。本着尽快给山东市场培养一名“中坚力量”的原则，李小兵留下李克做了一次本土化的尝试，亲自带他一起制订了“三步走”策略：第一步，深入了解当地市场的具体情况，学习经销商营销的方法；第二步，维护好老客户关系，让他们对大帝汉克葆有信心；第三步，开发新客户，业务上请经验丰富并富有激情的领导——董顺轩手把手地传授指导，专业上请吕继蓉博士经常到山东市场给予支持和帮助，不断发掘新客户，使整个市场再上一个新的台阶。

这样的言传身教也让李克迅速开窍入门，加上勤奋努力，山东市场一路高奏凯歌。伴随着业绩的不断攀升，2016 年，李克被提升为山东大区经理，2019 年任华东大区总经理。2021 年，他配合公司人力资源部又在山东市场招聘了“90 后”的王富强，发挥“传帮带”作用，助力华东大区市场再上一个新台阶。

在大帝汉克营销人员身上，这样的事情还有很多。同时，李小兵不仅能把握大方向，在一些很小的细节上，她也能做到观察入微、体贴备至。例如，配车计划，以公司名义购买了一批汽车，全部配给营销人员。考虑东北市场的冬天雪大，特批给那里的营销人员配备雪地胎。

同时，李小兵重视营销人员知识结构的专业化。除了大力引进有专业背景的营销人员，还开展价值营销的培训，同时将内训与外训相结合，先后送 7 名营销人员去中国农业大学、华中农业大学、四川农业大学、南京农业大学、华南农业大学、山东农业大学等高校读研攻博，安排 25 人次去清华大学、中国人大等高校进修 EMBA、MBA，50 余次出国考察学习，夯实专业基础，增强专业技能，开拓视野。

既注重“才”，更关注“情”，是这位“首席营销官”的突出特色。

“首席营销官”身影 4：汪青海是川西、川北区域经理，2003 年入职，2006 年公司实行营销末位淘汰制，他位列倒数第一。但汪青海很珍惜与公司的情谊，认同企业文化，主动写申请恳求再留一年："我如果在这一年里，干不出业绩，主动离开，绝不拖公司后腿。"汪青海有"情"，公司和李小兵绝不辜负"有情人"，毅然留下了汪青海。这一年里，董顺轩手把手教，吕继蓉博士在专业知识上倾囊相授，他自己也加倍努力认真"备考"。在年底考核时，汪青海以超过 50% 的市场增长率为公司交上了一份满意的答卷。

至 2020 年，大帝汉克营销团队里，最年轻的片区经理已在公司工作了 8 年，主力人员平均司龄 10 年以上，最长的达 22 年之久。2021 年，华东大区又加入新成员。从 2021 年的销售业绩来看，平均每个营销人员的销售业绩为 2500 万元。可以说，李小兵带出了一支稳定、高效，有激情、有事业心的优秀团队。

善抓核心要素服务客户

德鲁克说："企业存在的唯一目的就是创造顾客。"客户是大帝汉克存在的基础，李小兵明确提出大帝汉克"因客户而存在"。李小兵为了客户、依靠客户、服务客户的故事，每个大帝汉克人都能讲出一大串来。

在李小兵的经营观里，有一个"共赢"的理念：任何与大帝汉克有合作关系的组织和个人，都要有所获益。她认为企业发展要给社会创造更多的价值，要给客户创造更多的效益，要给员工创造更多的幸福。比如，2014 年，为帮助行业企业系统了解加拿大的养猪业和种猪育种体系，大帝汉克与加拿大种猪出口商协会（CSEA）、加拿大伯乐遗传公司 Polar Genetics（2012）Inc 联合组织中国农牧企业赴加拿大商务考察活动，重点考察、参观了加拿大安大略省种猪改良中心（OSI）、加拿大基因联盟猪场及饲料厂、加拿大种猪改良中心（CCSI）以及农业博览馆和加拿大农业和食品部，就加拿大的生猪改良状况、数据库建立和测定数据收集、肉猪生产及进出口贸易、肉品的质量控制和可追溯体系等一系列问题做了深度的沟通和交流。

最后，不得不说李小兵的女性优势。她与生俱来的出色沟通能力，加上耐心、自信、执着、关心人，形成了独特的个人魅力，圈子广、朋友多。

德国的西蒙教授指出，尽管女性管理者在大企业中的权力平等还是大众热议的话题，但在比较小的企业里面，女性作为管理者发挥着很重要的作用。如在德国，在380万家员工人数少于50人的小企业里，29%的企业经营者是女性；在员工人数多于50人的企业中，也有17%的企业经营者是女性。“作为女性领导者，她们在隐形冠军企业里发挥的作用比在大公司里的女同胞要大得多。……总之，我们的研究结果表明：如果在企业的管理层中缺少女性管理者的身影，那么这就意味着企业巨大的潜力还没有被完全开发出来。”

对照之下，我们深感幸运，大帝汉克不仅拥有李小兵这样的企业创始人、了不起的“首席营销官”，在她的影响与带领下，企业里还有一支能力卓著的“娘子军”，分布在研发、营销、采购、内控管理等各个核心岗位上，占比32%，撑起“半边天”。

贴近客户，因客户而存在

贴近客户，是大帝汉克的自带基因。1996年，面对行业发展放缓和市场激烈竞争，尚在“垂髫”之年的大帝汉克刚学会“走路”，就不得不以“人人下市场”的方式加快速度“跑起来”。这也促成了基因变自觉、意识变行动，“因客户而存在”的理念沉淀了下来，开始贯穿于制度建设、组织架构、文化氛围等各个环节，使营销真正成为大帝汉克的一项核心职能，构建出企业与客户紧密联系的一体化关系。

打动客户的心，不止于产品

营销管理大师菲利普·科特勒说，以客户为中心的公司并非只是生产产品，也要擅长建立客户关系，客户关系管理的重点是吸引和维系客户、满足客户的个体需求。李小兵提出的“因客户而存在”，核心就是以客户为中心，本质就是贴近客户。

30 年来，大帝汉克与客户的紧密关系已经融入公司业务的各个层面。为了吸引和维系客户，公司有足够的耐心和韧劲。曾有一个客户，公司联系了三四年，也去对方公司拜访过，但效果都不太明显。有一天，公司听闻这个客户正在重庆讲课，李小兵和吕继蓉博士第一时间赶到，在客户休息的间隙，当面交谈并说明专程从成都前来拜访。也许是被他们的锲而不舍和诚心诚意所打动，最终这个客户成为公司的长期合作伙伴。类似的事情还有很多，有的客户大帝汉克甚至长期关注达十几年。

2021 年 4 月 20 日，由大帝汉克承办的“蒙川两地饲料行业座谈会”在温江举行。内蒙古的一位客户随内蒙古工业协会来成都交流考察，现场考察了公司生产及科研基地，并以大帝汉克安全环保、人力资源管理、科研为案例，广泛交流两地饲料行业发展经验，共同探讨新形势下饲料企业成长发展之道。这家企业的总经理当场邀请大帝汉克去其公司进行多部门深度交流。同年 6 月，由李小兵亲自带队组织生产采购副总李杨、研发总监余淼、人力资源总监张春梅、大区总经理吴洪福前往交流，受到客户的一致好评，尤其是吴洪福为客户提供的营销过程管理内容，更是获得客户的高度认可。同年 7 月，吴洪福再次应客户邀请，以自己在公司 15 年的成长历程为例，毫无保留地分享了大帝汉克的营销过程管理、技能提升与工具利用，以及如何整合内外资源为客户服务等内容，赢得现场营销人员一致喝彩。

“只有明确指出利益，才能打动客户的心。”这是大帝汉克营销人员在维护客户关系中总结出来的经验，看似平常的一句话，却经历了从认为客户关心产品价格，到明白客户关心产品价值的摸索过程。营销人员在客户面前不仅要谈论产品价格，更要谈论产品价值，同时结合客户的实际情况和公司产品的特点，不仅关注产品价格，而且让客户更多地关注产品的价值。

大帝汉克价值服务有两个关键：一是人，通过拜访客户、参加会议等方法接触客户、了解客户，了解行业、建立关系，再为客户嫁接资源。比如，组织技术研讨会，请专家走进客户企业分享技术成果，嫁接资源陪同客户一同学习考察行业企业等。二是物，也就是技术和产品，通过各种营销形式为客户提供价值。

莱因霍尔德·伍尔特是全球装配和紧固件市场领军企业伍尔特公司的创始人，他曾说："一天的外勤比开一周的会有用 100 倍，与客户的交流能带来无数的想法和创意。"这一点，大帝汉克感同身受。2004 年 1 月，大帝汉克成功推出 10 克小包装产品，一进入市场便成为爆款，供不应求，需货厂家经常订单排成长队，两台全自动包装机加班加点也难以供应。这个产品的推出就是与客户交流中，精准捕捉了以散养为主的养殖市场的需求。

30 年来，大帝汉克以技术服务部为支点，既作为客户信息的"中转站"，也作为产品推广的"驱动器"，通过制订标准的、系统的客户服务方案，帮助客户整合资源，架起技术和市场的桥梁，从内而外打通营销系统，建立了紧密客户关系的高效闭环体系。

在与客户接触时，技术服务人员用市场思维把技术问题转化为客户听得懂的语言，再把从客户那里了解到的需求转化为技术语言传递给研发部门和生产部门，然后公司通过应用实验和动物实验形成实验报告，寻求技术突破，生产出满足市场需求的产品，最终根据客户需求推动大帝汉克前进，把需求转化为生产力。

坦诚展示自我，分享与互动

在与客户的全方位互动中，大帝汉克创新的"讲课"方式，已经成为输出研发和管理成果，提升技术形象，拉近与客户关系的一条稳固的组带。讲课是分享与互动，是坦诚展示自我。

试举几个较有代表性的事例。

2000 年 6 月，大帝汉克联合农业部饲料工业中心举办“第二届中韩（成都）国际动物营养与饲料加工技术学术研讨会”；

2004 年，分管研发的包清彬教授带领质控经理在行业会议上讲课；

2005 年，高级工程师李松柏等专家在陕西母仔猪会议上讲课；

2006 年，邀请四川农业大学专家到新希望六和集团以讲课的方式进行技术服务；

2013 年 10 月 16 日，第十一届世界畜产大会的女科学家论坛上，原任研发总监雷燕博士是受邀讲课的两位中国女科学家之一；

2014 年 9 月 21 日，第二届国际母仔猪营养与饲养管理高峰论坛在北京举行，吕继蓉博士受邀在会上以《动物采食调控技术对母猪生产性能的影响》为题，讲述公司在母仔猪动物采食调控方面的研究成果；

2020 年，在非洲猪瘟和新冠肺炎疫情“双疫”的紧要关头以及饲料禁抗的关键时期，大帝汉克作为主办单位，携手《饲料工业》杂志社、德国农业协会（DLG）等单位，先后在四川眉山、江苏徐州、河南郑州、山东潍坊、甘肃兰州举行“DDC·2020 健康养殖与饲料替抗技术研讨会”，公司研发人员以“饲料禁抗　安全生产”为主题，对饲料限药、禁药的发展历程及管理、无抗时代的抗病营养，禁抗后国内国外饲料安全稳定及养殖技术要点展开深入讨论；

2021 年 4 月 8 日，DDC2021 绿色养殖与安全生产技术研讨会昆明站活动在云南昆明成功举行。会议围绕当前形势下的环保安全，反刍动物营养及高效养殖，替抗的措施和思路，非洲猪瘟及禁抗背景下后备母猪营养新技术等行业热点话题展开深入交流。

……

30 年来，越来越多的大帝汉克人先后登上北京畜牧兽医工程科技高峰论坛、中国畜牧生物科技大会、中原饲料科技论坛等全国行业技术论坛。

随着以蒋敬忠为代表的营销人员走上客户“讲台”、行业交流“讲台”，大帝汉克“讲课”的营销人员越来越多，有的分享绩效考核、有的分享日志管理、有的分享企业文化等，牵引着大帝汉克与客户、与相关人员的全方位互动，既推荐了公司，也贴近了客户，有的地区甚至由此实现了0到1的突破。

黑龙江省、吉林省市场原来是大帝汉克的“荒漠”，黑吉区域负责人周长军来到这里曾一度一筹莫展。最终通过“讲课”，周长军打开了局面。2015年3月，大帝汉克承办黑龙江省“新形势下饲料企业的战略定位和管理论坛”，黑龙江、吉林两省100余位饲料企业代表参加。2017年10月，黑龙江省饲料工业协会会长、谷实农牧集团董事长殷学中带领黑龙江饲料企业考察团一行赴川考察，大帝汉克成为考察的第一站。到2021年，周长军负责的黑龙江省、吉林省市场的销售额从10年前的200万元增长至2100万元，翻了10倍，“荒漠”变成了“绿洲”。周长军总结道：“通过整合行业资源，帮助客户提升竞争力，为客户提供有用的价值、服务，以及有效信息，同客户一起成长，这就是大帝汉克的经验，黑龙江、吉林市场的经验。”

大帝汉克的“讲课”可以说无处不在，已经成为一种营销模式、思维模式、价值输出模式，给客户讲、给员工讲、在会议上讲，而“讲课”者不仅是营销人员、技术人员，也有其他行政人员，很多时候还会邀请企业外部专家“替”大帝汉克讲，这是大帝汉克探索出的一条有益之路。

服务好“客户的客户”

2015年5月，大帝汉克联合美国大豆出口协会在山东临沂召开“中美母猪营养与动物采食调控技术研讨会”。在与负责人商讨筹备细节问题时，李小兵发现客户覆盖面不够大，“这么有价值的技术会议，可以拓宽客户的邀请面，就算不是我们的客户，也可以邀请前来”。

在大帝汉克看来，客户既包括狭义的客户与供应商，也包括行业里所有的直接或间接的参与者，是一个“生态”范畴，客户的客户也是客户，运用好行业关系网，是实现与客户紧密关系必不可少的“调味剂”。

大帝汉克紧紧依靠行业协会，无论走到哪里，都和当地的行业协会打成一片，让朋友遍天下。大帝汉克是中国饲料工业协会常务理事单位、四川省饲料工业协会副会长单位，并积极参与各地行业协会的活动。比如，2016 年 12 月，在河南省饲料工业协会二十周年庆典系列活动的行业发展高层论坛上，李小兵受邀作了《专业饲料企业的管理之路》主题报告；2017 年 10 月，在四川省饲料工业协会三十周年庆典系列活动中，公司荣获四川省十大创新型饲料企业，庆典晚会上，公司员工代表朗诵了《30 年，写下你的散文诗》；2018 年 6 月，被黑龙江省饲料工业协会评定为黑龙江省饲料行业“优秀原料企业”；等等。每年深度参与各地饲料行业协会举办的技术会议、行业考察等活动，已成为大帝汉克一项必不可少的工作。

根植行业、服务行业，把客户的客户当作客户，最具代表性的一幕体现在 2012 年大帝汉克二十周年系列庆典活动上。以媒体战略研讨会拉开帷幕，突出品牌价值链的核心，把企业品牌价值与行业价值、客户价值、员工价值连接起来，把行业的需求、客户的需求、员工的需求转化为品牌提供的价值。这一年，大帝汉克因地制宜，针对市场和客户的情况，邀请专家教授和公司员工在全国 10 省开展技术巡讲、文艺巡演，先后有 2000 多名饲料企业代表参与其中。同时，这也是一次公司专家服务团队和技术服务团队分享行业知识和大帝汉克文化的活动。

在大帝汉克的营销价值观里，我们不仅传播产品，还主动传播政府法律法规，传播专业知识、专业技术，传播行业动态动向，无论是赞助行业会议，还是通过嫁接资源整合不同地区的企业相互交流，或是打造“DDC 听课笔记”，其根本目的都是为客户带去实实在在的价值。

从 2013 年第一次在微信公众平台发布行业技术会议的专家报告，到

2021 年 12 月，大帝汉克已整理并发布听课笔记 137 场，文字达 63.1 万字，内容从饲料到养殖，从技术到管理，从地方到全国行业协会，听课笔记全面覆盖、自成一派，甚至可以说“一直被模仿，从未被超越”。

◎链接：“DDC 听课笔记”是这样炼成的

“DDC 听课笔记”既是行业会议的见证者，也是行业成果的传播者，传播了行业价值，传递了行业正能量。之所以取得成功，成为行业技术会议听课笔记整理的首选，大帝汉克做到了四个坚持。

坚持现场整理。每场行业会议，大帝汉克听课笔记整理人员都会提前到达会场坐在尽量靠前的位置，只有在现场才会真实呈现内容，让读者“身临其境”。

坚持品质。为做好听课笔记整理相关工作，公司出台了听课笔记工作流程，进一步明确“专业的人做专业的事”，整理行业会议必须有相关专业背景。此外，将文章审核责任落实到人，正式发布之前实施一审、二审、三审，从讲课专家到具体内容，从图片到标点符号，一个都不放过。

坚持发布的时效性。原则上当日事当日毕，当天整理的听课笔记当日发布，保持听课笔记和行业会议举办时间上不脱节，行业会议有热度，听课笔记有温度，读者看了有暖度。

坚持知识产权的保护。每一场行业技术会议，公司会派专员与主办方沟通，获得整理听课笔记授权。在听课笔记结尾部分，都会对版权进行说明，注明笔记来源，保护专家版权，并对活动主办方、承办方致谢。

正是因为以上“四个坚持”，才让大帝汉克听课笔记成为公司在行业中的又一张名片。

客户满意是我们努力的方向

让客户满意，是大帝汉克不懈的追求。在大帝汉克承办“国家饲料工程技术研究中心、农业部饲料工业中心 2007 年科技年会”期间，行业和客户代表去大帝汉克参观，走到生产车间时，代表们对生产设备颇有微词。这让李小兵的内心受到触动、陷入思考：“客户不满意，就是我们的工作做得不到位，只要客户满意、行业认可，我们都要努力去做。”

大帝汉克是一家专业性的技术型企业，技术领先是公司赖以生存与发展的根本所在。于是，公司多次引进国际最先进设备，以至于后来很多饲料企业老板来参观时都羡慕地说：“你们公司真舍得，用这么好的设备！”为了产品研究开发、满足客户需求，公司收购占地近 30 亩的成都奶牛研究所，组建了公司第一个动物试验基地。

客户服务无小事，满足客户需求是大帝汉克的“经营之本”，以技术服务为核心的营销模式，是对“经营之本”的有力保障，更是大帝汉克的核心优势之一。

2003 年，大帝汉克正式成立技术服务部，由吕继蓉博士负责。技术服务部针对客户在选择产品、评估产品、使用产品及投诉等专业性的需求，为客户提供靶向服务，迅速响应，妥善解决，与客户建立长期合作关系。2018 年，技术服务部接到甘肃办事处来电：“生产仔猪浓缩料的客户，加了大帝汉克奶香产品，三到五天后饲料一点香气都感觉不到。”公司高度重视，初步排查产品自身质量后，产品经理黄明亚紧急飞往甘肃。经过两天的现场排查、研究，确认公司产品没有问题。但没过几天，客户再次来电，还是反映同样的问题并明确肯定是香味剂问题。于是，吕继蓉博士和董顺轩马上飞往甘肃，再次按照生产批次严查留样，的确发现最近 15 天生产的饲料没有香气，而 15 天前生产的产品香气明显，且有几批次产品伴随明显的氧化酸败味。吕博士陪同客户一道经过大量的排查、筛选、咨询行业专家，发现客户最近粒状铜断货，而采用易氧化反应的粉状铜替代，加上抗氧剂使用不当、夏天高温高湿及仔猪浓缩料油脂含量高等因素的影响，为氧化反应提供了条件。饲料一旦发生氧化，容易与氧化酸败的风味物质发生化学反应，从而香气消失。公司迅速将问题解决，客户被吕博士和董总的真诚、专业深深地打动，热情地拿出名贵美酒款待，现在已成为大帝汉克忠实的客户。

由此可见，大帝汉克的服务不仅是就产品谈产品，更多的是帮助客户查找原因，解决问题，这些都是看得见的质量保证、技术服务。另外公司还根据客户的饲料或添加剂配方情况、饲喂对象、区域气候以及生产工艺等，为每一个用户量身订做，设计出最满意的方案，开展全程个性化服务。

针对客户投诉，大帝汉克建立应急处理系统，还明确要求市场一线人员 24 小时内务必到达现场，公司内部技术服务人员，立即启动投诉处理机制。通过感官、理化自查该投诉批次产品的质量，快速判断产品是否存在问题。

2020 年 9 月 21 日，江西区域经理王银星接到区域客户投诉电话，对一款奶香产品检测报告有异议。王银星接到投诉后，立即联系公司技术服务部、质控部。同时，他马上调货去缓解客户应急需求，不影响对方生产。王银星提出去第三方检测，检测费用由大帝汉克负担。最后证明检测报告是正确的，客户消除了顾虑，对大帝汉克的处理方式大加赞赏。王银星在工作汇报中总结道："及时到达，现场沟通，真心交流，实事求是，有理有据，换位思考，解决问题。"

客户无论大小，大帝汉克坚持一个标准，用心服务好每一个客户。川东、重庆、贵州，这三个市场的典型特点是中小客户多，区域经理梁泽胜勤勤恳恳、脚踏实地扎下根来，一干就是 10 多年。他管理区域的饲料企业数量达 200 多家，合作企业 150 家以上，如果要亲自拜访客户一圈，需要 60 个工作日左右。10 多年来，梁泽胜紧密联系客户、服务客户，是公司新开发客户数量最多，也是历年销售战略产品最多的营销人员之一。2021 年，梁泽胜所负责的区域销售额突破 1000 万元。

还有一些服务虽然看不见，但不可或缺。比如内勤，工作繁忙琐碎，却是企业精细化服务客户的一个重要窗口，也是建立客户信任的关键点。

连年获得优秀员工奖的销售内勤王红，工作不仅认真负责，而且积极主动，总是能够想客户之所想，急客户之所急。王红通过对销售数据的分析，判断出客户的订货频率，主动联系客户提醒及时采购下单，货物发出后，每天和物流公司保持物流信息的更新，确保货物能够安全快捷地交付到用户的手中，遇到刮风下雨等异常天气，更是格外关注运输货物的安全和时效。日常工作中，王红通过电话沟通、网络联系等方式与客户不仅建立了良好的供需关系，而且很多都成了朋友关系。很多与王红对接过的采购人员来公司考察时，都说要见见王红本人，感谢她热情周到的服务。受公司多年文化的熏陶，王红工作起来有一股“拼命三郎”的劲头，据王红的家人讲，有时候她半夜醒来想到工作，立即起床先处理好工作，方才休息。有一次，她生病了，可工作一直放在心上，凌晨 4 点多，还跑到公司处理急件，然后再返回医院输液，有时候一边输液还用手提电脑在病房中处理工作。

在内勤工作中，“准时供货”，不仅反映了物流运输的及时性，更是对一家公司管理能力和团队协作能力的综合考验。2020 年新冠肺炎疫情突袭，一段时间物流公司几乎不能正常营业。但市场的需求是第一需要，那段时间，作为分管物流的杨岚一直思考怎样才能把货物及时送到客户手中。经与内勤团队王红、姜雁、刘小凤反复商议，提出一是发挥渠道优势，统一汇总各渠道商、办事处的库存情况，采用就近发货、借货及调货来缓解公司生产基地的生产和发货压力；二是通过快递公司发货。据统计，2020 年 2~3 月，大帝汉克通过快递发货达 334 次，共计 186 吨，发货费用比普通物流增加 60% 以上。当时，湖北是疫情重灾区，能发往那里的只有一家物流公司，费用很高。湖北区域经理骆晓辉正在四川过春节，因其武汉车牌成为当地重点管控对象，整个春节他都自我隔离在家中。通过线上方式，骆晓辉与公司一起，为了不影响客户生产，及时发货，保证了客户生产需求。

协调生产和客户，是销售内勤工作的重中之重。2021 年 1 月 5 日，河南客户与公司签订 20 吨的调味剂合同，其中 10 吨要求在 10 天之后，也就是 1 月 15 日左右必须到货。开始，公司按正常的计划安排生产和发货，但几天后饲料原料价格出现波动，饲料经销商和养殖户开始疯狂的备货和压货，导致饲料工厂供不应求，公司订单也随之排起长龙。河南区域经理谭建跟公司紧急沟通，销售内勤分析了客户订单清单，与谭建沟通后决定临时把所有客户的订单压缩，以满足目前的最紧急的生产所需为第一任务。一周后，紧急支持协调的第一批货物顺利到达郑州。在公司以及谭建的共同努力下，河南市场没有一家客户因为原料短缺导致停产。

急客户所急　寻客户所需

饲料行业周期性比较明显，容易受到行业波动的影响。30 年来，大帝汉克急客户所急，寻客户所需，规定营销人员对客户企业的整体情况、创造经济效益的有效途径、客户的目标以及价值体系要准确掌握。在行业发展处于低潮时，与客户共渡难关，提供力所能及的帮助；在行业发展向好时，与客户利益共享。

2019 年 10 月，大帝汉克周长军发现氨基酸价格降到了近 10 年新低，其中赖氨酸报价 6 元 / 公斤左右，经过多方核对，作出赖氨酸价格已经处于底部的判断。他主动联系合作客户，建议多备货，降低采购成本。客户以 6.15 元 / 公斤的价格采购了 100 多吨，同时，主动免费提供仓库，帮助客户筹备货物。到 2020 年 3 月，赖氨酸反弹，双方都大为受益，彼此联系也更为紧密。

2019 年以来，部分原材料价格上涨，特别是在 2021 年，原材料价格更是普遍上涨，有的甚至数倍的增长，从外部环境看，原材料价格上涨使得整个饲料添加剂行业面临成本增加。尽管公司提前做了一定储备，但原材料价格的持续增长也给企业带来巨大的成本压力，因此公司坚持确保产品质量不变的前提下，产品价格随行就市进行了一定幅度的调整。当然，针对公司客户，大帝汉克也采取了一些积极措施来维稳，比如，按照月用量支持原价产品、逐步调价方式、款到优先安排生产和发货等，在非常时期，客户也能理解货款资金的需求，尽可能及时办理货款，正所谓取之于民用之于民，资金及时的回笼主要用于加大原材料的采购，从而风险共担利益共享，实现双赢。

以客户为师，向客户学习

“三人行，必有我师。”让大帝汉克人印象深刻的是，某饲料集团全球供应商检查队到公司考察时，严格按照第三方审核标准，详细审核财务、生产、采购、质控等各项指标。

评审结束后，客户回函，认可大帝汉克成为其全球供应商的资格，但应在3个月内填补差距，否则，将被降级为不被认可的供应商。包括：应建立食物保护程序；消除潜在的破坏或恐怖主义风险；控制碳酸钙中的重金属或停止使用该成分；就审计结果制订行动方案，并在半个月内发出；完成所有的整改后，提供整改执行证明；大帝汉克生产的产品有任何变化，须告知；任何与食品安全有关的触发事件都将导致降级；等等。大帝汉克按照客户的整改要求，在限期内完成整改并超出客户预期，自此成为他们的战略伙伴。

虽然这些条件严格的近乎苛刻，但大帝汉克欢迎并庆幸拥有这类客户，通过向客户学习，可以更多更快地提升企业能力水平。比如，大帝汉克从卖产品到提供系统方案的关键转变，就是受了福建饲料企业的启发。

30年来，大帝汉克每一次接触客户的过程，也是向客户学习的过程。以客户为师，“择其善者而从之，其不善者而改之”。

营销创新的30年

大帝汉克30年发展历程，就是营销创新的30年。因时应势，环环相扣，层层递进，不断突破，贯穿其中的一条主线，就是以技术营销为主体的立体营销。

技术水平是一个企业、一个品牌、一个产品必须具备的基本竞争力，技术领先就是最好的“宣传册”。大帝汉克的生存之本是技术，金字招牌也是技术，通过“走出去”，用机制牵引营销人员走到会议现场、展会现场、客户现场，把大帝汉克的产品和品牌镶嵌到客户和潜在客户的心坎上；通过“请进来”，把客户请到生产车间、实验场、味无穷馆、各类活动之中，营造体验场景，浸润企业文化，最终把技术营销、产品营销、企业营销、品牌营销融为一体。

以技术营销确立竞争优势

竞争优势来自技术优势。在大帝汉克创立的最初两年里，坚持技术的自主创新，产品经客户试用验证后接受。由此，大帝汉克“集中优势兵力，各个攻克”，先以技术优势形成局部市场优势，再通过局部市场标杆客户，以局部市场谋取全国市场。那段时间，大帝汉克有订单、有利润就卖，靠着技术优势，在本地市场的竞争中站稳了脚跟。

1993 年，四川的本地企业开始集团化运营，在湖南、江西、湖北等省扩张建厂，到 1994 年年底，已由 10 家发展到 27 家。大帝汉克的产品及时跟进，分厂建到哪里，“大帝香”就卖到哪里，一时间竟成了“皇帝的女儿不愁嫁”。尤其是开山之作“奶香型 222”，更成为小原料中的必备品。公司生产能力达到 1000 吨，开始有了初步的营销意识，并逐步建立营销渠道。

在当时的市场环境下，同样的产品、同样的效果，大帝汉克的价格比竞争对手低 40%，反映在销售上，每年的增长率也都超过 40%。

1994 年年底，大帝汉克提出“永保第一”的目标，在营销的单渠道基础上拓展为多渠道，其中的关键在于，把产品的技术特点宣传推广出去。

当时，信息传播技术还不发达，客户对产品信息的接收主要来自传统媒体。1994年，大帝汉克在《饲料工业》《饲料研究》等行业期刊上加大广告投放力度，在全国各地的畜牧兽医产品批发市场，竖起广告牌、门头广告。“其人未到，其声先至”，做到了广告宣传到哪里，产品就销售到哪里。

1996年5月，首届中国饲料工业博览会在北京举行，参展的“大帝香”一炮而红，吸引众多川外企业前来洽谈合作意向，迈出了走向全国市场的关键一步。

从1994年到1996年，是全国化布局的3年，这期间大帝汉克有效提高了营销效率，扩大了客户覆盖，推动了产能翻番，跑赢了行业平均增长率。

从1996年下半年开始，饲料行业发展速度明显放缓，饲料添加剂的竞争越来越激烈，特别是海外企业纷纷在中国投资建厂，大帝汉克的生存空间遭到挤压。为了应对外部环境的挑战，公司采取了一种看上去稍显“笨拙”，但极为有效的策略——全员营销。

这一时期，大帝汉克围绕市场销售，打通了从产品研发、技术服务到后勤支持的闭环，产品销量三年复合增长率达到19.51%，在行业整体不景气的环境下，跑赢了平均市场增长率。

进入21世纪，开展专业化的技术营销已是行业发展的必然，大帝汉克顺势而为。

自国内开始有饲料调味剂行业以来，到2000年左右，一直处于营销的初级阶段，很多企业不是比价格就是比添加量，专业化追求不多，非技术方面的较量却与日俱增，一度导致调味剂产品的美誉度、公信力出现问题。再加上整个饲料行业持续低迷，进入21世纪的前一年，大帝汉克的产品销量同比骤降39.1%，技术营销势在必行。

相对于全员营销，技术营销是指让具有专业知识技能、经验丰富的人员从事营销工作，让客户持续接受公司的产品和服务，从而实现社会价值、企业价值、个人价值。大帝汉克提出，以技术营销为基础，分析客户需求，有的放矢，制订有效解决方案。

一方面，培养专业化营销队伍。在1994年引进首个专业营销人员之后，2002年，公司又从四川农业大学引进10名动物营养专业的应届毕业生，作为人才储备，重点培养。与此同时，每季度进行营销内训，定期为营销人员提供行业会议信息、邀请技术专家专题辅导，鼓励大家积极学习，在年度考核里增加学习基金的激励政策，当年学习当年兑现。自建立培训机制以来，20年间从没有因任何原因停止过，哪怕遇到新冠肺炎疫情，也仍然在线上坚持。

另一方面，提出并实施“饲料调味剂专家”计划，2002年收购占地近30亩的成都奶牛研究所建立动物试验基地，2003年成立技术服务部，从各高校引进硕士毕业生开展饲养试验，让市场、客户在应用中验证产品。

值得一提的是，2002年，在大帝汉克成立十周年之际，大帝汉克首次面向行业举办技术研讨会。与其他技术研讨会相比，大帝汉克的创新之处在于：把客户需求放在第一位，甘当行业价值的传播者和搬运工。比如，举办的会议站在行业的角度，邀请主管部门领导、权威专家与会，将解读行业政策排在会议首位，把介绍技术发展作为会议重点，整合行业资源，努力满足客户需求。

经过重新认知行业、定位客户，通过专业化的技术营销，大帝汉克在1999年销量触底后，重回增长轨迹，到2002年，平均增长率达到23.15%。

从此之后，技术营销就一直是大帝汉克营销创新、营销组合的基础和底色。

营销管理走向规范化

营销管理重在过程，机制保证规范，规范方显效果，所谓慢就是快。2001年6月，大帝汉克着手建立办事处，并制订“办事处管理办法”，要求办事处负责人，必须为公司工作5年以上的现职人员，担任市场销售工作不低于3年，认同公司文化，并经过相关考核。

2001年为“办事处营销管理落地元年”，公司在机构设置、管理体制、规章制度等各方面作出详细规定。从第一个云南办事处，到现在遍布全国的28家办事处，大帝汉克的办事处运营模式，成为营销管理的创新亮点。

2004年，“营销人员管理、考核办法”正式出台，这是销售过程管理制度的“基本纲领”，规定过程管理考核占整个绩效的20%。第二年修订时，这一指标又增加到30%，实行季度考核，并设立目标管理卡考核，由原来单一的销量考核调整为多指标的考核，涵盖整个销售过程。

同时，还与之配套了一系列措施：要求销售人员的工作汇报由月汇报改为周汇报，每到一个新的区域就用当地的座机向公司汇报行程；实行表格管理，每周末将一周的拜访情况用表格填好传真回公司，由人力资源部门对拜访的情况做收集汇总并抽查；营销领导必须走动管理，不局限于“办公室管理”“电话管理”；营销人员月度考核和差旅费用挂钩，完成基本任务的差旅费100%报销，完成80%以上任务的，根据完成的百分比报销差旅费，完成80%以下任务的，按60%报销；实施营销人员本土化政策，与家属全员迁入所负责的区域，由公司出安家费，解决市场人员的后顾之忧；等等。

过程管理，加大了公司与市场和客户接触的频率，更快地捕捉到了新的商业机会。大帝汉克根据客户需求，成功推出的25公斤大包装产品，深受市场认可就是过程管理带来的成果。

2006年，大帝汉克根据实际和执行情况，新修订的“营销人员管理、考核办法”出台，更加关注营销人员的选拔和储备，规范了新营销人员的试用期标准；进一步明确营销人员是公司直接创造效益的人，也是公司未来发展的直接动力，培训营销人员各种技能的最终目标是促进业绩的增长；考核方式为月度考核加年度考核，增设开发新客户的考核；新增实行营销人员末位淘汰制，大区经理末位淘汰制；建立员工升迁退出机制，为优秀员工提供更好的发展平台和发展空间。

通过五年的“建立机制，规范营销”，大帝汉克销售继续保持高速增长，2003年销售1864吨，到2007年增长至2584吨，合作客户超过3000家。

增值营销重在资源整合

随着客户要求日益多样化，大帝汉克必须以客户个性化需求为出发点系统考量，在不断优化自身的同时，通过整合内外部资源为客户提供订制化解决方案，提供增值服务，增强客户黏性。

2008年，大帝汉克整合行业专家资源，先后和中国农业大学、四川农业大学、华南农业大学等高校建立紧密联系，行业专家先后帮助公司到客户处推广技术。另外，公司分别选送三个大区经理去清华大学、中国人民大学参加MBA培训，进一步提升专业能力，整合行业资源。

2009年，大帝汉克提出“保两量，增两新，专攻难，速解疑”的营销策略，把资源整合放在重要位置。同时，在“营销人员管理、考核办法”中，进一步明确资源整合为考核目标之一，并与全年考核挂钩。公司鼓励各市场人员尤其是实现本土化的办事处人员，成为当地饲料相关行业协会会员，为行业做更多服务。其中，副总经理吕继蓉博士当选四川省畜牧兽医学会动物营养与饲料分会理事，河南区域经理谭建当选河南省饲料工业协会理事，吉林省、黑龙江省区域经理周长军当选黑龙江省饲料工业协会常务理事。

2010年，是大帝汉克的“增值营销元年”。大帝汉克认为，资源整合是提供增值服务的第一步，解决“谁来服务，为谁服务”的问题；第二步要解决的“如何服务”是关键与核心问题。大帝汉克围绕“如何将资源转化为有效价值”，对营销管理流程和标准进一步梳理，从组织到执行，打通营销管理的各个环节，整合企划部、技术服务部、营销部，实现行销合一。

2011年，是大帝汉克的“增值营销行动年”。在制度上，修订“营销人员管理、考核办法”，增加样品管理制度、营销人员晋升制度和营销部经理晋升制度。在行动上，营销人员市场行驶里程数、拜访市场次数均创历史新高，同比增长 30%；在客户处分享公司营销过程管理、客户立体档案等内容，人力资源、财务、质量控制等部门均向客户提供产品以外的服务。当年，公司销售额历史上首次突破 1 亿元大关。

大帝汉克 20 周年系列庆典活动、“DDC 听课笔记”等，都成为资源整合，增值服务的典范。

价值营销提升三大价值

德鲁克说：“企业的目的就是创造顾客。”如果说 2012 年之前，大帝汉克的营销体系更多是一种被动服务的状态，“客户需要什么，我们就提供什么”，价值营销还处于“碎片化”。那么，随着为客户价值服务案例的增多，大帝汉克体会到，真正影响企业持续成功的因素，主要不是战略目标，也不是运营管理流程，而是专注、聚焦于为客户创造价值的力量，这是经营的第一关键要素，也是公司从多元转向专注的整体战略。

提升产品价值。

大帝汉克认为，重点应该放在那些客户没有充分注意到的价值上。2013 年，奶香型调味剂“312”是当时最受市场欢迎的产品之一，对该产品的价值重新挖掘和塑造，明确“酶解制备奶味香精，更佳的香味和口感”的核心价值，把“天然浓郁、圆润、厚重、协调”的产品特点以品牌形象的方式表现出来，打造奶香型产品新高度。2015 年，随着新的压力喷雾设备安装，糖精和纽甜的复配型喷雾产品成为行业新的需求点，大帝汉克成功开发出复合型喷雾甜味剂“甜多多”；2018 年，因非洲猪瘟的传播，行业对禁用血浆蛋白的呼声越来越高，国家也发布禁令，大帝汉克更加明确了以“呈味肽”为核心的技术路线和产品方案，替代血浆的采食产品“滋肽”两年后问世。

提升服务价值。

第一步，团队系统能力的提升。大帝汉克的宗旨是让动物享受健康和美味，通过产品和服务，使动物提高采食量，提升健康水平，使所创造的价值有利于动物，有利于养殖业，有利于消费者。2014 年，大帝汉克进一步提出“保两量，增四新，专攻难，抓集团，速解疑”的营销策略，过程与结果兼顾，考核与激励并进，聚焦客户分别拜访，确定目标，锁定增长点。2015 年，提出“用心、细心、热心、耐心、真心”的“五心”服务标准。

第二步，提供系统的产品解决方案。产品解决方案是服务价值的基石，是大帝汉克与客户之间增强互信的纽带。2013 年，推行“方案营销”，围绕产品形成系统的动物采食调控解决方案，加大在动物实验和应用实验方面的服务，利用在动物采食调控方面积累的翔实数据，为产品效果提供了大量佐证，每年提供上千份技术资料。“建立可追溯体系”是产品解决方案的重要一环，公司严格按照 ISO9001 质量保证体系、FAMI-QS 体系，对产品的生产过程、原料及成品进行管控。处理产品投诉是产品解决方案的最后一环，处理不好就会丢失客户，丢失订单，降低公司信誉。2013 年以来，大帝汉克进一步强化“速解疑”理念，在应对各种投诉时，不仅关注自身产品的问题，还全面了解饲料企业的生产方式、原料的使用方法、添加剂量、物理性状等，从技术的角度科学处理。同时，为了提升服务质量与效率，公司将产品常见问题编辑成册，给销售人员进行培训，以便快速处理客户的问题。我们体会到，从客户角度出发，以过硬的产品、靠优秀的团队解决好客户的问题，就是最好的价值服务。

提升品牌价值。

从 2013 年开始，大帝汉克拉开“动物采食调控专家”品牌价值传播的序幕，截至 2021 年，先后举办 DDC2013 母仔猪营养与适口性技术发展暨产品研讨会、2016 饲料工业技术格局与破局暨猪采食调控技术研讨会、DDC25 周年·母子一体化营养暨动物采食调控应用技术研讨会、DDC 饲料替抗技术研讨会（眉山、郑州、徐州、临沂、兰州）、DDC 绿色养殖与安全生产技术研讨会等专业会议 20 余场，2 位院士、40 余位行业专家，3000 余位行业客户参与其中。同时，公司员工陆续登上各大专业论坛，分享动物采食调控的最新进展和研究成果。

业绩是用脚量出来的，也是战斗出来的。以 2014 年为例，吕继蓉博士出差 264 天，营销团队平均出差 165 天，平均行驶里程 3.5 万公里，最高 4.2 万公里。价值营销的落地，让大帝汉克迎来了历史上增长最快的三年，复合增长率超过 35%。

实证营销的独特创造

2014 年，有饲料企业反馈目前使用的产品存在留香时间不长，诱食效果不佳的问题。解决这样的问题，实验数据是唯一可以使客户相信的理由。大帝汉克通过自创的自由采食实验方法，有效证明了公司产品效果，从此双方展开了进一步合作。

这次合作，让大帝汉克认识到好的产品仅凭口头宣传远远不够，准确的对比实证更有说服力，而要达到实证效果，“人”“场”“数据”三个要素，缺一不可。“人”，指人的专业性，专业程度越高，实证效果越精准；“场”，指提供具有先进生产工艺和设备的场所，进而支撑公司进行完整的、科学的、实事求是的应用试验和动物试验；“数据”，指客户可以看到的可信的、具有说服力的指数。由此，大帝汉克正式拉开了实证营销的大幕。

毕业于内蒙古农业大学动物营养与饲料科学专业的硕士刘峰，2012 年加入大帝汉克，既是技术服务部经理，同时担任试验基地负责人和华中大区经理，是实证营销的典型代表。他先后参与设计、组织了上千次产品应用验证实验和动物实验，具有丰富的专业应用知识，使他在技术服务、产品推广中底气十足，深受客户认可。2021 年，刘峰分管的市场销售量翻了一番。

大帝汉克动物试验基地自 2012 年建成之日起，先后完成了公司研发的“超能香”“味多甜”“甜味剂 T099”“316”“312G”等产品的系列动物饲养试验。试验基地不仅承担着公司新产品的研发试验，而且肩负着为客户服务的使命，客户进行动物实验或与客户深度合作开展动物试验。如今，试验基地经过多次改造升级，已建成一座全封闭的标准现代化猪场，于 2021 年 8 月正式投入使用，挂牌为“四川省动物采食调控工程技术研究中心试验基地”，将为公司采食机理的研究提供更多的数据，为客户提供更好的服务，也为行业贡献一分力量。

为了让客户感受到数据的专业性、真实性，公司的每一次实证试验都公开、透明，做到“全程直播”。2017 年，公司用“312”产品在某集团生产的教槽料做实验，客户对试验全程跟踪，客户营销人员到现场帮助试验养殖户拌料并饲喂，全面记录试验过程。通过试验，证明公司“312”产品在诱食效果上超过客户以前水平，从而顺利与客户走向战略合作。

大帝汉克实证营销模式经过数百次的实证试验，得到市场、客户、专家的高度认可，在行业里逐渐推广开来，成为动物采食调控行业效果验证的通用范式。2021 年，销售额达 3.2 亿元，市场营销又达到一个高峰。

挑战式营销：知自己、知客户、知对手

2018 年，全国工业饲料总产量超过 2 亿吨，呈现出欣欣向荣的景象。但繁荣的背后，行业的不确定性因素和风险进一步增加。同时，竞争对手也在进步，客户越来越成熟，对产品和服务提出更多维的要求。面对新形势、新问题，大帝汉克需要转型，但转型最大的挑战是如何突破自己固有的思维方式和过往经验。因而，挑战式营销的核心是知自己、知客户、知对手，以及不断刻苦学习和练习，提高指导、因应和控制能力三大能力。

知自己，就是不仅要找到大帝汉克的核心竞争力，明白自身产品最独特的商业价值，知道哪些资源可以调用，同时根据市场变化不断调整升级。一方面，大帝汉克从招聘环节就尽可能关注和雇用挑战型营销人员，用新人来激活组织和老员工；另一方面，不断加强挑战式营销培训，通过“现

身说法”“以身作则”等方式确保营销人员学以致用。

知客户，就是了解客户所在行业、龙头企业、同类企业的现状、动态、趋势，了解客户的商业模式和主要需求，密切跟踪掌握新鲜信息，根据不同客户，制订不同的拜访规定和要求。

知对手，就是知道竞争对手的优劣势，熟悉竞争对手的产品、技术方法以及客户情况，进而扬长避短，缩小差异，提升竞争力。

挑战式营销实施以来，大帝汉克从决策层到团队每个人，都通过自我挑战的方式构筑了系统支撑，每一个客户的挑战式解决方案，各个环节都有相应的人员予以支持和落地。2020 年、2021 年，面对防“新冠”、抗“非瘟”、饲料禁抗等新挑战，全体大帝汉克人迎难而上，锐意进取，2021 年比 2020 年销量增长 23%，2020 年比 2019 年销量增长 43%。

未来已来的生态营销

纵观大帝汉克 30 年发展历程，每次进步都源于创新，不仅有技术的创新，也有管理、营销、品牌的创新，这是企业保持旺盛生命力的根本原因所在。

大帝汉克 30 年营销创新，随行业发展而发展，与时俱进，不断丰富新的内容：一是产品的专业化，产品不断迭代升级，通过感官性调控、功能性调控最终达到复合型调控，通过上调、下调、生调、化调最终达到协同调控；二是营销团队的职业化，用专业的人，进行专业化的营销培训；三是始终以客户为中心的营销策略，通过形成一体化的客户销售解决方案和新型客户关系形成竞争壁垒；四是大帝汉克专业化、动物采食调控专家品牌的塑造，品牌营销的探讨与融合。

30 年来，大帝汉克一次次突破边界，从价格延伸到价值，从产品延伸到产业，从本土延伸到全球，不断创新，连接起从企业到客户的通道，最终实现共赢。

过去已去，未来已来。农牧行业在“互联网 +”及新经济的催生下，一切都在重构之中。同自然界的生态系统一样，大帝汉克需要应环境变化做出快速变化，动态构建持续竞争力的生态营销，助力公司持续贡献价值，实现高质量发展。

首先，深度打造专家型营销服务团队。大帝汉克是一家学习型企业，未来还要继续深入学习，让学习有高度、有广度，既懂实战，又懂理论；既懂技术，又懂管理。让公司的专家型营销服务团队和个人拥有更多行业话语权，帮助员工向着“专家型”“裁判型”方向发展。

其次，深度提升客户服务价值。营销人员成为管理者，不仅是要“管”事，更要“理”事、“干”事，市场业绩永远是实实在在干出来的。营销无终点，服务无止境。市场瞬息万变，要求营销人员投入更多的精力去捕捉客户的需求变化，与客户的价值相匹配，寻找到合适的时机切入，同时利用企业自身优势和资源，帮助客户、服务客户、成就客户。

最后，深度构建数字化营销平台。大数据时代，数据正在成为企业的核心资产，数字化正在成为企业的核心战略。大帝汉克未来将以数字化平台为基础支持，透过数字化技术强化管理机制的便捷性、稳定性，阶段性升级迭代知识体系与学习项目，同时构建自己的互联网营销窗口、线上线下融合与客户实现强强连接，以“平台 + 生态”的模式实现“立体连接、数据共通、全景共鸣、全域赋能、全链共赢”。

走向广阔的全球市场

2001 年中国成功加入 WTO，大帝汉克紧抓机遇开拓海外市场。鉴于越南人口近亿，生猪存栏量位列全球前五，市场巨大，首先选择进军越南市场，到 2005 年，大帝汉克产品对越南市场出口量达到 50 吨。从 0 到 50 的突破给了大帝汉克一个强烈的信号：海外市场潜力巨大，需全力以赴投入资源、人才、技术，实现科学化规模布局。从此之后，由越南到东南亚，再由亚洲到欧美、中东地区等，“大帝汉克”香飘全球。

越南打响海外“第一枪”

当时大帝汉克产品市场占有率较低。经过深入考察和分析，公司形成了开拓海外市场的 5 年规划报告，并首派海外专职市场人员蒋唯只身赴越。2005 年 11 月，刚入职两个月的蒋唯告别家人、背起行囊，奔赴越南市场。蒋唯从四个方面对越南市场产品定位进行了梳理。

第一，在市场需求上，根据越南市场特点和客户需求，大帝汉克增加了特级甜、饼干香、巧克力香等新的产品类型；

第二，在包装上，增加了能经得起长途海运的防潮抗压处理；

第三，在渠道上，新增合作伙伴，以直销为补充；

第四，在营销政策上，根据实际情况更具有灵活性，而在一些信息反馈和售后服务等方面有了明确的办法。

2006 年，越南战略初步制订完善后，李小兵和蒋唯再次前往越南。行程的主要目的是锁定越南南方合作商，签订合作合同，让海外市场开拓逐渐起势。

商谈过程看似顺利，却非常艰辛。客户是越南一家老牌国有企业，他们对大帝汉克的产品非常满意。在谈到价格时，他们按照以往对付进口商“砍价去水分”的惯例，给大帝汉克提出了一个非常离谱的折扣。从上午 9 点谈到 11 点多，商谈甚至一度陷入僵局。无奈下午继续谈判，从对越南市场竞品分析、大帝汉克产品优势、长期合作价值输出等多个方面及维度像剥洋葱似的逐步展现给客户，通过诚恳主动的交流沟通，终于和客户达成一致，当场签署了合作协议。

越南市场的成功进驻是大帝汉克走出国门、走向国际的重要一步，为后来出口其他国家积累了经验、奠定了基础。时至今日，越南仍是大帝汉克的第一大海外市场。

长期跟踪，不争朝夕

李小兵曾说，海外市场要跟踪长期效果，不要只看一朝一夕，需要漫长的过程、巨大的耐心、持续的投入。让蒋唯印象颇深的，是一次历时三年、辗转三国的“偶遇”经历。

2006 年，他在泰国 VIV 行业展会上寻找潜在客户，偶然间和一个名叫 David 的中年男人作了短暂交流。David 是一家饲料公司的总经理，由于时间匆忙，两人没能来得及深入交流。回国后，蒋唯多次通过各种方式试图和 David 联系，但都石沉大海，杳无音信。

一年后，蒋唯在菲律宾参加展会，无意中发现一个熟悉的身影，正是 David。经过 40 多分钟的交谈，David 主动要了样品。回国后，蒋唯再次邮件联系，一段时间里双方你来我往。当一切向着好的方向发展时，对方再次中断了联系，原因不明。但蒋唯依然没有放弃，执着地单方面联系。

2009 年，海外团队在印尼参加行业展会，蒋唯再次偶遇 David，但这一次他单刀直入，给对方详细介绍了产品方案和价值，David 也开诚布公地说，此前中断联系是因为对中国产品不太感兴趣，但这次确实被大帝汉克的坚持和诚意感动，回国后会仔细评定产品。

苦心人天不负，几经周折、几次失联的客户，在三个月后的一天，主动给大帝汉克写了一封邮件：“通过评估，DDC 的产品效果更好，成本更低，完全可以替换掉使用多年的欧洲产品”，邮件中还提到，“DDC 的产品让他改变了对中国货的认识，感谢大帝汉克人的付出。”蒋唯也因此感叹：“创业维艰，只有无限执着！”

在开拓其他市场时，蒋唯也曾遇到类似事情，但坚定和初心让他深信只要坚持，一定会守得云开见月明，毕竟成功不仅是给有机会的人，还给那些能够坚持、敢于死磕，“咬定青山不放松”的人。

就是这种不服输的精神、不屈不挠的干劲，2016 年成为大帝汉克海外市场百花齐放的一年，更是海外拓展史上最具标志性的一年。巴西、伊拉克、科威特市场的成功开拓，让海外市场扩大到14个国家和地区，销量首次突破1000吨，并交出了连续三年增长率超过50%的业绩答卷。

多国本土化战略

2013年，大帝汉克制订海外市场五年战略规划和行动方案，对于新市场的持续开发规划了两条主线：一是面向全球大型集团；二是走出亚洲，对准全球主要猪料的国家或地区，而针对亚洲很多国家没有或较少猪料的情况，开发鱼、禽料添加剂产品。同年，大帝汉克制订多国本土化海外战略方针。

多国本土化战略又称多国战略，是根据不同国家的不同市场，提供更能满足当地市场需要的产品和服务。这种战略的主要特点是，在中国国内市场开发产品，然后把产品提供给国外的子公司进行销售或改造。

《世界是平的》作者美国经济学家托马斯·弗里德曼曾用“六维”眼光来看待全球化，即金融、政治、文化、国家安全、技术和环境保护。

大帝汉克的多国本土化战略首先在越南“试水”，在越南设立了办事处，聘请越南当地人负责办事处日常运作，从“六维”着眼，使产品、技术、资金和人力围绕着办事处对客户的服务来运转，提升服务的准确性、及时性和专业性。

2019年，在中美贸易摩擦的不利因素下，由美国普渡大学陈曦博士在美国成立了DDC Nutrition公司，扎根美国本土市场，了解本土客户需求，填补了北美地区的空白。

2020年以来，新冠肺炎疫情阻碍了海外市场开发，但同时也倒逼我们在既定战略的基础上，进行了新的开发模式，如网络开发市场的初步探索，公司英文网站重新完善升级，毕竟疫情期间这是海外客户了解公司的唯一窗口。探讨与应用线上方式，扩大公司网站在海外用户中的覆盖面和接触率，通过这样的方式新增两个市场，也验证了最初新模式开发的正确思路。

近两年，美国销量出现了逆势增长，这得益于大帝汉克产品在美国高校合作的动物实验，从技术的角度充分验证了产品效价，为开发客户、推广产品提供了有力的技术支撑。随着北美、中东等新市场的开发，公司重新对海外包装进行了全面改版，使产品包装外观更加大气、简洁、美观，不仅是产品质量，还有产品设计同时向“国际范儿”靠拢。截至 2021 年，大帝汉克产品已经出口五大洲，逐步实现“大地飘香，四海芬芳”的美好愿望。

“巧方法 + 笨功夫”

“巧方法”是指方法论体系，科学的管理和规划可以实现事半功倍，做到高效整合，形成完整认知。“笨功夫”是踏踏实实花时间、花精力一点点去学习，搜集信息和积累经验，不断和客户沟通，为客户贡献并传递价值，永不放弃。

因地制宜，在考核中采用目标与关键成果法，就是大帝汉克海外营销的“巧方法”。要想快速占领海外市场，必须把人的潜力发挥到最大，大帝汉克敲定了“人是核心”为首要举措。如果说国内公司用基础工资 + 奖金的方法激励员工是奏效的，那么，当遇到某个海外市场一片空白，无法清楚预判未来的情况时，就必须创造一种更巧的激励方法。目标与关键成果法可以简单描述为充分相信、充分授权、做好服务、全力配合。这是一种柔性 KPI，既有考核，又充分给予管理自由度和决策权，鼓励员工甩开膀子干，激发内在的奋斗动力。

要想在国外市场站稳脚跟，企业创新也要老老实实下点“笨功夫”。2007 年，海外团队曾在泰国开发了一个客户，对方提出需要一种“覆盆子香型”，这是在中国市场少为人知的小众香型。这个香型对大帝汉克来说，是个新品类，在国内并不常见。大帝汉克承诺客户，虽然暂时不能提供这个香型的样品，但会加班加点研发。技术人员接到任务后，翻阅大量资料，还亲自到冰激凌店、咖啡店现场感受，经过日夜赶工调试，大约一个月时间就研制出了初步配方。为了确保能够满足客户需求，又经过一个月时间的反复评定和修正，覆盆子香型新产品定型。对于样品，客户赞不绝口，当即提出让大帝汉克提供相关资料，开展泰国产品的进口注册。直到现在，覆盆子香型仍是大帝汉克和泰国市场合作的主打产品，经久不衰。

“巧方法 + 笨功夫”是大帝汉克海外营销的窍门，实践证明是有效的，大帝汉克会一直坚持下去。

全球市场的挑战与机遇

进军世界市场，已经被证明是中小企业实现领先地位的增长动力，成为隐形冠军的必由之路。30 年来，大帝汉克高举品牌大旗，深入开展技术营销，为客户做好服务，提供价值，在全球营销中积累了一些经验，取得了一些成绩。但同时，大帝汉克也清醒地认识到，自己在海外的品牌影响力还较弱，对于未来的持续增长来说，最大的短板、最需要的突破仍然是国际市场的不断拓展，大帝汉克的海外之旅还有很长的路要走。

互联网加速了全球化进程，同时也给企业带来了新的挑战。比如，要向使用不同语种的客户提供相对应的信息，门控技术的世界市场领导者多玛公司的官网就有针对 39 个国家的不同版本。现在，大帝汉克的海外客户只有近 30 个国家，而全世界有 233 个国家和地区，想要填补这些市场空白，有不少的挑战需要我们去面对。截至 2022 年，海外新冠肺炎疫情持续，大帝汉克在人员不能出国的情况下，以技术服务部李思勉等国际化服务人才为支撑，积极利用互联工具及数字化技术，不断探索在国际网络营销方面的新方法，取得了不错的效果。难能可贵的是，新冠肺炎疫情暴发以来，大帝汉克仍连续 2 年保持海外销量的持续增长。

全球布局的背后是卓越的企业管理能力。从传统而言，一家企业在进入某个市场时，往往会采取“干了再说”的方式，但新一代管理者则越来越需要在进入新市场前进行专业化、系统化的准备。

就大帝汉克来说，在目前国际贸易形势下，大帝汉克结合了中国当前的发展阶段及现有的基础，对未来海外市场也制订了5年战略规划。

第一，从量的追求转化为更加注重质的打磨，未来5年继续保持产品质量的国际领先地位。

第二，销量稳步上升，争取每年新增一个海外市场。

第三，加大海外反刍、水产和宠物等潜力市场的布局和开拓。

第四，促进海外战略产品酸化剂、精油产品的开发力度。

第五，重点培育海外成熟市场的本土化运营。

第六，欧洲和拉美市场的持续耕耘。

第七，培养海外专业人员，组建海外团队，提高系统开拓海外市场的能力。

同时，全球化也意味着从单纯的出口贸易，升级到在海外投资建设研发基地和提高生产能力。只有这样，才能生产出符合当地国家需求的产品。比如，空调部件生产商Trox的产品以静音闻名，但美国人习惯于“听”到空调工作的声音，有鉴于此，Trox对在美国销售的产品进行了相应的调整。这方面，大帝汉克在不同国家对不同香型产品的需求上进行了不少探索，但在当地投资建设研发基地和提高产能方面，还需要加强。

当然，大帝汉克向全球化进军的最大优势就是根植中国，正如李小兵所说：“我们最大的信心是对中国的信心，大帝汉克和其他中国制造一样也在不断地迭代进步成为全球企业。”

打造动物采食调控专家品牌

一般来说，专注于某个狭窄细分市场的公司相对于那些服务大众市场的公司，在打造品牌方面要容易一些，因为更能专注、聚焦。同时，凡是在有众多中间商、技术或服务提供者参与的行业，品牌都会对客户的购买决定有非常大的影响。

品牌是全部利益相关者的价值整合，可以视做全方位营销的“武器”。而立之年的大帝汉克走的是技术立企、营销兴企、品牌强企之路。大帝汉克实施品牌战略的实质，是让客户明白产品能够带来什么。

产品品牌三问

当前，营销管理有一个核心问题，即，通过与客户的联接，构建品牌优势。品牌好不好，不是企业自诩的，而是行业、市场、客户真实的感知。品牌落地是原则，大帝汉克从不“闭门造车”，对于企划人员，有一条明确的要求：每年定期、不定期同营销人员走访市场，拜访客户，参加会议，掌握第一手市场信息。

在实践中，大帝汉克探索出一条品牌建设路径——品牌主动适应行业、市场、客户并深度融合。

大帝汉克品牌建设，首先从产品开始，传播了三个问题：大帝汉克产品是什么？怎么找到大帝汉克产品？为什么使用大帝汉克产品？在起步的十年里，以产品为载体，大帝汉克重点实施了名品战略、名牌战略。

1993 年，大帝汉克在注册商标时，皇冠标志镶嵌“大帝”字样的图案设计，就隐含了“永保第一”的寓意。1996 年，以奶香系列产品为主，大帝汉克在首届中国饲料工业博览会上，第一次提出“大帝香，永保第一”的口号。这个口号不是凭空想象出来的，此时的“大帝香”已是国内最大饲料企业的必用品，立足四川，辐射西南，走向全国。“大帝香”被中国饲料工业协会确认为“首届中国饲料工业博览会认定产品”。

为了让更多客户找到大帝汉克，在 1998 年中国（成都）首届国际饲料工业展览交易会上，除了产品展示，大帝汉克将带有“大帝香，永保第一”字样的货车，放到展馆及参会人员入住宾馆的门口，成为最大的流动广告位。

大帝汉克实施名牌战略的实质，是让客户明白产品能带来什么。名牌作为一个综合体，受众不仅是客户，还包括所有相关利益方，需要从产品形象、技术含量、文化引领、社会影响等多层面、多维度进行整合，可以视做全方位营销的“武器”。

2002年3月12日恰逢公司10周年庆典，公司集中展现了品牌战略。在系列活动上，大帝汉克更换了企业形象新标志；邀请省市领导，行业专家作了前沿技术分享，整合政企产学研资源，将资源优势通过庆典融入品牌；向客户展现了科研实力、产品后劲和品牌附加值；在庆祝晚会上，司歌《大地之歌》正式唱响，沁润大帝人心田。

在之后的两个10年里，大帝汉克的品牌建设之门全面打开。比如，每年走进农牧高校，为学生们提供实习机会、实验帮助，设立奖学金。无形中在他们心里树立了大帝汉克的产品和品牌理念，帮助社会培养人才。

公司的20周年庆典、30周年庆典，从不同维度展示了大帝汉克品牌的广度和高度，可谓“双里程碑”。

20周年庆典，大帝汉克通过技术巡讲、文艺巡演等方式拓展了品牌的广度。12场技术巡讲，20余名业界杰出专家，3000余名行业企业代表，在不同的省份，以相同的形式分享到了大帝汉克20年茁壮成长的喜悦。

30周年，大帝汉克的品牌战略推向了一个新的高度。公司站在从“小而美”企业迈入隐形冠军的这一时间节点上，思考“未来如何实现从‘小而美’到隐形冠军跨越”，带着对这一命题的探索，《味有道——DDC问道隐形冠军》正式出版发行。书中回顾了公司三十载历程，总结技术、管理经验与不足，让社会、客户、行业和员工共享发展成果，增进员工荣誉感和公司凝聚力，传递大帝汉克文化，持续提高公司品牌价值，确保公司向着“全球隐形冠军”的战略目标持续发展。

值得一提的是，《实用饲料调味剂学第二版》的正式出版将作为30周年的另一项输出成果。与第一版相比，《实用饲料调味剂学第二版》在内容上增加了最近十年来饲料调味剂研究的新发现和新应用，补充了饲料调味剂基础理论方面的最新研究成果，优化了饲料调味剂的原料选择方案，增加了饲料调味剂生产的环保技术和新增的检测方法，增补了饲料调味剂的评估手段，充实了饲料调味剂在动物生产中的应用研究成果，更新了生物技术在饲料调味剂中的最新应用技术，新版以中英双语出版。此外，大帝汉克集合了30年精彩历史图片，汇集印制了《味有情》画册。

“花1分钱办100分的事”

农牧品牌不同于大众快消品品牌，“花1分钱办100分的事”是完全可以做到的，特别是对于产业链上的中小企业来说更是如此。

无论是有形广告还是口碑相传，无论是媒体矩阵还是厂、馆、场体验，无论是行业盛会还是公司庆典，大帝汉克以事实作为切入口，强调人的张力与生动，强调产品的“枪杆子”和文字的“笔杆子”，更多通过人际传播和自媒体传播，走出一条精巧集约、简洁有效的品牌建设之路。在企业的价值链条中，用有形的资本运作带来无形的资产增值，产生品牌效应，提升了品牌价值。

在表述上，大帝汉克坚持文章要让客户读得懂、语言要让客户听得懂、图案要让客户看得懂。比如，在《味无穷》里，故事真实，读得懂；在“味无穷馆”，力求图文并茂，看得懂；在“讲课”中，讲的实用“干货”，听得懂，记得住，用得上。

公司形成了人人争当写得好、讲得好、做得好的“三好生”，以《大地之声》、《大地文摘》、《大帝人》、《年度科研报告》、微信公众号等为平台，各施其才，各显神通。刚开始时，个别员工文字功底较差，几经岁月磨炼，公司不断教培，加上个人的踏实努力，这些员工现在也可以写出一篇篇出色的文章了。

小投入、大产出、重整合的集约化优势，在品牌建设上也体现得较为明显。

入职大帝汉克十年的品牌负责人周斌，对大帝汉克品牌建设进行了系统梳理、总结，提炼了大帝汉克品牌建设的“双引擎”模式：一是以“大帝文化价值传递”系列构成管理品牌；二是以技术、研发构成的“动物采食调控专家”品牌，最大限度地通过口碑效应，综合提升公司品牌价值。

大帝汉克微信公众号定位于动物采食调控和中小企业经营管理之道的分享，归结为一点就是中小企业专业化经营之道。这样的定位将企业价值与客户价值相契合，在自己有限的能力范围内找到为客户创造最大价值的切入点。

2014年以来，借势行业会议的“支点”，大帝汉克实现了“以小博大”“四两拨千斤”的目标，打造了与客户沟通的新语境，赋予了大帝汉克更高的品牌附加值。

2014年4月17日，“2014太阳鸟·动物营养与创新大会”在沈阳举行，此次大会正式开启“太阳鸟”系列技术会议的序章。DDC作为创始合作伙伴之一，持续与会议主办方合作至今。

2014年到2021年，从“太阳鸟会议”到“鲲鹏鸟会议”，借助这两大行业顶级技术会议，大帝汉克雷燕博士、吕继蓉博士、余淼博士等先后登台在“太阳鸟”“鲲鹏鸟”的讲台上做演讲报告，从抗生素替代品到生物技术在动物采食调控技术中的应用，从饲料酸化剂的研究进展到动物采食调控机理研究进展，从母子一体化关键调控技术到无抗方案及产品评估等，分享技术，传递价值。公司连续8年授权现场整理“太阳鸟”“鲲鹏鸟”会议听课笔记，文字达11.2万字，阅读量和转发量超15万人次，成为技术会议“听课笔记”的典范。

坚持做好每一件小事

即便客户认可度很高的品牌，如果一段时间销声匿迹，再度见到时也会带有陌生感。农牧行业更是如此，一般情况下，品牌职员流动性大，品牌部门变动性大，以及决策者品牌思维存在不确定性，容易使得品牌在客户心中产生不稳定、不可靠、不安全的消极情感。

为什么一些看起来很小的事情，大帝汉克总还是坚持在做？就其原因，是为了持续唤起大帝汉克品牌在客户中的记忆，引起全体员工对大帝汉克的品牌重视及品牌维护，保持长期性、连贯性，在操作上可行，且与时俱进。

《大地文摘》创刊于 1999 年 1 月，主要内容为行业技术知识摘编。2003 年，为了适应时代变化和发展需要，也为了增加原创性技术文章，并给员工一个展示平台，提高内部参与度，更改为《大地之声》。20 多年来，这个刊物一路向前，深受员工喜爱。她既是公司对外传播的重要媒介，又是帮助营销人员和技术人员对外交流沟通的有效平台；既展示了企业发展史，又是大帝汉克品牌建设和传播的重要载体。

从 2013 年 1 月第 105 期开始，《大地之声》再次改版，刊登公司重大事件和管理理念、行业要事和前沿技术、分析研究文章和员工报道文章等。新版《大地之声》采取当面赠送的方式，要求营销部门分发至各营销人员及办事处，营销人员或办事处负责人亲送至客户的总经理、技术部、采购部、品管部等，然后填写《大地之声发放意见收集表》反馈至销售内勤以及企划部，最后由企划部修正提高。

2017 年，为适应“速度快、互动强、反馈及时”的数字化品牌营销特点，《大地之声》从 25 周年纪念特刊开始，同步发行纸媒版和电子版，从第 116 期开始，纸媒版停刊，只发行 H5 版。至 2021 年 12 月，《大地之声》一共出刊 117 期，发行量超过 30 万份。在互联网和自媒体高度发达的今天，虽然《大地之声》纸质版已退出历史舞台，但《大地之声》的内容从未停止更新，公司通过微信公众号平台传递“大地之声”。

碧虚网曾经这样评价《大地之声》：功能定位明确，在与新媒体的比较中扬长避短，与微信公众号平台形成功能互补，相得益彰；视野开阔，立意高远，眼界不局限于公司本身和特定行业，而是以点带面、以面托点，放眼整个农牧产业，提升企业的全行业影响力，是农牧产业的“百科窗口”。

无独有偶，世界领先的灌装系统公司克朗斯，以及世界领先的传感器公司西克，都坚持做面向客户的杂志，前者每期发行量 4 万份，使用德语、英语、西班牙语、汉语、俄语和日语出版；后者更是使用 12 种语言在 27 个国家发行，已成为企业运营和品牌建设的重要组成部分。

人人都是品牌人

大帝汉克深知，企业品牌既根植于产品也根植于人。比如，吕继蓉博士是大帝汉克微信公众平台热门标签搜索第一位，她除了在行业舞台传播大帝汉克品牌，还成为大帝汉克行走的“品牌传播机”。

在饲料行业，“大帝汉克娱乐圈”已经成为一道亮丽的风景线，成为公司品牌落地的重要举措。

2009 年 10 月，在成都锦城艺术宫，举办了“庆祝新中国成立 60 华诞暨四川现代饲料业发展 30 年文艺会演”，“大帝汉克娱乐圈”第一次在行业会议上登台亮相。大帝汉克自编自导自演节目，展示大帝汉克独特的文化和国家、行业建设发展带来的巨大变化，演出得到省、市领导的高度肯定。2012 年，公司在全国举行了十二场“香甜二十载，感恩有您”的二十周年文艺巡演，传播行业文化、大帝汉克文化，大帝汉克品牌传播跃升到了一个新阶段。

2020 年，“大帝汉克娱乐圈”登上“行业春晚”——独家承办“太阳鸟 · 营养与创新大会——味无穷之夜”文艺晚宴。在节目创作上，公司以四川特色文化为背景，将民俗文化和行业文化加以联结，将大帝汉克企业发展与“太阳鸟”技术会议合作共赢加以转换。在大帝汉克浪漫时尚的风格下，对每个节目进行个性化包装和形态创新。喻麟博士倾情作词作曲创作的“太阳鸟技术会议”主题歌曲《太阳鸟》在晚宴上首发。

“大帝汉克娱乐圈”的演员们，来自公司的各个岗位，有司机，有库管，有销售内勤……他们在做好自己本职工作的同时，做好大帝汉克品牌建设中的一个个“音符”，用言行传达大帝汉克文化，践行“品牌建设全员参与，人人都是大帝汉克品牌代言人，人人都是大帝汉克品牌建设的发动机，人人都是大帝汉克品牌宣传员”的理念。

品牌的基础是信任

面对饲料行业的新形势和饲料企业的新需求，大帝汉克在品牌传播中，站在客观、公正的立场上，坚持科学的态度和精神，诚挚服务客户，与客户建立紧密的信任关系。

2016 年 6 月 27~28 日，四川农业大学动物营养研究所举办“动物营养与饲料科学学科传承发展与技术创新学术研讨会”，大帝汉克作为主要赞助商，邀请了上百名客户前来参会。公司利用这一契机，举行新型功能性调味剂产品“滋肽”发布会。

大帝汉克将传统的 PPT 演讲改成情景剧，在剧本的创作过程中，对整台情景剧定调：真实的人，演绎真实的故事。凡是在剧中出现的公司人员，全部本色出现，演绎自己的故事，将最真实的一面呈现给观众，让观众身临其境，真实地看到、听到、感受到“滋肽”产品开发的每一个过程。

无论是做产品，还是品牌传播，“实事求是”是大帝汉克人自始至终坚守的“信条”。

大帝汉克的应用实验室、动物应用试验场、味无穷馆是品牌信任的背书，而品牌中的情感和文化内涵，又赋予了超越产品本身的功能，这就是大帝汉克品牌的精华所在：通过 30 年的发展赢得了信任和尊敬，产品的品质让企业有了创造财富的能力与实力，文化的锻造让企业有了精神的富足与境界的高度。

30 年的沉淀，大帝汉克品牌由单一品类到整体符号，形成了以“大帝”

为主干的品牌运营新格局。

品牌的新征程

大帝汉克品牌是全体大帝汉克人的品牌，是大帝汉克人30年的共同创造，是大帝汉克文化的厚植，是30年大帝汉克人智慧的结晶。

30年，大帝汉克品牌与市场营销相辅相成，绘出大帝汉克最美的销量曲线，在销售量增长的同时，也不断提升了大帝汉克品牌价值，形成了大帝汉克重要的无形资产。

30年大帝汉克产品系列由香味剂到甜味剂、酸化剂、诱食剂、植物精油，形成了完善的动物采食调控产品系列。技术研发、品牌营销不断凝练、提升，逐渐树立“动物采食调控专家”形象，成为“国际化的动物采食调控专家”是大帝汉克人的愿景，打造“动物采食调控专家”品牌将是未来品牌塑造的核心主题。

未来品牌营销之路还漫长，特别是在国际化品牌塑造上，如何打造动物采食调控专家的国际品牌，是未来大帝汉克人需持续努力和为之奋斗的坚定方向。品牌要不断赋予崭新的内涵，永葆青春活力，才会立于不败之地。大帝汉克品牌、大帝汉克文化、大帝汉克价值将代代传承。

大帝汉克将坚持在动物采食调控领域深耕，在动物采食调控学术研究、技术研发、产品开发等方面进行深入探讨，以动物为本，以生物技术为依托，为畜牧业、养殖行业提供动物采食调控系统试验方案和解决方案，持续铸就动物采食调控专家技术平台。

坚持动物采食调控专家品牌特色，问道动物采食调控领域隐形冠军，就是大帝汉克品牌营销持续努力的方向。

第五章 产品主义：将极致进行到底

企业对社会的贡献主要以产品为载体，产品承载着大帝汉克企业价值的本质。大帝汉克崇尚的产品主义，一言以蔽之，就是帮助客户解决“最终用户”需求的长期价值主义。大帝汉克产品的最终用户是动物，给动物提供健康美味的产品，为社会创造价值，是大帝汉克的使命。

动物不同于人，不能直接反馈对产品的感觉。作为养殖饲料企业的客户就是大帝汉克与“最终用户”沟通的桥梁，因而服务好客户就是服务好“最终用户”，这是大帝汉克产品的外延特色，即应用服务。就产品本身来说，最大的特色是有效和稳定。大帝汉克根据客户提出的需求，深入研究动物采食机理，创新提高技术含量，建立自己的动物试验场地，归根结底都是为了生产出有效且稳定的产品，让动物获得更好的采食体验。

美味健康、快乐采食，是为有效。

围绕有效，大帝汉克不断打磨产品，根据需求确立产品策略，优化产品结构，形成了香味剂、甜味剂、酸化剂、诱食剂、植物精油五大类产品组合。这些产品有的是处于成长期的新产品，但更多是相对优化且日益改进的成熟产品，体现了市场与技术的融合，技术与产品的转化。

特别要提出的是，在大帝汉克的产品策略中，有效性是第一要素。产品的有效性是产品价值的基本原则，也是产品策略的基础，是产品开发的第一要素。大帝汉克的产品如何以动物为本，如何确保动物养殖效益，需要在产品开发时就认真考量。

确保产品的有效性，靠的是技术研发与持续创新，靠的是技术中心及专职科研队伍、专业试验员。同时，大帝汉克建立的1000平方米的专业调味剂应用实验室，以及占地300亩的四川省动物采食调控工程技术研究中心试验基地，并做到产学研结合，这些都是确保产品有效性的坚实基础。

质量稳定、供货稳定，是为稳定。

为了保证产品的稳定，大帝汉克建立了完善的供应链体系。只有源头好，质量才能好，好料才有好产品，采购部从源头保障产品及时供应，“风雨无阻”。以设备保障质量，保障生产能力，每隔几年就投入“重金”进行技改，不断夯实稳定的基础。

好产品是设计出来的，是做出来的，是“管”出来的，生产部施行6S管理和现场管理，工人们发扬工匠精神，追求精益求精。稳定的关键是产品质量过硬，质控部严控原料入厂关、严控产品出厂关、细管生产过程控制，形成“两严一细”的质控特色，在质量管理持续提升中，也获取了质量认证资质和一些检测技术专利。

如果用一个词形容大帝汉克对于产品长期价值主义的追求，那应该是“极致”。如果用一句话来描述大帝汉克未来对于产品的态度，那就是“将极致进行到底”。大帝汉克将始终以极致完美之心抓品质，以利他服务之心建立稳定的长期客户关系，把“动物采食调控专家”落到实处，为客户提供包括高品质产品和服务在内的系统解决方案，为客户创造价值。

好料才有好产品

产品的研发生产是一条价值创造的链条，在这个链条中，原料是上游，对原料的识别、选择与购买，是产品价值链中的关键环节。就像一道菜肴能否做到色、香、味俱佳，一方面取决于烹调技术，另一方面取决于原料本身，以及选用是否适当，技术再高超的厨师，没有好的食材，也做不出新鲜可口的美食。大帝汉克的产品即同此理，货真价实、质量稳定，好料才有好产品。

原料采购的“绝活儿”

大帝汉克目前供应商主要是食品香精香料行业，根据产品的种类多、单次数量小、客户数量多、订单零散、客户要求多、个性化服务多等实际特点，为了能够高效采购，保障供货的稳定，一直遵循着5R原则。

适质（Right Quality）。一个不重视品质的企业在激烈的市场竞争环境中无法立足，一个优秀的采购人员不仅要做一个“精明”的商人，同时也要在一定程度上扮演管理人员的角色。这方面，大帝汉克在日常采购工作中会安排部分时间去推动供应商改善、稳定原料的品质。比如产品载体，公司采购员李春林琢磨了很久，根据产品特点及需要的吸附性、流动性、溶解度等，经过与供应商多次沟通，反复实验，最后推动供应商改进了生产工艺流程，重要的是大大提高了载体质量，解决了困扰已久的产品流动性问题。

适时（Right Time）。企业已安排好生产计划，若原料未能如期达到，往往会停工待料，引起生产混乱，当产品不能按计划出货时，则会引起客户的不满。而若原料提前太多时间买回放在仓库里等着生产，又会造成库存过多，大量积压采购资金，这是企业忌讳的事情。所以，交货时机很重要，负责原料采购内勤的吴慧伶等采购人员会扮演协调者与监督者的角色，促使供应商按预定时间交货。此外，大帝汉克对一个产品的采购至少有2家或以上供应商，把供应商供应及时性作为对供应商评判打分的一个标准，同时英国利物浦大学毕业的采购经理谢学赢提前在国际市场布局了多家供应商。比如，部分原料供应商因环保问题暂停了生产，导致原料供应紧张，价格暴涨，而此时正值生产旺季，公司用量加大，采购经理会从几家供应商处同时采购，并专程前往山东、湖北走访供应商，用年单形式确保生产需要。

适量（Right Quantity）。批量采购虽有可能获得数量折扣，但会积压采购资金，采购太少又不能满足生产需要，因而合理确定采购数量就很关键。大帝汉克一般按订购量采购，采购人员不仅要监督供应商准时交货，还要强调按订单数量交货。

适价（Right Price）。价格永远是采购活动中的敏感焦点，企业在采购中最关心的要点之一就是采购能节省多少资金，因此采购人员不得不把相当多的时间与精力放在跟供应商的“砍价”上。物品的价格与种类、是否长期购买、是否大量购买与市场供求关系有关，也与采购人员对该物品的市场状况熟悉程度有关。大帝汉克要求采购人员把握市场脉搏，保证原料质量的前提下，争取合适的价格。

适地（Right Place）。企业往往更倾向于与距离较近的供应商合作，从中取得主动权。一直以来大帝汉克都尽量采取本土化策略，在选择供应商时优先考虑近距离供应商作为合作对象。

以上只是一个大致的流程，然而，采购如果单纯按照流程做事的话，就像在驾校里学开车，只知道怎样规范操作，更加重要的采购经验还是需要像在道路上行车一样不断摸索积累。

特别是在全球化的今天，供应链面临着诸多风险，一旦供应链中断，后果将不堪设想。真正的采购高手对重要的市场动态有着“一叶知秋”的敏感和“动如脱兔”的速度，这是大帝汉克采购人员练就的第一个“绝活儿”。

2017 年 12 月 9 日，江苏连云港聚鑫生物科技有限公司发生重大爆炸事故。远在千里之外的李杨（大帝汉克副总经理）看到这条新闻的第一反应是，连云港那里生产的有什么原料，是否会影响到公司的生产；接下来，在江苏省的安全生产加强管制的政策下，是不是有些工厂会停产整顿检查，又会对公司产生什么样的影响，等等。想到这里，李杨立即给相关供应商打电话，请对方把库存的 MCP 发一些以备不时之需。同时连云港也是某原料的一个来源，李杨第一时间给该原料供应商下订单，保证了原料的供应。

管理学上有一个著名的“蝴蝶效应”：20 世纪 60 年代，美国一个名叫洛伦兹的气象学家在解释空气系统理论时说，南美洲亚马逊雨林一只蝴蝶翅膀偶尔振动，也许两周后就会引起美国得克萨斯州的一场龙卷风。“蝴蝶效应”说的是，初始条件十分微小的变化经过不断放大，对很多看似不相关的事物会造成巨大的影响。2021 年年初，美国得克萨斯州的一场雪灾和石家庄的新冠肺炎疫情，也让大帝汉克感受到了现实中的“蝴蝶效应”。因为全球生产香原料的厂家只有中国和美国的两家，美国因灾减产，中国市场势必涨价。

好在做了 20 多年原料采购的李杨反应迅速，凭借多年对价格的敏感性，赶在涨价之前完成采购库存。差不多同一时期，国内石家庄又发生新冠肺炎疫情，给大帝汉克供货的甜原料厂商基本上都位于京津冀。此时，公司 1 月份销量激增，是正常月度的 3 倍。为了保证原料及时供应，李杨调整采购计划，在那段时间天天打电话催货补单，不仅解了燃眉之急，而且一个月完成了一季度产量，没有因为原材料短缺而受影响。

相声演员都会一个绝活儿，叫报菜名。大帝汉克的采购员也有一个绝活儿——“报原料名”。公司产品的原料有 400 多种，熟悉这些原料是每位采购员需要修炼的内功，比如，当采购员得到一个原料信息时，要精准地在脑子里匹配到这个原料是用来生产什么产品的、库存量现在有多少、需不需要去订货、有无应付款项等。遇到新原料时，还必须了解它的沸点、熔点，是否属于危险品、储存条件是否需要避光、适宜保存的温度、冬天会不会凝固，等等。比如，柠檬酸不适合在八九月高温季节进货，车厢内的高温容易造成产品融化后结块。这就是采购人员在长期实战中锤炼出来的能力。

这些年，大帝汉克的甜味剂从最初的几公斤销售量，到现在的一年几千吨的销售量。李杨和她管理的采购部门，是公司保证产品质量及降低成本的第一道“铁闸”。在香精香料行业，她是出了名的好采购，爽快麻利、雷厉风行，一旦达成交易绝不拖泥带水，供应商信得过她。李杨很善于与供应商交朋友，总能及时了解掌握第一手的真实信息，与供应商构建长期稳定的战略合作，致力于实现双赢。

把供应商当作客户和朋友

大帝汉克本着全面、具体的总原则，在综合考虑供应商的业绩、设备管理、质量控制、成本控制、技术开发、用户满意度、交货协议等可能影响供应链合作关系的方方面面，制订了一套供应商选择办法。

☆在海选阶段，对每类物料，由供应部经市场调研后，各提出 5 至 10 家候选供应商名单。

☆公司成立了一个由采购、质控、技术组成的供应商评选小组。

☆评选小组初审候选厂家后，由采购部实地调查厂家，双方协填调查表。

☆经对各候选厂家逐条对照打分，并计算出总分排序后决定取舍。

☆实地对供应商进行考察。

☆供应商核准，核准通过为供应商，开始采购；未通过核准，请其继续改进，保留其未来候选资格。

☆建立合格供应商档案。

☆每年对供应商予以重新评估。主要考查品质、价格、交货期、服务，不合要求的予以淘汰，从候选队伍中再行补充合格供应商。

☆根据评估结果对供应商划定不同信用等级进行管理，高满意度供应商、合格供应商、不合格供应商、黑名单供应商。

目前，大帝汉克供应商按合作年限分类，1 至 10 年的占 71%，10 年以上的占 13%，20 年以上的占 11%。

对供应商的管理是否有效，是采购成本控制的关键。根据采购物品在公司成本中的比例，大帝汉克将其分为三个层次进行管理。

一是交易管理。围绕订单与供应商讨价还价，仅重视此单的质量、价格、付款条件、交货日期，被动执行配方和技术标准。比如，购买设备配件，新原料初期采购。

二是采购管理。随着对前期大量订单积累的经验总结及管理技能提高，根据自身业务量分析，围绕一定时间段的采购合同，与供应商逐步建立长久合作关系。比如，目前精油类产品的原料采购。公司已经逐步对供应商供货能力、付款条件、采购周期、运输送货方式、经济批量、最小订单量、订单完成率、涨价降价前信息沟通、风险控制能力等进行归纳总结，对供应商进行全方位评价。

三是战略采购管理。与供应商建立战略合作关系，比如，甜原料是大帝汉克成本影响最大的原材料，其供应商数量有限，前几年供应商多是国营转制，产品长期供不应求，环保政策影响大，国家政策影响大。采购时更多考虑长期合作，才能保证稳定的货源和相对合理的成本。为此大帝汉克每年至少派人拜访供应商 4 次以上，谈合作保证供应、保证合理成本。近两年与供应商签订全年战略合同，淡季旺季均衡采购，上下游联动，互利互惠，甜味剂产量持续增长，做到真正的双赢。

把供应商当作客户对待，与供应商成为朋友，是大帝汉克长期的做法。一般来说，很多企业的采购员有严重的“甲方病”，都是供应商请采购员吃饭。但在大帝汉克，李小兵给采购员特批了一项权力：凡是来公司的供应商，我们宴请他们，不是他请我们吃饭。事情虽然不大，但反映了大帝汉克的处事逻辑：来的都是客，公司要尽地主之谊。这种做法让很多供应商感觉意外，但更感到温暖亲切。路遥知马力，日久见人心。久而久之，大帝汉克从供货商那里可以获得最快的行业信息，对行情变化作出快速反应，很多紧俏的原料在采购上能够得到保证，同时自然地会降低采购成本。

现索尔维公司王牌销售王世平先生，他2021年的销售额已经是税前4000多万欧元，虽然他已经跨界不做香兰素销售，但他对行业高度熟悉，负责香兰素原料邻苯、对苯销售，与他沟通，了解原料行情，让大帝汉克能够稳、准、狠地把握采购时点。

企业价值是所有利益相关方共同创造出来的。供应商是为了卖产品，采购是为了买产品，其目的是一致的，都是为最终的客户服务。秉持这样的理念，大帝汉克把供应商、合作者、客户等供应链上下游各方的利益相关者“绑”在一辆共赢的战车上，大家有福同享，有难同当，共赢才是“王道”。在与安徽华业的内酯合作中，大帝汉克签订了年单，并且在华业上市过程中，大帝汉克多次配合IPO筹备工作。2021年1月，在内酯用量大增情况下，华业的原料品质优、到货快，保证了大帝汉克奶香产品生产顺利完成，2021大帝汉克在华业的采购量增长20%以上。只有双赢的合作才是长期的合作。

2019年12月19日，大帝汉克在温江置信假期酒店，举行了“凝心聚力　赢享未来——DDC2019供应商战略研讨会”，邀请供应商代表一起共同商议大帝汉克的战略与行业可持续发展。这是继2008年12月，在成都温江幸运城酒店举办供应商等参加的公司战略研讨会后，再次就公司战略进行研讨的一次专项盛会。

这次会议还专门邀请了四川农业大学专家莅临现场，并做了“现代农业概况”的报告，为研讨会开拓了新的思路。大会开设了“DDC可持续发展论坛”和“DDC互赢合作论坛”，多个供应商代表做了发言和交流研讨。

这次战略研讨会凝聚了广大供应商朋友的智慧和行业信息，对大帝汉克战略及未来发展进行了充分交流研讨，为公司战略制订提供了许多有益参考。

工欲善其事，必先利其器

工欲善其事，必先利其器。设备是保障质量、保障生产能力的基础，是保障产品稳定的基础。现代工业，没有先进过硬的生产设备，不可能生产出质量稳定的好产品。

大帝汉克的七次技改

1998年，几经邀请，包清彬教授来到大帝汉克工作，主管生产部。入职后，他似乎对薪资、福利待遇毫无兴趣，总是围着生产设备这里瞅瞅、那里看看，还与生产工人攀谈。之后他对李小兵说："咱们公司的生产设备需要立即整改。"那时，整个饲料行业的生产设备水平都不高。包清彬首先建议对粉碎系统进行整改，写了一份报告，密密麻麻多达上万字，逐条逐项做了分析。那段时间，他基本上把自己泡在车间里，一有时间就去研究各种设备，与生产工人交流，与营销部交流，再将相关需求和设备功能相结合，启动了大帝汉克最具特色的生产技改——"量身订做"。

1998年年底，大帝汉克对打包工序设备进行了一次技改，引进了自动捆包机。引进之初，工人很不适应，总觉得不如原先手工打包来得快，偶尔机器还会出点故障。但包清彬始终坚持要将"生产自动化进行到底"，后来随着工人对机器的熟悉，生产自动化的优势越来越明显。

1999年年初，由于产品载体粒度不均匀，加之载体运输、包装过程中出现诸多问题，客户的投诉开始多了起来。一时间，营销部和生产部乃至公司上下气氛十分紧张。包清彬着急地说："载体处理的工序环节要进行技改。现在的载体工序对载体处理不全面，质量上不去啊！"公司立即召集相关人员开会，决定对生产设施进行整改，增加载体处理工序，对载体进行全面处理，引进自动分级振动筛。之后，公司再也没有收到过类似的质量投诉。

当年，由包清彬牵头，大帝汉克再次对生产车间进行大规模扩建和技改。技改引进了一个重要项目——成套环保设备生产线。公司还专门重新设计了粉碎系统和除尘系统，大大改善了生产及工作环境。此次大规模技改引进了许多新理念，使公司的生产设备得到了质的改善，也为公司跨越式发展奠定了坚实的基础。

2005 年，大帝汉克在海峡两岸科技产业开发园新建占地六千多平方米的生产车间，由包清彬全权负责。公司明确提出，生产车间和生产设备一定要突显现代化的理念，生产设施一定要行业领先，在车间建设现代化、生产设备自动化、硬件建设长久化、环境保护合理化的理念指导下，两幢现代化车间拔地而起，生产设施、产能、先进性都达到了行业先进水平。

2006 年 9 月，车间竣工投产，中国第一条饲料香味剂自动生产线、第一条包含自主专利技术的甜味剂粉碎生产线、分子融合喷雾干燥生产线正式投入使用。

至此，算上 1993 年完成的以混合加人工生产为主的技改，1998 年到 1999 年的技改和 2005 年到 2006 年的技改，大帝汉克已经完成了三次技改。在此之后，2008 年至 2009 年，公司布局进行优化，将甜味剂生产车间与香味剂生产车间独立，改造甜味剂生产线，同时增加喷雾干燥生产线，这是第四次技改。2015 年，公司新建 5 号车间，结合新车间扩展建设，对香味剂配料设备技改，从荷兰 Vald.Henriksen 公司引进全自动配料设备，这是第五次技改。同年，公司新建 6 号车间，结合新车间扩展建设，进行生物工程车间建设，这是第六次技改。2018 年至 2020 年，为优化公司布局、提高产能，改善环境、提高设备自动化，对公司所有原生产线拆除，进行全面更新升级换代技改，这是第七次技改。

由此可见，大帝汉克 30 年就是不断进行技改的 30 年。其中四次为全面更新换代，三次为专项技改，通过不断技改探索，始终保持生产设施的先进性，为公司的发展提供保障。

由于大帝汉克的产品饲料调味剂为饲料添加剂的小众产品，加之产品理化性质的特殊性，市场上并无相应的生产设备，因此生产线均为专用生产线，相关工艺及设备均主要由公司自主设计，外协生产加工。从 2006 年之后公司的几个典型技改过程，可以窥见一二。

解决“粉碎”难题。

2008 年，大帝汉克为了扩大甜味剂产能，优化生产线布局，将甜味剂生产车间与香味剂生产车间独立，对甜味剂生产线全面升级技改，全面克服原甜味剂粉碎生产线不能自动配料、粉碎粒度不均匀、均匀度差等问题，进行专项技改。对自动配料改进不存在什么问题，与饲料设备厂家直接合作即可完成，但对于混合均匀度的要求和粉碎粒度的要求，没有哪一家设备生产企业能直接解决。

粉碎混合型甜味剂产品，为各种甜味物质、增效剂、载体等混合、粉碎而成，其产品有两个关键质量指标，一个是均匀度，按国家相关规定，产品均匀度变异系数 CV 小于 5%，另一个是产品粒径（目数），产品粒径越小，单位质量颗粒数就越多，理论上在饲料中混合就越均匀，效果就更好。

为了使产品具有竞争力，公司对甜味剂产品均匀度提出了更高的要求，要求其变异系数 CV 小于 3%，以确保增效剂等发挥更好的作用。同时，根据大量实验，产品粒度在 150~200 目，在饲料中添加效果及动物养殖效果最好，即达到细微粉碎的粒径（100μm 以下），且要求生产能力 1000kg/h 以上，部分原料不耐粉碎高热，一般的混合工艺及粉碎机无法达到，没有哪一家设备生产企业有成熟的生产设备能实现，对设备是一个挑战。

为此，首先从粉碎机开始，进行自主开发实验，从冲击式粉碎方式、球磨粉碎方式、气流粉碎方式及不同的冷却降温方式等进行一一探索，最终采取了机械冲击为主，空气冷却的方式作为粉碎设备主体。同时，进行配套的进料、出料、除尘分离等系统实验和设计，较好地解决了产品粒度难题。

在混合均匀度上，由于产品的特殊性，各种原料的密度差异，混合的离析的客观特性，在设备开发中，遇到较大难题，2008 年至 2010 年前后通过不断的工艺优化，最终采取了分段多次混合的方式，解决了这一难题。

设备要世界领先。

2008 年开始，大帝汉克就在探讨对香精原料的自动配料生产线改进，国内调研了许多相关自动配料设备生产厂家和使用单位，一直没找到适合的生产厂家。后来获知荷兰 Vald.Henriksen 公司是世界上香精香料自动配料系统做得最好的公司，2013 年 12 月，李小兵带队一行 4 人到荷兰、比利时、法国考察该设备及其应用情况，在前期考察的基础上，于 2014 年 6 月正式与荷兰 Vald.Henriksen 公司签订了自动配料设备合同，2015 年在公司安装、投入使用。

配料系统的香原料经氮气压力输送系统，在 Vanwyk 控制系统的控制下进入分配系统，在 CDL 分配阀控制下，能完成 88 种原料的独立配方配料，最高精度达到 0.01g，是世界上最先进的香精香料全自动配料设备，是中国饲料调味剂行业唯一的一条生产线。

与自动配料设备配套，大帝汉克对车间香精醇化罐，原辅料输送系统进行了改造，使公司香精配料成为行业领先的全自动生产线。确保了产品质量稳定、可追溯性、杜绝了交叉污染、减少了香气挥发，在保障了质量的同时又减少了对环境的影响。

配合战略自主设计。

2014 年，大帝汉克制订了“以生物技术为依托，打造 DDC 采食调控专家”的战略决策，为落实和执行该战略，公司投资建设了生物工程车间。

结合产品要求和研发中心相关实验研究，大帝汉克 2015 年完成了生物工程车间布局规划设计、工艺设计、环境影响评价及设备调研，2016 年进行生物工程车间设备建设，建设内容包括酶解生产线、美拉德反应生产线、微生物发酵（液态、固态）中试平台、生物研发车间实验室。相关布局、工艺设计，均根据公司产品及研发情况，自主设计，外协加工。

酶解生产线，由酶解系统、冷热供给系统、控制系统组成，酶解条件全程自动控制。主要用于公司制备酶解奶油，通过生物酶解技术，模拟猪乳风味，生产天然猪乳奶香，是公司11年研究的科研成果，是核心技术之一，在拳头产品“312”等产品中应用，产品获得成都市战略新兴产品称号，在断奶仔猪中使用具有很好的效果，是体现公司战略“以生物技术为依托，打造DDC采食调控专家”的产品代表。

美拉德反应生产线，通过酶解结合美拉德反应制备呈味肽，由前处理设备、酶解系统，美拉德反应系统、分离提纯系统、冷热供给系统、控制系统组成，工艺条件为全程自动控制。公司于2004年开始风味肽研究，这也是四川省重点研究项目，获得了一系列研究成果，并成功开发了“滋肽”系列产品，相关核心技术获得8项国家发明专利。美拉德反应生产线就是基于该科研成果，自主建设的专用生产线。

微生物发酵中试平台，由两套液体发酵平台和一套固体发酵平台组成，可进行小规模液体和固体发酵生产和中试研究，主要应用于环保菌种生产和中试研究，也为大专院校和科研院所提供中试研究。配套生物工程车间的车间实验室，由理化实验室、无菌操作室组成，主要用于现场产品品质检测及相关研究。

全面升级的4.0时代

到2016年，位于海峡两岸科技产业开发园基地的主要设备已经使用10年，虽然中途也进行了两次专项技改，但总产能及设备自动化等，已不能满足公司发展需求，为此大帝汉克决定对生产设施进行全面升级改造。

经有关部门备案及许可，2018年1月，生产设备全面升级改造项目“饲料调味剂生产线改扩建”正式启动。技改内容包括车间布局改造、生产工艺改造、扩大生产能力、提高自动化程度等，同时配套改造安全、环保设施。

本次技改方式是将原有设备全部拆除，全面新建各条生产线，包括喷雾生产线、甜味剂生产线、香味剂生产线、酸化剂生产线及配套安全环保设备。为不影响生产，本次技改采取了各条生产线逐一进行的方式，因此，技改持续了近三年时间才全面完成。

技改程序全面遵照法律法规。

从项目立项备案、工艺设计、安全、环保、过程施工过程，全面遵照各种法律法规、行业标准，规范技改项目的实施。

在工艺设计上以生产许可要求、满足食品安全要求为设计依据，技改完成后进行生产许可审核和ISO22000食品安全管理验证。

在安全上，由专业公司进行安全预评价、政府相关部门审核，安全设施按同时设计、同时施工、同时投入使用的“三同时”开展，项目完成后由专业公司开展安全评价验收。

在环保上，由专业公司进行环境影响预评价，生态环保局审批，环保设施按同时设计、同时施工、同时投入使用的“三同时”开展，项目完成后由专业公司开展环境影响检测、评价验收。

在项目施工中，从项目施工公告、过程安全监督和管理、试生产、检测验收各个环节，均按相关规定进行公示，接受内外监督。

喷雾干燥生产线技改。

喷雾干燥生产线，主要用于高档甜味剂及生物制剂生产，在2008年，大帝汉克建成一套喷雾干燥生产线，本次技改是针对原设备生产应用发现的问题，结合近年甜味剂研究成果的一次升级性技术改造，工艺流程为全自主设计，集成喷雾干燥，产品后处理及包装、废气洗涤回收、余热利用、环保一体，全智能触摸屏控制。

喷雾干燥生产线技改主要特点包括：一是压力喷雾，使产品成中空球形，具有优良分散性和速溶性；二是并流干燥，适合热敏性物料，能更好地保护增效剂不受损失，保证原料含量稳定性和最佳口感；三是集成创新，集成设计安装了具有自主知识产权的环保设施，水回收等，有效保护环境，提高了生产线适应性能；四是采取了二级产品回收和余热利用技术，为行业首创；五是适应性强，多段火力控制、方便的风量控制、压力控制，调整方便，适用于多种产品喷雾。

甜味剂生产线技改。

大帝汉克甜味剂产品类型不同，生产工艺有三种：一是喷雾干燥，二是细微粉碎，三是高效混合，此处的甜味剂生产线技改，指的是混合粉碎和高效混合工艺生产线技改。

前述在 2008 年至 2010 年对细微粉碎生产线进行了专项技改，解决了粉碎粒度及混合均匀度难题，本次技改，是在原生产线技术的基础上，对自动控制系统、包装系统等进一步优化，使生产线各工序更加匹配，提高自动化程度和产能。

高效混合生产线，看似很简单，直接购买高效混合机混合即可。但产品的特殊性，原料间密度的差异及混合的自然离析现象，要实现混合均匀度 CV 小于 5%，并不是一件容易的事情，公司提出要求均匀度 CV 小于 3%，就十分困难了，因为其工艺不同于前面的粉碎。为了能达到这一要求，大帝汉克从 2015 年就开始进行混合机选型实验，前后到江苏、上海、四川多地，对国内几个有代表性的高效混合机进行产品混合实验，检测均匀度，其中在上海就进行了 7 天实验。

混合生产线不但要考虑混合机、还要考虑配套的自动配料、自动投料、自动放料、工作效率、环保等，回转容器式难以应用，因此其生产线设计是一个综合问题，没有现成的设备可以用。

根据大量实验，最终选择了桨叶式单轴高效混合机，对其进行了改进，保障产品均匀度，其密封装置，就进行了四次以上的改进，改进后的设备部分技术申请了专利。

通过本次技改，甜味剂生产线呈现出如下特点：一是从车间位置上，实现了粉碎、混合两种工艺、两条生产线的集中，但又各自独立，确保了产品归类，优化了布局；二是两条线均实现了全自动配料、自动进料等自动化生产；三是提高了生产效能和产能，两条线年产能可达15000吨，且生产线全部为不锈钢，确保了产品安全；四是集成了环保设备，并安装了空调，生产环境得到大大改善。

精油生产线新建。

精油为近年大帝汉克开发的新产品，主要用于“替抗”，其特点是具有较好的抑菌特性，气味比较浓烈，且刺激比较大，因此在生产工艺设计上，使用了特殊生产方法，采取了混合加喷涂的空隙封闭技术。由于产品部分原辅料很容易吸潮结块，天热和气候潮湿对产品质量都有影响，这给生产线如何适用于四川夏天高温潮湿气候带来较大挑战。

对此，通过前后三年多的实验、设计、集成创新，较好地解决了相关技术问题，生产线具有四大亮点：一是采取原辅料产品后前后两次特殊的预处理工序，较好地解决了部分原辅料产品结块及均匀度问题；二是空隙封闭工艺，采用专用的液体添加系统，实现液体原料次第添加，成膜材料喷涂，成功实现了特有的空隙封闭工艺，保护了产品精油挥发，提高了产品质量；三是自动化程度高，集成固体、液体原辅料，全自动配料及生产，大幅度改善了生产环境，提高了生产效率；四是对环境友好，通过集成配套设计环保系统，对所有气味点进行负压收集，减少了对环境的影响。

香味剂生产线技改。

在各条生产线技改中，香味剂生产线技改最后进行，因其牵涉多个香型、不同颜色的多品种生产，国内外完全无同类生产线可供参考，又需要全面突破原有生产线的缺陷，技改设计难度很大，其工艺和设备设计，前后进行了3年以上，方案讨论和修改了不知多少次。

2021年，项目通过竣工验收。技改完成后的香味剂生产线，较好地解决了多品种、小批量产品的自动化生产，解决了劳动强度高、生产环境差等问题，达到了预期，同样具有四大亮点：一是集成了 14 台混合机、4 大类产品独立生产，保障了多品种生产和最大限度地减少交叉污染；二是包装方式采取自动 + 半自动方式，28 个包装计量头，降低劳动强度，又适用多品种小批量生产；三是 24 套独立除尘和产品回收系统，较好解决产品损耗及污染问题；四是特殊的粉尘、气味安全装置，解决粉尘及易燃气体安全难题。

技术改造并非一蹴而就，只有阶段，没有终结，可谓进无止境。30 年来，大帝汉克通过不断的技术改造，带动了产能、效率、环境的持续改善，使产品质量不断提升，由此推动了企业发展。30 年的践行，大帝汉克认识到技术改造是企业发展之道，并将技术改造、安全、环保作为公司发展的支撑平台，作为企业可持续发展的必要条件。筑牢安全、环保、技术改造这三足鼎立的支撑平台，为产品质量的稳定和不断提高打下坚实基础。

好产品是用心做出来的

产品是需求、人、设备、工艺技术交互而成的，而人作为具有主观能动性的主体，在好产品的创造过程中起到核心作用，所谓用心，就是责任心、敬业心和精益求精的匠心。

大帝汉克配料组袁泽洪，独具慧眼，拥有第一眼就绝对不会错的独特辨识能力：下料准，零误差，效率快。2005 年，袁泽洪毕业于四川理工学院的食品工程专业。2013 年 5 月进入大帝汉克，从安全环保部到质控部、供应部，先后负责“现场安全”“现场品控”，2015 年负责自动配料系统操作员。配料系统所有的系统语言由英语组成，因为是全自动运行，一个编码输错，就会导致整个系统的运行出问题。为了牢记每个编码，袁泽洪专门买来一个小本子，一个个记，一边操作一边对照，确保准备无误。目前，通过自动配料系统，20 公斤液体香基，最快 2 分钟完成。同时，在操作过程中，他也在持续总结经验。例如，在如何提高系统的使用效率方面做了大量的探索。当原料品种过多后，每配一次耗时很长，于是他研究了先单配再混合的方法，效率提升 50%。

公司配料组组长成德均，坚守配料岗位 20 多年，始终坚持把每一件小事做好，保证准确称量、保证质量过关。新冠肺炎疫情期间，任务繁重，人手紧张，他认真分析订单情况，用多年的丰富经验、精湛的技术和对配料工作的了如指掌，合理安排配料工作，使各批次各品类产品核心基料不差分毫。

大帝汉克的好产品就是这样用心做出来的。

工艺改进与突破

管理理论认为，产品的优势与两种技术有关：一是产品技术，就是产品中所包含的技术；二是过程技术，包括工艺技术和管理诀窍。想要降低成本也需要依赖过程技术，过程技术的高低决定了产品的质量、性能，以及品种变换能力。换言之，过程技术在很大程度上决定了产品的特色与成本，决定了产品的生产性与交换性。

惠普公司就这样说："当人们想到惠普的贡献时，总是想到创新的产品。但是，指出这一点也是很重要的——多年来我们在新的生产方法和技术方面也作出了贡献。有了生产方面的这些革新，往往才有可能制造出最新产品。"炼铝业则更为明显，决定产品成败的就是工艺技术，是工艺技术的变革，把铝矾土直接转化成铝锭，改变了整个市场格局。

大帝汉克通过人、财、物的有效运用，推动工作的高效运行，充分发挥和调动员工的积极性，鼓励员工在生产经营实践工作中开展技术攻关、工艺改进、技术革新，深入推进节能降耗、创新工艺，促进产品质量、生产效率的提升，推动生产工艺的改进与突破。

除前述的技术工艺改进外，试举几例生产中的工艺改进。

2021 年，香味剂程控操作人员提出对原工艺复杂产品的生产工艺优化改进意见，设置自动设备可执行操作配方 / 生产操作方案并采纳。大帝汉克采用设备自动投料，减少复杂工艺手动操作、老设备半成品的生产及用工，减少了粉尘，减少了半成品转运过程中的无组织气味排放。1 月至 10 月共计多生产 190 吨，减少上机岗位 50% 用工，大大提高了生产效率和产能。

2017 年，甜味剂生产线发现压力喷雾设备和原有的离心喷雾设备不同，喷雾时设置的参数也不同，喷雾的产品也与原有产品不同，既往的经验能借鉴的很少，只有重新摸索工艺参数，重新设计新的喷雾产品。从实验室到车间，一次次失败又一次次尝试，终于使“甜多多”产品达到检测要求。从 2021 年 1 月起，大帝汉克加大喷雾产品每天的任务量，日产量增长 11.11%，这与何守兵的用心和努力是分不开的，2021 年“甜多多”产量增长 70%。

上机人员在设备技改后，努力学习新设备上机岗位技能，针对原料的特殊性容易腐蚀设备，液体长期接触设备开关等部件容易导致部件损坏的问题，提出用透明口袋罩住各搅拌机操作设备及相关维护方案，防止设备部件的损坏。

机修人员在完成日常设备维护修理、保养等工作的情况下，积极思考如何进行设备优化，程控系统优化等工作，大大提升了设备的自动化使用，提高了设备操作性能。为了解决刮板料多问题也为了保证生产精确度，2021 年 3 月以来由李杨牵头，每月至少召开一次设备改进会议，提问题、列项目、领任务、定目标，通过技术攻关，宋绍全带领的机修团队成功解决了刮板料多问题。目前，为了提高新产品“滋满鲜”的生产效率，已安装专门的生产线。

生产管理与协同

一件产品生产出来，不是单独哪个部门的事，生产系统就像一幢楼房、一条船或一辆汽车，被设计得那样完备且富有“生产性”，这就需要管理与协同。

大帝汉克推行 6S 管理和现场管理，并将 ERP 系统从采购、销售、财务，延伸到生产、质控。

在管理体系方面。

自生产基地搬迁至成都海峡两岸科技产业开发园以来，不仅生产设施发生了质的变化，更是形成了原料、生产的独立管理，不同香型进行分区生产，建立了适合产品特性的精细化生产流程。

大帝汉克的产品是小众的非标产品，正如李杨所说："做好服务是保证销量持续稳定增长的基础，服务的一项重要内容就是保证质量和及时发货。急单是常态。所以生产管理的第一步，即生产计划下达尤其关键，除了必须考虑生产人员配置、设备状况、原料包装载体库存等因素外，还需要考虑客户着急的程度，以及订货顺序、运输时间等多方面。"因此，大帝汉克的生产管理人员与销售内勤主管每天都要当面商量沟通，制订生产计划，保证订单的顺利执行。

对于设备管理，大帝汉克对设备建立档案，建立维修保养记录和检查记录，做好日常维护。张亚敏，毕业于河南工业大学，2021 年 5 月入职公司，在生产上专门从事设备和工艺管理工作。对于物料管理，做好定置定位管理、标识管理，做好账目管理，每月月底进行盘点，及时根据损耗调账。对于规程作业，要求新产品第一次生产时，产品经理必须到场，指导生产工艺流程，质量验收标准，保证产品生产的质量。同时，做好质量管理，建立质量体系，并保证体系的有效性和持续性。

在协调沟通方面。

大帝汉克对生产人员的管理，更多地体现在沟通上。班组长是生产人员核心，虽说是"兵头将尾"，但更是安全、质量、效率控制的关键，日常与班组长沟通交流是生产厂长的重要工作，目的在于了解第一手真实的质量、生产效率资料、人员动向等，以便合理安排和调配人员。工作当中耗时最多的是沟通，很多问题都要与现场人员沟通解决。大生产 3 位班长都是公司老员工，年龄大的曾炎才服务公司差不多有 30 年，经验老到，雷厉风行；年龄居中的杨作阳擅长合理安排；最年轻的赵平以身作则做好每天的工作。厂长秦莲临危受命，从一个采购内勤成功转换成生产厂长，以勤补拙实干肯干，用心做好每件事是她最大的特点，她亲和力强，与生产部门的壮汉们打成一片，工作时几乎“长”在车间里。公司从五年前开始实施领导干部生产值班制度，值班人员每天最少 4 次“巡视”打卡，规范填写值班记录，与生产操作人员、班组长现场沟通问题，并跟踪问题直至解决。各岗位站在不同角度关注生产一线人员，关注产品质量，关注成本，关注无组织气体排放，保证环保设备正常运行下生产，解决突发事件。

协调沟通也体现在与其他部门的联系和配合上。新产品的生产过程需要技术部门的指导和检查，积极配合技术相关实验工作；生产现场有质控部门按照产品线配置的质检员监督生产全过程，同时也会对产品进行抽样检查；安全员每天下车间，现场查看安全生产的操作、行为规范、劳动防护用品佩戴等。

让生产厂长秦莲印象深刻的是，2020 年初新冠肺炎疫情期间，订单急剧增加，但出现了员工不能及时返岗、物流不畅通、口罩的储备及使用告急等一系列问题，这些问题一股脑儿摆在了她的面前，“怎样处理及应对，对于我这个刚接手生产团队不久的管理人员是个巨大的挑战”。怎么保证生产的完成？协调沟通。2020 年 2 月，在副总经理李杨的主持下，结合国家权威媒体发布的信息和园区要求，制订“复工方案”“日常管理方案”“应对疫情的防控方案”等工作流程和应急制度。同时，秦莲提前与上级沟通人员返岗事宜，随时更新联系返岗人员，制订返岗人员安全要求细则，提前到公司进行布置。岗位缺人，就以身作则投入一线生产操作，并协调家在成都当地的司机、保洁、库管、质检员等全部加入生产一线工作，“他们也义无反顾地顶上生产岗位，为保障订单的及时交付出力，体现了大帝汉克人团结协作的精神”，秦莲说。在全体员工的努力下，大帝汉克 2020 年 2 月份生产量相比同期增长 252%。

工匠精神与制度约束

管理学讲到，不能衡量的就不能管理，但事实上，并不是所有事情都能量化，这些事情就需要靠人的知识、经验、能力，以及责任心、敬业心和匠心来处理。

比如，原料库管叶辉对管理的400多个品种香原料了如指掌，熟悉它们的气味，包装是塑料桶还是铁桶，是大包装还是小包装，同一个产品谁家的更好，他会根据使用情况提醒采购人员进货；蔡明是载体库房人员，每天数他最活跃，不是开着叉车上下货就是跑步到库房，他的管辖地也最大，但物品堆放得最有条理，他随时会更新各库房载体报表，甚至提醒处置滞留载体或者半成品。

把每件事情做精做细，认真负责，尽心尽力，追求极致完美并长久坚持下去，这就是大帝汉克的匠人、匠心。

当然，对于生产管理来说，严格规范的制度不可或缺。大帝汉克对于产品生产有一条铁的纪律——有任何问题绝不准出库。2009年因为载体厂家变化，生产出来的10多吨“312”产品，虽只是产品颜色偏白，香气也并没有问题，但为了产品的一致性，大帝汉克不惜成本，追回了已经到客户手里的产品，派车拉回了在货运公司待发的产品，那时还不知道这其实叫“召回”。2011年，“312”的载体颜色外观出现异常，大帝汉克马上停止生产，同时协同技术人员第一时间到达生产现场，开始逐一排查原因。从原料到半成品再到成品，对整个生产过程进行检查后，并没有发现有错用的原料或者不规范的生产操作，最终大家的目光锁定在了生产操作过程中使用的生产器具上，原来，在生产半成品的过程中，盛装液体原料的容器没有清理干净，这种容器之前装过一种在自然环境下很容易变色的原料，在未清洗干净的情况下，将这种原料的残留携带到产品中去，最后导致整个产品的色泽发生改变。找到原因后，大帝汉克对这批问题产品另行处理，一件也没有出厂。

管好质量这条生命线

产品质量是企业的生命线，戴明质量管理思想认为，真正的质量是立足于用户需要，追求不断提高用户满意程度而形成的。

产品可追溯体系

大帝汉克以 ISO22000 体系和 FAMI-QS 体系为基础，结合公司产品特点，建立了严格的产品可追溯体系，只要有一个产品型号和生产日期，即可追溯到产成品、半成品（香基）、生产过程、原料、辅料、包装及包装材料的每一个过程，公司建立了 3 个独立的样品留样室，对成品、原料、包装物品全部进行留样。

成品留样室：对公司生产的每批次产品都进行全留样，留样时间到保质期后两个月以上。样品上面标明了客户名称、生产日期、产品型号、包装规格、数量、样品编号，发到客户的任何批次产品，产品留样室中均可找到。同时，质控部定期抽查留样室中各产品的质量变化情况，以掌握产品储藏中质量的稳定性，部分样品观察好几年，以深度考察其品质的变化规律。

原料留样室：除了成品以外，对生产中使用的各种香原料、载体以及配料的香基也进行检测留样，在这里都可以找到每批产品使用原料和香基（半成品）。同时，质控部也定期抽查保留的原辅料的质量变化情况，为产品开发、产品质量预测、供应商评价提供相关信息输入。

包装物品留样室：对使用的各种包装，质控部检测后也会全部进行留样，为产品销售过程防护、运输、销售使用提供全方位的追溯。

2020 年年底的一天，生产现场质控人员在对成品库房的抽检过程中，意外发现其中有一包产品的重量比外包装标示重量少 30 克左右，虽然这也符合国家计量法中正负偏差的要求，但不符合大帝汉克对产品的质量要求。质控部负责人刘晋渝立即组织相关人员对该批次所有库存产品进行全部检查，把一些发现问题的产品全部另行处理，坚决不允许出厂。针对这次发现的质量问题，质控部联合生产部进行了分析研究，很快拿出了改进措施，生产部对计量器具进一步严格管理，定期检查，质控部现场质控人员对计量器具的使用进行详细记录，双管齐下，再也没有发生过类似问题。

质量是不可逾越的底线

松下幸之助曾说："对产品质量来说，不是 100 分就是 0 分。"通用电器公司前总裁杰克·韦尔奇曾说："质量是维护顾客忠诚的最好保证。"产品质量的重要性，怎么强调都不为过，大帝汉克对产品质量的重视是以一贯之的。喻麟对产品质量的重视程度超过了任何人，李小兵也说："产品分析和质量控制一直是我最重视的环节。"

由此，大帝汉克每周由质控部牵头，由质控人员对生产人员进行质量问题的通报及培训；每月现场质控人员、技术服务部、供应部及生产部相关人员进行生产质量、产品质量沟通会。

2001 年夏天，由于雨水较多，运输困难，为确保原料供应，大帝汉克一次性从外地购进了较多的蛋白粉，在存放的过程中，因天气潮湿逐渐吸水。到了 9 月份，检测员发现蛋白粉水分超过公司质量标准 1.5%，气味不太纯，不过没有发现明显酸败，且两项超标都不太严重，不会影响到产品质量，更重要的是库存还有 20 多吨，退货给供应商已是不可能，但报废的损失又太大。质控部将情况报给李小兵后，她态度坚决地说："不能用就是不能用，在我们公司，没有将就用的说法和做法，能退就退，不能退就报废，虽然有损失，但为了产品质量，这个损失，公司一定要担。"从此之后，在产品质量上哪怕发现一点点问题，质控部不用上报便可自行作出报废的决定。

2004 年 4 月，大帝汉克的 10g/ 袋小包装产品供不应求，需货厂家都排成长队，两台全自动包装机加班加点也难以供应。由于强调了生产任务，在生产中加快了包装速度，而忽略了温度的控制和影响，致使生产出来的一小部分产品包装质量不好，产品在发货前被查出热封处没封牢，经挤压就会爆袋。当时有 3.6 吨产品，36 万袋，若要返工，返工量太大，负责生产管理的包清彬说："这 36 万袋产品必须全部一袋一袋重检，必须保证送到客户手中的产品每袋 100% 合格。"在时间本来就很紧急的情况下，由生产厂长、质控部负责人亲自带头，动员所有的工人加班加点开展了对 36 万袋产品逐一检查的工作。讲清了为什么重检的道理之后，在员工们心甘情愿全力配合之下，最后全部按标准和要求顺利交货。

大帝汉克深知，推动公司实现利益目标的是产品质量，客户购买行为的核心是质量。这一点，管理理论多有论述，很多企业也奉为圭臬。

小米公司创始人雷军说过这样一句话："创新决定我们能飞得多高，而品质决定我们能走多远。"在小米公司，举全公司之力，全员参与抓质量。"在我担任质量委员会主席的那一年，大大小小开了 254 次与质量相关的会议，对每个细节一个一个地去盯，每一个部门都成立了质量部"，雷军说，"我们的品质工作就是要百分百把用户当朋友，多站在用户角度想问题，把客户满意度放在最重要的位置。"如果说小米公司的第一轮成功主要靠创新，那么做到今天这样的规模，最核心的就是创新与质量并举。

从市场竞争的角度看，隐形冠军企业理论更是鲜明提出，产品质量永远居于首位。在西蒙教授看来，质量虽然有标准，但在市场行为中，质量也是一个竞争概念，它只有通过与竞争对手产品的比较才能判断产品质量的高低，隐形冠军企业的一个核心标准是具有较高的产品差异化、品质和成本竞争优势，有较高的行业定价权与影响力。很多隐形冠军企业都认为，自己首先是技术和质量上的领导者。

从降本增效的角度看，把质量放在第一位，会给企业带来意想不到的收益。如戴明所说，一个有5%不合格率的工厂，如果能改善到不合格率为0时，其生产能力就有不小于5%的立即改善。这是因为面对不合格产品，需要一套检验程序挑拣出来，虽然这是必要的，但也会增加成本，检验费用、不合格品本身成本、重新加工成本，这三者加在一起，会使成本居高不下。而如果不合格品到达消费者手中，成本会继续加速上升。因此，以质量为“龙头”，可以在“质量—成本—生产力—利润”之间形成一个良性的连锁反应链，持续提高质量会推动更高的生产能力，同时会降低成本并带来更高的利润。

当前，我国正在由“中国速度”向“中国质量”转变，由“中国产品”向“中国品牌”转变。大帝汉克的使命是做国际化动物采食调控专家，让用户使用大帝汉克的好产品，最终满足人们对美好生活的需要。大帝汉克相信，在这个质量为先的时代，企业会随着一大批中国品牌的崛起而崛起。

“两严一细”与系统改善

质量是管出来的，大帝汉克奉行“基于系统的不断改善”理念，把系统改善作为质量管理的重点。质控部与技术研发部门、采购部门、生产部门等紧密配合，不仅树立了全员质控理念，也配备了专职的检测人员和现场质量控制人员，建立了从香原料到载体到成品的一系列控制体系与实际生产配套的记录，在实践中探索出“两严一细”的质量管理方法和质控特色——严控原料入厂关、严控产品出厂关、细管生产过程控制。

严控原料入厂关。

大帝汉克对于原料质量的控制，不只是原料到厂后简单的检测分析，还与原料采购部门进行密切配合，对整个供应链进行梳理并深入了解，进而提出适应产品生产的原料质量需求，以长期保证所使用的原料质量的稳定和适用。通常是，每批到厂原料都经历重重关卡，从原料的抽样初检，到原料送实验室化验，经专业评香师评估，最后由质控部经理评估审核。

在原料采购前，与原料采购部门配合，一起对有采购意向的供应商进行全方位了解，包括供应商是否具有合法的生产和经营资质、生产的产品是否符合国家相关行业的法规要求、所提供的原料是否稳定合格，乃至供应商的产能和物流能力，等等。只有这一系列条件达标后，才对供应商所提供的原料产品进行各项指标的评估，比如原料的常规检测、香气评定、食品安全指标等，直至纳入合格供应商名录。在日常的原料质量控制过程中，大帝汉克会定期对原料供应商进行评价、再评价以及实地考察，了解其生产经营状况是否稳定可靠。

当然，原料质量的控制不仅仅是检测与现场考察那么简单，由于涉及的原料种类繁多，可能会不时遇到一些新问题，大帝汉克也在不断向供应商、同行学习，通过全面系统的质量管理，不断完善控制手段，同时在工作中不断总结提升，确保合格的原料投入生产中使用。

严控产品出厂关。

质控部门在大帝汉克的地位是很高的，具有“一票否决权”，而所有部门对于这一点也都达成了共识。这集中体现在以产品出厂为牵引，通过成品库管分装货物初检，生产部配备人员在第一环抽检和现场质控人员第二环抽检，打造了出厂成品多环节验收体系。如前文多次提到的，不合格的产品绝对不会“走”出大帝汉克的工厂大门，说得极致一点，即便客户正在急切地等产品“下锅”，如果发现质量不合格，公司也坚决不发货。

我国饲料行业市场竞争日趋激烈，谁能降低饲料生产环节的成本，提高养殖端的效益，谁就是市场的赢家。大帝汉克也不断与时俱进，在管理上推出新举措，适应行业发展趋势和客户要求。公司一直规定研发总监不但是研发的第一责任人，也是质量的第一责任人，同时在人员管理上严格要求，严格考核，做到指标数量化、数据化。

值得一提的是，大帝汉克始终追求对公司质量管理的持续提升。2007年，完成ISO22000食品安全管理体系认证。2018年，为适应饲料行业新的发展和要求，由质控经理刘晋渝主持FAMI-QS（欧盟饲料添加剂和预混合饲料质量体系），并成功获得认证。FAMI-QS专注于饲料行业，针对性强，与国际接轨，涵盖了“产品的要求、生产过程的要求、HACCP、不符合项的持续改进、生产过程的统计分析”等全方面的内容，对原料采购、生产甚至物流要求更为详尽，在保证日常的质量管理体系和食品安全管理体系正常运行条件下，更加关注食品安全要求。比如，在生产过程中杜绝生物、化学、物理对产品的危害隐患；严格筛查各类原辅料的卫生指标。后来的事实证明，这项决策和方向是正确的，从2020年开始，国家加大了对饲料行业在非法添加、有害指标超标等方面的监察力度，而由于前期准备充分，大帝汉克经受住了考验，向客户交出了符合国家要求品质的产品。

稻盛和夫说，要倾听“产品的哭泣声”“当你把一个个产品完全当作自己的孩子，满怀爱意，细心观察时，必然就会获得如何解决问题、如何提高制成率的启示。”大帝汉克质控人很推崇这句话，当你热爱自己的工作，就会向产品倾注感情。

细管生产过程控制。

按照质量管理的喊口号、听反馈、靠检查、抓基础、管现场、盯关键、重预防、按标准和求完美这九个阶段来看，大帝汉克现在已经直接越过前两个阶段，进入了第三阶段及之后的阶段。质量管理模式主要是依靠部门的检测人员以及现场的质量控制人员独立对产品的质量进行有效的控制。

由质控部对香、甜、酸、精油四条生产线配置专职的现场质控人员，对生产过程进行全方位监督，对异常情况详细记录，从产品生产、分装、包装使用等各个细节进行把关，出现问题立即阻止和纠正。

何明成长期在生产一线工作，曾担任过生产班组长，积累了丰富的实践经验。现场的载体，他一眼就能看出型号，分毫不差；产品净重，他仅靠眼睛观测就能说出多了还是少了，每样产品在他脑海中如同工程师手中的电路板一样清晰。鉴于经验丰富，2005年公司将他调任至质控部，负责香味剂的现场质控。何明成每天都早早地来到生产现场，第一件事就是对当天的生产任务进行排查、登记、查看生产设备的运行情况，这已是他 20 多年来养成的习惯。他说："只有在日常做到心中有数，才能在关键时候找得出问题，对症下药。"公司的成品样品从 2006 年的 2370 个，增加到 2016 年的 4002 个，每一个样品都经过了何明成的检验，从香基、生产、分包，再逐一入库、登记放入成品留样室留样，这一来一回，何明成用他瘦削的身材撑起了繁重的产成品质量检测工作。

裴佑臣、刘坤都是从实验人员转变成为一名现场质检员，把在实验室的宝贵经验带到生产实际过程中，了解产品生产整个过程以及详细的工艺，在工作中也为产品线经理提供了宝贵的参考意见，一种新的产品研发成功并开始试生产时，都会让他们一起参与小试、中试产品的评估和改进。

这些年，随着检测手段硬件上的领先，大帝汉克也开始着手软件与人员的跟进与匹配。公司建立了可追溯体系，严格按照 ISO9001 质量保证体系、ISO22000 食品安全管理体系认证，对产品的生产过程、原料及成品进行管控。按照相关要求，梳理从原料入库到生产操作，到最后成品出厂的整个过程，不断完善与之配套的文件，使记录文件化，规范化，并增加了很多要求，包括对原料供应商的审核、原料使用过程的标识与计量、半成品的领用与使用、生产过程中的质量关键控制点的检查与记录，甚至到对物流公司的审核，等等，做到产品出厂后的完全可追溯性，同时关注客户对产品的使用反馈，力求在最短的时间内回复客户，保持高度的顾客满意度。

在现在质量控制稳定运行的情况下，大帝汉克开始慢慢把目光放在如何查找可能会发生的质量隐患的方向上，希望能阻止一些可能发生的质量事故，最大限度地减少因质量问题造成的损失。

目前，大帝汉克从以前质量问题由现场质控全面监督，走向全面质量管理，每个生产操作人员在发现有质量问题时，都积极向现场质控或者厂长反映，首先在内部杜绝不合格的产品。

把产品主义进行到极致

在大帝汉克人眼里，产品质量永远只有更好，没有最好，对质量没有上限要求，大帝汉克的产品主义，是对产品质量无止境的追求。这也是大帝汉克的企业精神之一，极致主义的核心内涵就是将产品质量做到极致。

未来不但要在产品研发的策略、产品设计、供应链、技术改造、产品质量控制方面提出更高标准的要求，产品主义还将进一步延伸到产品技术服务、产品应用全过程。具体表现为：

在研发策略及产品设计方面。对于产品的美味健康和有效性，以动物生理为关注点，在诱食机理等基础研究方面深入探究，以基础理论支撑产品设计，开发更贴近动物需求的产品，这些内容在前面技术板块已有阐述。

在供应链方面。大帝汉克将适应采购工作从保障供应和降低采购成本时代，到维护供应链稳定高效运行和降低采购供应链总成本时代的转变，“借力”供应链上下游其他成员的核心优势，与自身优势紧密结合，不断加强与上下游的战略合作关系，从采购功能定位、采购供应管理理念、采购管理体制、采购运行机制、采购管理绩效考核等方面进行重新审视、创新实践和优化提升，使得采购供应链更加顺畅运行。同时，加大研发投入，寻找更多的替代品，避免原料单一。

在技改方面。大帝汉克在经历三十年里的七次技改之后，也一定会迎来第八次、第九次，乃至更多次技改，时代发展、行业发展和公司发展，以及安全、环保、技术提出的新要求，都使得大帝汉克必须把技改乃至再建视作公司长期持续发展的坚实基础。

在质量管理方面。大帝汉克为应对新的质量挑战，会在至少两个方面加强质量管理。一是预防式质量管理，质量不仅仅停留在制造阶段，最高级别的质量管理应该深入产品设计阶段，确保产品的开发和生产导入阶段就融入质量管理，因为产品设计的失败将会直接影响客户满意度。二是高级供应链质量管理，在信息化数字化条件下，企业要根据供应商绩效数据和过去的事件数据进行预测，至关重要的是汇集关键数据来源，包括供应商绩效审计指标，以及工厂和网络层面的事件数据。

在技术服务方面。作为企业生命线的产品质量，既包括产品，也包括服务。响应式质量管理就认为，质量管理不止于产品交付——还需要延伸到产品使用现场，包括售后服务、指导应用和持续改进等，在一项统计中，24% 的受访人士指出质量纠纷绝大部分来自服务质量。

这也与时代发展相关，新的时代条件下，市场环境在变、客户要求在变，服务理念和方式也要注入更多新的内涵，把服务置于价值创造的核心环节。谁也无法否认服务正变得越来越重要，客户对服务质量和及时性的要求也越来越高。其中的重要原因在于产品本身的差异化正在变得越来越困难，企业不得不依靠产品以外的因素去赢得客户，此外，服务还构成了系统解决方案的不可缺少的组成部分。全球第二、欧洲第一大的专业清洁设备制造商 Hako 公司就表示，自己已经不再是一家工业生产企业，而是一家“为企业服务的服务企业”。

而技术进步不仅给大型企业，也给“小而美”企业、隐形冠军企业带来了巨大的服务领域的机遇。即使是规模最小的企业也必须具备在全球范围内提供服务的能力。比如，Johannes Klais Orgelbau 管风琴公司只有六十余名员工，却可以在世界任何角落安装或维修公司的管风琴，员工每年的出差时间长达几个月。

这更加让大帝汉克意识到，客户关心的不是供应商的所在地，大帝汉克要成为世界级动物采食调控专家，就要做到在客户需要服务的地方提供好的服务，把公司技术服务博士团队、科研报告、学术讲座、听课笔记、动物试验等好做法向更深层次、更广地域去拓展，不仅把产品做到极致，也把服务做到极致。

第六章

柔性文化与高绩效组织

企业文化源于创始人文化，是企业成长过程中所有目标和价值的集成，核心作用在于使全体员工朝着同一目标去努力，根本目的在于创造高绩效。因此，文化不仅是企业成功的动力源泉，也是企业的身份象征。企业文化建设的成功与否，很大程度上决定了一个企业组织的卓越与平庸。

大帝汉克的企业文化与创始人息息相关，创始人的文化理念和价值观是公司企业文化的基因。从不自觉中的运用到文化意识的觉醒，到落实于组织的文化建设、文化管理，以及企业内外的价值传递、文化传播，历经30年，大帝汉克基本形成了统一的、多层次的，以柔性为主要特征的企业文化，突出体现为：人本、诚信、健康、创新、坚持，家一般融洽、温情的文化氛围营造，“因客户而存在”的理念，等等。同时，最令人欣喜与骄傲的是：大帝汉克的文化感染和影响的不仅是公司的员工，更是得到很多供应商、经销商、客户及社会合作伙伴的高度认同，他们中的很多人自愿成为大帝汉克汉克文化的传播者。

在以人本为核心的企业管理中，大帝汉克所体现出的柔性特征、“开明家长制”风格，都源于这样的企业文化，同时企业管理又不断促进企业文化的守正创新，使文化成为感召人、鼓舞人、凝聚人、激发人的“利器”，成为产生高绩效，促进企业健康发展最基本最持久的力量。

文化的柔性之美

“大帝汉克作为一家‘小而美’企业，您认为美在哪里？”当华夏基石研究团队抛出这个问题后，李小兵底气十足地回答：“使命美、企业美、人更美。”具体说，就是人企合一的使命必达美、持续创新美、工匠精神美的文化内涵。

以柔克刚，以文化人

“在这个炎热的夏天，我们又整装待发，带着‘坚强’的自己和同事来到大帝汉克，在考察完生产车间和研发中心、化验室后，我心中的那片柔软被触摸到了……瞬间闪到脑子里的是这样一个词：customer driven，后来想想，应该是以客户为导向的企业文化吧。就这样我被深刻地感动了……。”这是来自某国际企业中国项目负责人的描述，那次之后，该企业正式成为大帝汉克的客户。

让这位负责人感动的，除了整体氛围，更有这样一些细节。比如，“带我们做车间和研发中心考查的姑娘，总是以这样的词语开始她对一栋新建筑的介绍：‘拾梯而上，我们的左手边是……’‘拾梯而上，我们的右手边是……’”。在这样一种“不善言辞”的表达背后，该负责人敏锐地发现，这样的“台词”是准备过的、排练过的，虽然不够华丽、不够优美，但足够用心、足够细致，“我们能感受到这个准备过程中对客户投入的关注和关爱”。

再比如，把每一段工序都做成了可视化，这让参观者能清楚看到车间里的称量、投料等每一步操作。在这位负责人看来，可视化的玻璃窗就是一部“摄像机”，在这部“摄像机”前，有人可能会表演，但大帝汉克没有这样做，而是真实自然地呈现自己的一切。

又如，在留样室的每一瓶样品上都清晰地标注着这批样品发送给客户的名称、日期、数量、生产日期等，并且样品数量多，留样室大，整理得干净整洁。“看到留样室的瞬间，我被震惊了”，她说，“突然间，我的泪腺都被刺激到了，我的眼睛湿润了。”因为做过质量管理、客户服务的人都知道，把理念落实于细节是多么不容易，需要多么细腻的心思才可以做到极致。

这位负责人说，自己组织并参与过很多场供应商审计，久而久之，就有点挑剔甚至“刻薄”。但是，从进入大帝汉克大门看见门卫的笑脸开始，到每个细节、每个客户信息的管理、体系的建立，她都能感受到大帝汉克的大爱、“‘小兵（并）’快乐着”的公司氛围，“每个被爱沐浴着的员工用自己的行动谱写了一个生动的、伸手可触摸、真实可见的企业文化”。

文化美在哪里？美在柔性。这是大帝汉克之所以能够触动客户内心“那片柔软”的原因所在。

按照埃德加·沙因关于组织文化的“洋葱理论”，客户所感受到用心准备的“台词”、可视化的工艺工序，以及整齐有序的样品等，属于“可见与可触及的现象”，这种现象是文化的表层，处于第二层的是“企业所信奉的信念、价值观”，而处于最深层的是“潜在地认为理所应当的基本假设”。在埃德加·沙因看来，这个深层次的文化假设有如土壤滋养生命般，决定着企业的成功与否。

任正非也这样说：“文化为华为公司的发展提供土壤，文化的使命是使土壤更肥沃、更疏松，管理是种庄稼，其使命是多打粮食”“资源是会枯竭的，唯有文化生生不息。”

“天下之至柔，驰骋天下之至坚。”像华为一样，大帝汉克重视企业文化，以文化的柔性疏松土地的刚性，使之成为“种庄稼、打粮食”的土壤，这是大帝汉克文化的使命和作用，是企业文化的价值所在。

文化管理激发人性之美

大帝汉克的柔性文化之美，美在以文化人、以情动人，美在春风化雨、润物无声，美在共担、共享、共荣。

文化中的人性假设。

企业文化中的人性假设决定了管理假设。管理学界经常提到的X—Y理论，简单来说制度设计的立足点是“人本善”还是“人本恶”。西方国家以科学管理为代表的制度化、规范化、标准化的管理，其假设是人的自私、惰性、贪婪等缺点需要加以约束以更好地服务于组织，所以通过管控，通过他律，促进自律。

而在大帝汉克，显然相信人性本善，相信人的美好、人的优势，相信人具有自驱力的一面，通过柔性文化、柔性管理激发出员工身上美好的一面、奋斗的一面。于公司来说，让员工的内在潜力、主动性和创造精神迸发出来，提高工作的内在驱动性、持久性和有效性；于员工来说，当每个人都具有柔性的处世态度，整个人柔软下来，那么同事关系是健康的，家庭关系是和谐的，在社会上也可以展现出积极向上的态度，从而影响身边所接触的人。

文化的功用。

大帝汉克在坚持以“人本、诚信、健康、创新、坚持”为企业文化核心的基础上，构建了大帝汉克刚柔相济的管理风格。

企业本质上是个经济组织，企业文化的功能是为创造高绩效服务。在《管理学》这本经典著作里，罗宾斯和库尔特两位作者表示，成功的企业都是高绩效组织，共同特点是文化功能强、文化色彩强、文化影响强。

而高绩效的企业文化正是隐形冠军企业的“秘密武器”，德国螺丝制造商伍尔特就曾说：“和拥有崭新的厂房和设备但员工士气低下的企业相比，那些在简陋的作坊里用陈旧的机器生产但充满干劲儿的企业会取得更大的成就”；世界知名的洗碗机生产企业铂浪高声称：“我们不‘压’，而是‘拉’我们的员工”，等等。

大帝汉克的文化功用体现在，通过柔性文化以及刚柔相济的管理，企业与员工之间建立起了较强的情感纽带、情感连接，打造利益共同体、命运共同体。同时，在柔性文化氛围影响下，各级管理者重视与员工的平等沟通、注重让员工参与决策等，极大地减少了沟通成本、管理成本和执行成本，增强了组织凝聚力，达到刚性管理、威权管理所达不到的效果。

组织文化氛围。

文化在组织里最容易被人感受到的，是氛围。良好且强大的组织文化氛围会形成一种势能，推动并指引企业的发展。有企业家说，谁也不去管长江水，但它就是奔流到海不复回，这就是机制和氛围的力量。

文化氛围的形成是靠全体员工的努力，靠以创始人和核心团体为主的企业“老人”的传帮带，以及机制制度的引导与规范。良好的文化氛围像一种磁场，能“吸引”和“黏住”志趣相同的人，也能自动排除“异己”。

大帝汉克有着家一般的文化氛围。“我们公司像是一个大家庭，李小兵就像家长一样，她管理员工就像对待自己的孩子一样。在最好的年华遇见你，遇见你也是我最好的年华！”在2021年最后一天，陈红雨这样说。

“大帝汉克像家一样，归属感好，老板对员工的关爱度也好，公司里也和谐，大家都是积极向上推动工作，即便有一些意见不同，也都是对事不对人，迷茫的时候会有人帮你解决困惑，这是大帝汉克对我的文化吸引。”刘张育这样说。

……

“大帝汉克的企业氛围好”，不仅是员工，所有接触过大帝汉克的人几乎都有这样的感触。这里人情味浓，相互关爱，企业的领导者也总在想着怎么为员工谋福利。比如为重病的员工献爱心、为员工购房买车和子女入学提供帮助、让员工家里的小朋友在“六一”儿童节来参观公司等活动不胜枚举。企业为员工考虑，员工为企业着想，大帝汉克这个大家庭把所有人紧紧团结和凝聚在了一起。

文化即人化，以人为本是大帝汉克企业文化的主旋律，或者说核心特征。大帝汉克观察任何事物、处理任何事情、解决任何问题，并不是重物不重人，也不是见物不见人，而是始终把人的因素看成首要因素、关键因素、决定性因素。看见人、在意人、尊重人、关怀人、信任人、成就人，在人与人之间、人与企业之间、企业与客户以及行业之间建立深厚的感情，相互成就、共同成长，这就是对以人为本的理解，是大帝汉克企业文化的核心内涵所在。

文化的基因随着企业成长而萌发成长，今天大帝汉克已形成了柔性领导，以人为本的机制与制度作用，富有人情味的融洽的文化氛围等相融、互补的文化管理特色。

用行动诠释的文化核心理念

在大帝汉克创业 20 年的时候，大帝汉克以创始人文化为核心和基础，依据创业和机会发展时期企业积淀下来的文化理念与组织氛围，初步提炼出大帝汉克企业文化核心理念为“人本、健康、诚信、创新”。

当然，经过了近 10 余年的发展，站在 30 年节点上面向未来，李小兵也对文化理念进行了思考。她说：“人本、健康、诚信、创新这一文化理念仍需保留，但迈向新的成长发展阶段，并保持可持续发展，我认为需要补充‘坚持’。因新冠肺炎疫情大宗原料疯涨、猪价的‘跌跌不休’，都预示了未来充满各种不确定性，如何生存下去仍然是公司的主旋律。什么样的文化能够让我们坚挺下去，我认为是‘坚持’。”

“人本、健康、诚信、创新、坚持”是企业家与大帝汉克人用行动诠释出来的理念，摘取几个事例仅作说明。

人本：以人为本，成就人才。

“以人为本，成就人才”，简简单单八个字，当很多企业写下这几个字的时候，无不感到写出容易做起来难。然而，李小兵却深刻参悟了这几个字厚重的意义。

人本的起点是看见，看见人才能在意人，才有可能发生之后所有的与人的连接。看见的基础是对于人性的理解。大帝汉克始终相信人性的美好，同时，也始终关注人性中对于美好生活的需要，既有物质的，也有精神的，这包括生活需要、发展需要、安全需要、自尊需要、地位需要、情感需要等。

在大帝汉克，注重员工的培训在行业内是有目共睹的，每年会根据战略目标，制订和审议全年度的培训计划，每月会复盘培训的执行和效果评估。除邀请内部培训师外，还邀请业内外知名专家、企业界知名人士到公司为员工培训。二十来年，邀请专家培训达 100 余人次，除对员工进行专业知识的培训之外，还对员工的世界观、人生观与价值观进行一些合乎实际的引导。

通过培训提升了员工的业务技能，为了留住这支队伍，人力资源部制订出了“严格选人、长期留人并通过直接沟通激励人”的工作方针。对各岗位的业务骨干，采取的是公司独创的颇有大帝汉克特色的“自助餐”式激励机制。只要你能够给公司创造价值，“自助餐”式的激励机制就会如你所愿。公司把“人是企业最可宝贵的资源”写进了每个人的心里。

诚信：敬业守信，对人真诚。

大帝汉克的诚信主要体现在对待客户时的价值选择——无论遇到什么样的情况，大帝汉克都会坚持“诚信”不动摇。

做事即做人，做人德为先。诚信，对一个人来说是一种美德，对企业来说是一笔取之不尽，用之不竭的财富。大帝汉克始终坚持诚信就是企业的生命，把诚信贯穿到企业发展壮大的方方面面，这也印证了古语“商道酬信”。

2005 年，大帝汉克为提高包装档次，增加成本改镀铝膜袋为铝膜袋，当时与某包装公司合作，签订了一次价值 15 万元的包装定制。合同约定签订之日付 30% 货款加制版费，一个月交货付款 50%，到货半月质检实验合格后付剩余 20%，公司严格按照约定分期履约。因香味剂使用的原料，很多是强挥发性的，担心的问题爆发在到货后第 16 天，包装出现严重脱层，该批包装只能作废处理。为此与该公司沟通协商，大帝汉克仍按照合同约定付款 50%。

没想到 16 年后，当年的销售经理专程到大帝汉克，希望再次合作，以弥补当年未能真正合作的遗憾。他讲到，大帝汉克守约诚信，遇事有理有节，不以客户是上帝自居，他们目睹和关注到大帝汉克十多年的发展壮大，一直不想放弃我们这个诚信的客户。故此，诚信让我们有很多的追随者，有客户，有供应商，使公司源源不断地发展壮大。

30 年来，在企业经营过程中，大帝汉克始终秉承诚信之风，使公司在日常运营中简单与高效，每个员工在工作与生活中坦荡轻松。

健康：健康为 1，万物为 0。

健康好比数字 1，事业、家庭、地位、钱财都是 0；有了 1，后面的 0 越多就越富有，反之，没有 1 则一切皆无。在大帝汉克，李小兵提倡以健康的身体、健康的心理在一个健康成长与发展的企业里、一个健康的家庭里工作与生活。

2005 年 3 月，新办公楼装修全面竣工，旧办公地址的搬迁也因为市政建设部门施加的压力而显得迫在眉睫。新办公楼的装修材料在选材上就相当考究，要求一律不得选用有空气污染的材质，装修完毕后又经权威部门对空气质量进行检测。即便如此，就算是面临着强大的搬迁压力，为了全体员工的健康，公司还是等到 2006 年 4 月 18 日才正式搬迁至新办公楼内。

李小兵倡导健康的生活方式，也要用实际行动去实践。她个人跳健美操、练瑜伽、打羽毛球和游泳，整整坚持了 33 年，从不间断。

2021 年 6 月 21 日，温江区人民医院应急科苏元秀医生为大帝汉克员工进行应急知识专题培训，详细讲述在日常工作生活中遇到突发情况的相关应急知识，并通过现场实操的方式为员工展示心肺复苏的具体操作方法与注意事项。这是苏医生第五次受邀进行健康知识分享。过去的 30 年来，大帝汉克重视对员工的健康关怀，常年坚持邀请温江区人民医院医生为公司进行健康培训。

大帝汉克经常性地举办登山、球赛、旅游等活动，不仅注重员工的身体健康，也注重员工的心理健康，公司经常性地举办诸如“创造绿色健康生活”“健康为 1，万物为 0”的主题座谈会，分析企业的成长与发展是否健康，探讨建设健康家庭的行为方式，在全体员工中倡导绿色、健康的生活方式。

创新：专业专注，洞见未来。

大帝汉克的创业成长之路，就是一条创新之路，是一位位普通而执着的科研工作者，创新性地围绕着市场需求，脚踏实地地一步步从科研入手并实现升华的——

1989 年 4 月，喻麟在《四川粮油科技》上公开发表了中国第一篇关于饲料调味剂的综述文章《各种用途的饲料香料》；

1991 年 1 月，喻麟在四川省眉山县主持实施了国内首例“饲料香味剂的中试及动物应用实验研究”项目，并取得了圆满成功；

1992 年 1 月，喻麟在《商业科技》上发表了中国第一篇饲料香味剂的研究报告《饲料香料对仔猪嗜好性和生产性能的影响》；

2003 年，通过 12 年技术沉淀，公司首次用生物技术成功再现天然香气和滋味，开发了公司拳头产品 312；

2017 年，在“以生物技术为依托，打造 DDC 动物采食调控专家”的战略引领下，建立了以生物技术为核心的环保系统，圆满解决了香味剂企业环境空气的净化；

……

创新体现在大帝汉克的方方面面。如在人力资源管理上，在 20 年前就创新性地“因人设岗”，取得用人上的巨大成功；在产品销售上，创新性地开拓海外营销渠道，取得不俗表现；在品牌传播上，创新性地在全国各地举办“2012·营养与适口性 DDC20 周年”技术巡讲及“香甜 20 载·感恩有您”文艺巡讲活动；2020 年在成都太阳鸟·营养与创新学术会举办“味无穷”晚会……

大帝汉克将坚持持续创新，在产品的更新换代、管理的与时俱进、设备的研究改进、人才的全面发展等各方面都追求创新发展，通过创新使公司保持持久而旺盛的生命力。

坚持：坚韧不拔，持续奋斗。

大帝汉克所处的是饲料行业的一个小的分支，在现在这样一个充满不确定性的时代，外部的一点风吹草动，就可能导致所有的努力付之东流。换言之，要想“活下去”，还得“活得好”，不坚韧不行，不坚挺不行。大帝汉克“坚持”的核心是无论是组织还是个人，都必须要坚持，这也是公司一直强调“坚持坚持再坚持”的原因所在。

刚者易折，柔则长存，柔性中包含着坚持。30 年来，大帝汉克经历过饲料行业低谷徘徊的考验，经历过从多元到专注的曲折，也经历过团队出走、产品滞销、运营维艰等这样那样的挑战，很多场景都可以用“惊心动魄”来形容。

大帝汉克成立之初，就赶上了行业低潮，竞争加剧，为了“活下去”，全员下市场，人人做营销，走遍了四川的街头巷尾，挨家挨户上门推荐产品，靠着这股坚持，大帝汉克打出了自己的品牌，在市场上站稳了脚跟。研发中的困难更是几乎每天都有，但从不言弃，始终追求精益求精。最近几年，面对非洲猪瘟肆虐、新冠肺炎疫情延续、大宗原料价格疯涨、猪肉价格“跌跌不休”等不利因素，也都扛了过来。大帝汉克认为，如何“活下去”依然是公司的主旋律，什么样的文化能让我们坚挺？就是坚持。

大帝汉克在遭遇逆境和危机袭击之后，坚持主要包含两大维度：一是恢复得快，能够比本行业其他企业更快、更有效地恢复“元气”，继续存活，“野火烧不尽，春风吹又生”；二是超越得快，不仅能快速恢复，并且能够快速、有效地通过改进与突破，超越自我、更上一层楼，“危机中育新机”。通过这种越挫越强的“反脆弱”或“逆脆弱”，在逆境中磨炼毅力，促进个人与组织更快成熟。

面向未来，大帝汉克要保持和发扬这种坚持，我们认为，在“道”的层面上要进行文化阐释，使坚持文化成为团结和凝聚人、持续艰苦奋斗的驱动力。

柔性领导与“开明家长制”

一般而言，组织文化的起源是创始人、是老板，《组织文化与领导力》中提出：“无论他们是否明确打算如此以及是否意识到自己的影响，他们确实正在创造文化。”

但文化的形成与塑造以及文化在企业里发挥的作用，并不取决于老板是怎么说的，而是在于老板是怎么做的。在企业组织里，老板通过自己的文化价值观实施管理行为，主要有两种途径：领导方式和决策方式。大帝汉克的文化管理的源头，来自李小兵个人独特魅力的柔性领导与“开明家长制”的高效决策。

◎链接：李小兵企业文化语录

☆由夫妻二人经过艰苦创业、努力奋斗发展起来的夫妻企业家都对企业倾注了太多的心血与感情，有时甚至就把企业当作了自己的孩子，而又由于夫妻的这层关系，夫妻企业家就会自觉不自觉地将企业当作一个大家庭，努力营造亲情氛围浓郁的企业文化氛围。

☆喻麟绝无浮夸奢侈的暴发户作风，也没有“小富即安”的自满自足观念，而是时刻感受着逆水行舟、时不我待的危机感，这是一种可贵的拼搏进取精神；他具有大视野、大目标，立志打破洋品牌垄断中国饲料调味剂的局面。

☆国外的企业流程化、标准化、制度化我们应该学习，取长补短；他们创新略少，而我们坚持创新、团队、理解、沟通、协调，不是一种优势吗？同行既是竞争对手，也是学习的榜样！

☆行业的发展促使我不断学习和创新，心思缜密，言出必行，执行力强。曾经连续几天，专访了三个省二十余个饲料企业和高校、科研所，我的体力和精力都很充沛。

☆每个人都有一个属于自己的家和团队，离开家离开团队，就是无源之水、无本之木。如果离开大帝汉克公司，离开大帝汉克团队，我什么都不是，一切的荣誉都应归于我们的团队。

☆大帝汉克员工出身于平民、出身于“草根”，但是平民和平民加起来就不再平凡；我们提倡平民的奋斗精神，注入精神的团队就是伟大的团队，一个带有信仰、使命和奋斗精神的团队，她对梦想、目标的追求和达成是无往不胜的。

☆大帝汉克之行不是为挣金子，我们也挣不回金子，但我们收获了很多金子般的友谊、情意和真心，我们也进一步锻造了金子般的团队意志和精神！

☆回顾在圆香甜之梦的发展路上，我都不敢相信自己能够坚持下来，一直行走着、努力着、坚持着……人就是这样，没有逼到份儿上，谁都不知道自己的潜力有多大；当你坚持到不能再坚持，执着到不能再执着的时候，事情也就成了。

☆在中国靠饲料调味剂起家，做了30年的企业并不多见，大帝汉克在大浪淘沙的商海里，一次又一次地演绎了一幕幕精彩戏剧，我深切地体会到：小胜靠智，大胜靠德。

☆对大帝汉克来说，拥有多少财富并不重要，重要的是，大帝汉克拥有了创造这些财富的能力，有刻苦钻研、永远创新的精神，有战无不胜、紧密合作、工作高效、熟知本行的管理团队。大帝汉克人时刻牢记人类财富创造的过程，归根结底是道德价值观实现的过程。

☆我们的未来需要拥有一整套独特的价值观念和思维模式，不停息地进行思维运转和行为创新，立足大帝汉克，关注社会，致力于各种资源的最优组合，推动大帝汉克生产力发展，最终促进经济社会的全面进步。

感召与赋能

柔性领导，是相对那种威权式、命令式的领导方式来说的。柔性领导不是以强制性方式，而是以感召、赋能、共情的方式唤起员工的响应与积极性，从而将领导者的意图和目标变为全体员工的自觉行为。

需要强调的是，“柔性”是相对于“刚性”来说的，“柔性”并不等于软弱，而是以一种比较柔软的、灵活的，更人性化、更容易令人接受的方式来进行领导和管理。这种方式更能激发员工的情感共鸣、调动员工的主动性。

李小兵柔性领导突出表现为四个方面：一是通过强烈的个人魅力感召和影响他人，而非命令与指挥；二是高情商，懂人性、通世故，真诚热情，人情练达，共情能力强；三是善沟通，有同理心，擅长通过沟通的方式进行说服教育，晓之以理动之以情，同时注重培养人，为人赋能；四是有情怀，对员工、对伙伴、对客户、对企业怀着一种深深的情感与责任心。

这几点其实汇聚到一起就是李小兵强大的感召力。“强大的感召力或许是隐形冠军经营者最重要的一项能力——激励员工去完成共同的使命，并且使他们发挥出他们最大的能力。”西蒙教授写道。

如果说要举一个最典型的例子说明李小兵的柔性领导，那就是如何对待离职员工了。2006 年加入大帝汉克的刘超，2007 年 10 月提出辞职，李小兵收到消息后很遗憾地找到刘超语重心长地说：“前段时间我们走了那么多地方，考察了微生物发酵制备小肽，虽然现在项目暂时搁置了，但我本来还准备再带你出去多看看如何通过生物技术提升技术水平呢。你出去要多学习，公司也考虑一下如何用好生物技术，将来欢迎你能再回到大帝。”2009年11月刘超回到了成都，李小兵得知了这一消息，第一时间沟通了技术副总包清彬和人力资源部万主任，并约刘超当面进行了交流。李小兵首先问，是否愿意回来继续做生物技术，公司未来将以生物技术为依托，也会坚持走下去。刘超回来了，为了让他能在大帝汉克施展才华，李小兵专门设置了生物部，并招兵买马扩建了整个生物研发平台。正是因为李小兵的“知遇之恩”，刘超在大帝汉克技术一线踏踏实实工作，至今已服务了12年，不断开拓进取研发了“滋肽”、宠物风味剂等重点产品，并成了公司目前发明专利最多的人，2018年获得了四川省专利三等奖。这些都离不开李小兵对他梦想的支持与帮助。尊重个性、重视人才，李小兵用她的个人魅力深深影响着大帝汉克的人才观，用她的柔性管理留下并培养了公司各个层面的骨干力量。

在大帝汉克一干就是10年甚至20年的员工，为自己曾经是“大帝汉克人”而骄傲，在他们身上已经留下了大帝汉克的文化烙印。

李小兵极力在企业里创造良好的沟通环境，加强上下级之间、部门之间的融洽互动，鼓励员工把自己内心的想法说出来，通过交流、培训、组织学习，以及传帮带的方式为员工赋能，帮助员工实现自己的目标和愿望。

“我用人既授权也监督”，李小兵说。通过授权满足员工获得成就的需要，使其对工作抱有更大的热情。在李小兵的领导方式与风格影响下，企业形成一种自律与他律相结合、监督与自我监督相结合、上级指导与相互指导相结合的管理方式，以及共同学习进步的学习型组织，鼓励知识共享、信息互通、能力互补、情感共鸣。

柔性领导在文化建设中注重自己率先垂范、以身作则，而不是搞特殊化，或者说一套做一套。比如学习，公司可能没有谁比李小兵更有学习精神。李小兵有个小梦想：在公司建一个图书室，每个大帝汉克人，每个与大帝汉克结缘的人都留一本书在大帝汉克，写上自己最想说的话。

“人本、诚信、健康、创新、坚持”是李小兵及核心领导团队，在创业及经营过程中亲身实践、亲身示范的行为指南，而不仅仅是贴在墙上装饰的标语口号。

正因如此，大帝汉克的企业文化才有着凝聚人心的力量，员工与组织形成了心理契约。大帝汉克的员工写下这样的感悟：“个人好比大海里的一滴水，离开大海很快就会干涸消失。公司为员工提供了实现理想的机会，提供了施展才华的舞台，员工也时刻铭记自己的职责和使命，所有工作都以实现公司的目标为中心。”

学会“平衡”的哲学

“开明家长制”这个说法，是西蒙教授用来描述隐形冠军企业领导人的管理风格的。他在书中写道：“隐形冠军企业是一种高效组织，而要实现这种高效率，就要求这样的领导风格：一方面，企业需要有清晰的目标方向和绩效要求，另一方面，要确保员工有持久的工作热情。”

对于这两种要求，仅仅是通过威权指令、层级管理容易使员工失去热情，完全依靠员工的自主自律又会使效率得不到保证。隐形冠军企业是如何将这两个看似矛盾的要求整合在一起的呢？

答案很简单，就是“混搭”的风格——该由一个人说了算的，就要一个人说了算；该以团队为中心的，就以团队为中心。

在大帝汉克其实也是这样的，如果问题涉及企业的原则、价值观和核心目标，李小兵会很强势。比如像前面所举的例子，原料受潮会影响产品效果，弃之不用会让公司损失巨大，管理层因此决策不下，李小兵就进入“威权模式”了，也就是说这个问题没什么好讨论的，她一锤定音：“不能用就是不能用，该销毁的就得销毁，这个损失我们担！因为如果使用这样的原料就与我们的‘诚信’价值观相违背。”

当涉及如何执行和具体细节的时候，情况就完全不一样了。比如对于那些已经写到计划书里的目标和任务如何执行、落实，李小兵就会通过授权、放权及赋能，给予各级管理者和员工较大的发挥空间。所以与很多公司的员工相比，大帝汉克的员工感觉到工作没有那么多条条框框的约束，有更多自由发挥的空间。

既是经营者威权管理，又是积极的全员共同管理，这种管理风格就是“开明家长制”。

在大帝汉克，“开明家长制”还体现为一种“平衡”的学问。大帝汉克提倡如家人般的融洽氛围和主人翁意识，但并不主张用家长制管理，以及像在家中般的放松、懈怠；大帝汉克主张要努力工作、积极奋斗，但并不主张牺牲家庭生活和幸福来干工作。

怎么平衡好这两种“矛盾”呢？前一种是通过“刚柔相济”的管理方式来平衡——既要有刚性的管理制度，如绩效考核，又不唯绩效考核论，更注重通过绩效沟通、绩效文化、传帮带等柔性方式来帮助人、培养人、带新人。

后一种是通过寻求工作与生活的平衡来解决。李小兵说：“怎样才能找到工作与生活的平衡呢？我的感受是，我们应该用对待工作的态度来对待生活，用对待生活的态度来对待工作。”简单理解李小兵的意思就是：工作时，对待工作要像对待自己家的事情一样用心、投入、负责任，这样工作效率就会高，工作效果就会好；生活时，要像对待工作那样认真生活、直面困难，积极经营家庭，这样生活就会幸福，就能放松下来享受用心工作所带来的物质回报和精神安稳。

话语朴素，道出真谛。把这两方面平衡好，就会像李小兵那样工作与生活双丰收。这也可见李小兵对员工的用心良苦。她由衷地希望大帝汉克的员工都能在这里收获工作成就、收获人生幸福。

文化的示范与约束

企业里，通过调节人与人之间、个人与团队之间、个人与公司之间相互利益关系，可以形成文化对人的行为的牵引和约束。在小规模的组织里，相比较于制度约束，领导者的作为、身边的榜样、整体的氛围则是示范，也形成了一种约束。

“活儿比人多”，工作催人奋进

组织文化可以理解为一种组织成员共享的心智框架，它包含组织成员持有的文化理念和价值观，这些都规定着在组织内部感知、思考和行动的方式，由老成员传递给新成员，期待所有成员共同遵守。组织在这个基础上制订规范和准则、形成期望，详细描述各种具体情境下什么样的行为是恰当的，识别出不合群的行为，既规定组织成员的行为方式，还规定对于遵守的奖励、对于违反的问责，这就是企业文化的示范与约束作用。

示范与约束是一体两面，示范的一面讲的是可以做什么，约束的一面讲的是不能做什么。换句话说，在做什么之前，要先知道不能做的是什么。因而约束在前，示范在后。这种约束有硬约束，比如组织纪律；有软约束，比如组织文化。

中国的隐形冠军企业艾华集团就深谙此道，这家企业把打扫公司和厂房的卫生做到了极致，由此创造出“扫除道 +”的管理理论和文化理念。在公司的《扫除道与企业管理》中有着这样的规定：营造和谐的人与人的关系；提升团结协作的团队精神；打造积极向上的氛围；理顺工作条理，提高工作效率；减少人员，提高在职员工的工资；创造和改善优质的工作环境；减少费用，节约成本；改变工作态度；减少工作场地使用面积；锻炼身体延长寿命；提升家庭幸福指数；扫除道是一项一辈子可做的快乐工作。这 12 条几乎条条讲的都是价值观和文化，同时也约束着员工的行为。在艾华集团看来，名曰打扫，实为管理，打扫就能赚钱。

在回答隐形冠军如何创造产生高绩效的条件这个问题时，西蒙教授谈道：“我们认为大致有三个原因，员工数量、企业文化和组织结构。”

在“小而美”的大帝汉克，这三个方面统一于“活儿比人多”的干事创业氛围，“活儿比人多”本身就是一种组织和文化的约束，因为人的精力都聚焦于干事，“无暇他顾”。反之，人浮于事不但是企业效率的杀手，而且会滋生员工的不满情绪，产生官僚主义等“大企业病”。有一位国外的企业管理者就这样说：“我们这里一直都是活儿比人多……因为这样不但有助于提高生产效率，而且事实上员工也会更满意。相反，如果我们不去鞭策员工努力工作，他们将会把时间花在那些没有效用的事务上，比如，总结会议记录、写邮件、开那些可有可无的会议以及拟定不必要的规章制度等。”

身边榜样的力量

示范与约束，需要通过机制制度，也需要通过榜样。榜样的力量是无穷的，文化建设需要树立榜样。这些榜样人物的言行举止，无一不是一种文化示范。

在细分领域取得成功的企业家、经营者有五个共性特质：个人与企业的命运共同体、专心致志、勇敢无畏、持之以恒和强感召力。这些特质在企业管理中有着很强的示范作用，不断通过言传身教，通过传帮带，不知不觉中浸润着企业的员工，同时，各层面的员工之间又相互传递着、侵润着，甚至“监督”着。

个人愿景和企业使命密不可分，是一个命运共同体。德国鞋类零售商戴希曼（Deichmann）负责人说：“我们就喜欢皮具所特有的芬芳。我们爱人类，我们爱鞋子。”李小兵也常说，“除了饲料调味剂，我什么都不会做，什么都不想做，我的理想就是大地飘香，四海传情。”

只有这种全身心专注一事的人，才能成就事业，像李小兵这样在细分领域里耕耘的经营者可以说是十分专心致志的人，如果深夜里问他们在想什么，答案只有一个：他们的产品。如何才能把产品做得更好，如何才能更好地将产品提供给客户。因此德鲁克才说，在每一个伟大事业的背后，总站着一个肩担重任、苦心孤诣的人。

勇敢无畏，是成就任何一项事业都需要具备的品格。大帝汉克从成立之初，敢于直面海外产品的挑战，敢于走没人走过的路，这本身就是一种无畏的勇敢。2020 年的“五四”青年节，大帝汉克的青年后备干部集体宣誓：“在未来的工作中，我们将直面困难，啃最硬的骨头，挑最重的担子，接最烫手的山芋”，这是一种勇气的传承。

持之以恒，是企业活力的来源之一。一位中国企业家曾说，我们的心里好像有一团火，有用不完的劲儿。大帝汉克有一位供应链上的客户，89 岁了还奋战在一线，把企业打造成了香精香料领域的隐形冠军。

能力再强的企业家也不可能凭借一己之力将企业做成功，必须有无数战友的支持，必须把自己的热情蔓延到他人身上，形成“燃烧”的团队，这就是强大的感召力，激励员工发挥出最大的能力，齐心协力完成共同的使命。同时，这个过程是相互的，榜样的力量是彼此的。

大帝汉克彭山农场场长罗建军是一名中共党员，他入职十余年来时刻以共产党员的标准严格要求自己，积极发挥党员的先锋模范作用，曾荣获成都医学城党工委颁发的“应对疫情表现突出个人”等称号，赢得公司上上下下的敬重。

2016 年，公司彭山农场自成立起连续亏损，农场人员少，全凭自觉的松散管理，犹如一盘散沙。罗建军放弃了自己的宠物养殖事业，勇挑重担来到位置偏僻的彭山农场。工作环境极其艰苦，但他毫无怨言，与农场人员同吃同住，实行管理模式——“定时打卡，计件分配”，极大地调动了农场人员的生产积极性。从 2017 年起，农场开始实现扭亏为盈，农场人员积极向上，以罗建军为傲。

2019 年，非洲猪瘟疫情席卷彭山农场，农场的猪不断死亡，罗建军每天一早起床就上山采集青蒿熬水喂发病的猪，用青蒿素土办法试图控制非洲猪瘟，顶着36℃的酷暑高温到猪圈轮番消毒。发病母猪一头至少500斤重，需要前面一个人拉，后面三个人推，站在最前面，最需要使力的“拉”都是罗建军亲自上。一次母猪突然发飙，将他拱了个脚朝天，去医院检查肌肉已经拉伤，医生要求他休息几天，但猪场防控任务繁重，擦了点药酒后第二天又上阵。2020年新冠肺炎疫情期间，公司复工，生产一线严重缺人。罗建军不设工作边界，主动申请负责开车送货。送完货后发现工人无法独立完成卸货任务，罗建军立马主动卸货码托盘，手被磨掉皮流血后仍然忍着痛坚持，坚持卸完6吨货。

迎难而上，不畏艰险，这是罗建军作为一名优秀党员的榜样力量。

学习型组织让大家同频共振

企业里如果没有一套共同的“语言体系”，部门之间、人与人之间的协同就会很困难。这套共同的语言体系除了共同的愿景、战略目标、核心价值观与经营基本原则外，还需要通过共同学习构建对新事物的共同认知。比如当前企业如何看待和面对不确定性的外部环境？每个人都有自己获知外部信息的方式，掌控信息的多寡，由此会有自己的一套认知，但这样显然不利于达成企业共识。只有通过共同学习和充分讨论，才能实现同频共振、达成共识。

“管理是教育，要像办学校一样办企业。”这是中国建材集团前董事长宋志平的经营理念，在他看来，企业要在竞争中取胜，要适应不断变化的外部环境，仅依靠一两个优秀领导的经验是不够的，仅靠少数人学习也是不够的，学习不是哪一个领导、哪一个人的事，而是一个团队整体的事，“在中国建材集团，我常对大家说的一句话就是‘把时间用在学习上，把心思用在工作上’。建设学习型组织正是中国建材集团进入世界500强企业行列的重要原因”。

在大帝汉克，如果说什么是从上到下全员参与、永不停歇的事，就是学习，从两位创始人到每一个员工，从年度考核里“学习基金”的奖励政策到“DDC听课笔记”的学习型传播，从雷打不动的培训到读书会，从送员工出去深造到向客户向行业学习，大帝汉克浓厚的学习氛围提升了员工的整体素质，是企业快速发展的动力。

我们根本不知道未来的世界会是什么样子，但可以确定的是，它将会变得更复杂、节奏更快和文化更加多样。这意味着组织、领导者和所有成员都必须成为永久型学习者。

未来的学习，大帝汉克将着眼于三大方向：一是学习的位阶提升，即学习成就要有高度，而这种高度要是真实的，有官方的认证。过去的学习，更多是一种知识的分享会，而拥有更多的海外留学博士、专业领域博士、博士后等，将提升与客户见面的频次和谈话的质量。二是拓展学习的广度，既要懂实战，又要懂理论；既要懂技术，又要懂管理。学习的广度不是为学而学，而是拥有话语权。三是保持组织学习的初衷，即用共同的信念与价值观凝聚组织。杰斯帕·昆德在《企业精神》一书中讲道，“在未来的公司内，只有信奉者生存的空间，却没有彷徨犹豫者立足的余地”。大帝汉克非常认同这句话，一个企业团队应该是一群拥有共同愿景、对事业有着忠实信仰的人，不信奉企业价值观的人不在此列。共同的价值观用共同的愿景与事业把大家联在一起，是学习型组织最强大的推动力。

特别值得一提的是，2020年7月1日，在中国共产党成立99周年之际，中国共产党成都大帝汉克生物科技有限公司支部正式挂牌成立。党组织是服务型组织、创新型组织，也是学习型组织。大帝汉克通过党建引领，发挥学习型党支部作用，把学习成果转化为大帝汉克全面发展的动力。

红色文化在企业建设和改革中发挥着铸魂育人、凝心聚力的作用。2020年1月，大帝汉克全体员工走进“两弹城”开展团建活动；2021年6月，来到邓小平故里，追思和缅怀伟人崇高风范，学习党的理论，弘扬革命精神，并认真总结公司30年发展取得的成功经验，分析公司发展面临的新情况、新形势、新任务和新要求，在新的历史起点上，开拓进取，续写发展新的篇章。

2021 年 7 月，建党 100 周年之际，中共成都大帝汉克生物科技有限公司支部获“成都医学城先进基层党组织”称号，支部党员罗建军获“温江区优秀共产党员”称号。在党支部的带领下，一批优秀的员工主动申请加入中国共产党，立足立志自身岗位，不断创新，以知识的汲取、心灵的震撼、精神的激励和思想的启迪，更加满怀信心地投入企业发展以及中国特色社会主义建设事业之中。

文化建设与价值传递

2021 年 3 月，大帝汉克开展“大帝汉克文化，价值传递”第一期活动，入职公司 5 年以内、5~10 年、10~15 年、15~20 年、20 年以上的不同岗位的 10 名员工，用他们的智慧赋予了大帝汉克企业文化深刻的内涵。如今，“大帝汉克文化，价值传递”主题活动仍在如火如荼地举行，已有 37 名“文化传递员”结合自己和身边人在公司的真实经历，就“学习、成长、责任、担当”等主题发表精彩演讲，有力促进了大帝汉克文化和价值观的传递。

文化建设的核心：统一价值观

在大帝汉克工作了 20 多年的周长军，有这样一件印象深刻的事情。曾经有一次和李小兵出差，与她交流做企业的意义时，她说自己最大的快乐就是看到员工都能拥有更多的财富，都能身心健康，都能快乐地工作和学习，她希望搭建的大帝汉克这个平台能让大家尽情发挥自己的才华，享受到成功与喜悦。这句话让周长军深受触动，“我很感动，这番话也引导我思考了很多、很久，到底人生的最大乐趣是什么？幸福的意义又是什么？我想不是你个人拥有多少财富，多少幸福，多少快乐，而是在于你与多少人分享了你的财富，你的幸福，你的快乐。而这些东西并不会因为你给了别人而减少，相反会因你的分享而拥有得更多。”

企业文化建设，不管是通过仪式活动、制度规则，还是通过领导讲话、培训教育等，其中有很大一部分工作的目的是进行价值观的统一。

正如中国人民大学包政教授所说，企业文化说到底是唤起一个企业的良知与良心。从最高级别的领导到最普通的员工，他们的良知和良心决定了一个企业精神境界的高低，任何企业都只能在全体员工认定的精神境界范围内成长。为此，企业必须系统表达共同的意志和追求（即使命、愿景、价值观等），然后，借助于企业文化建设的过程传递出去，传递给每一个员工，传递到企业内外，让全体员工知道什么是正确的、企业的价值立场是什么，从而营造一个良好的组织氛围，在行业里社会上塑造良好的企业形象。

因此可以说，企业文化建设的核心要义就是统一价值观。有企业家说，企业文化建设是最高的管理，企业有了文化，统一了价值观，员工思考方式一致、目标一致，每个员工就能做到自动、自发、自觉、自愿。

大帝汉克专注聚焦于“成为国际化动物采食调控专家”的愿景，“给动物提供美味和健康的产品，为社会创造价值”的使命，反复的战略研讨和战略制订的过程就是统一价值观的过程。紧紧围绕“以客户为中心，因客户而存在”的理念，制定出一系列规章制度。通过扁平化管理和有效的沟通激活团队建设，使上情下达、下情上达，促进彼此间的了解，消除员工内心的紧张和隔阂，使大家精神舒畅，形成良好的工作氛围。从人员招聘环节开始，大帝汉克就清晰地为应聘者描述企业为什么而奋斗、工作环境如何、现有员工一般是什么类型等，在接下来的培训培养和用人留人中，也始终把大帝汉克的价值观念、文化理念贯穿其中，锻造了一支成熟稳定的人才队伍。

“宣传队”与“播种机”

把价值传递出去、把文化传播出去、把形象树立起来，需要仪式和文化活动，需要“传教士”般的热情，对内凝聚组织、鼓舞员工、营造氛围，对外展示企业形象，赢得客户认可和行业认同，并为客户创造文化价值。

30 年来，大帝汉克在“讲课”中为客户分享战略管理、绩效管理、安全环保管理等，同时分享的也是大帝汉克的文化。这么多年来，最富有特色的，最为企业内外津津乐道的就是大帝汉克的文化“宣传队”。

“宣传队”的雏形，最早可以追溯到 1998 年。1998 年年底，公司号召员工一起来筹办大帝汉克春节联欢晚会，当时很多人都表示疑虑，企业就是企业，怎么能搞文艺节目？不过，一试之下，却发现有一部分员工非常具有表演天赋，并愿意演出，晚会的几个节目，也表演得有声有色，给稍显单调的生活增添了许多色彩，由此，这支队伍开始了“南征北战”。

至 2021 年，“宣传队”参加的各式各样的晚会、行业演出已超百场，不仅传播大帝汉克文化，也让这些活动为企业的发展创造了良好的环境，让文化在传播中发挥更大的价值，让大帝汉克的文化真正融入企业发展的血脉之中，用这种无形的力量凝聚人、激发人。

现在，“宣传队”已经由小到大，成了一支标志性的队伍，形成独具特色的“大帝汉克娱乐圈”。每当遇到演出的工作和任务，这支队伍就会“奔赴前线”，第一时间将大帝汉克健康快乐的精神传播出去。而它的设计也逐渐在实践中，变得科学、合理、有效。

未来，“宣传队”还会发挥更大的作用，它一方面加强了大帝汉克文化建设，另一方面，也将已经形成的公司文化、价值观、战略、重大举措等，第一时间传达给员工、行业，让大家及时、充分地了解并支持。这支走过“五湖四海”的队伍，也成了大帝汉克文化的“活招牌”，让人倍感亲切欢喜，感受到大帝汉克的活力和魅力。

与“宣传队”同样重要的，还有一些固定的“阵地”，让员工时时受到熏陶，让客户和行业经常能感到大帝汉克的热情和服务，可以看作文化和价值观建设的“播种机”。

企业文化建设非一朝一夕之功，坚持下去才会产生价值，形成力量。《大地之声》是一本定位于为品牌建设与企业文化服务的内刊，至 2021 年一共出刊 117 期，发行量共计超过 30 万份（册）；微信公众号作为移动互联网时代的传播手段，保持长期性、连贯性，用全员参与乃至全行业参与的方式，用少量资本运作，带来无形的资产增值、文化增值，为大帝汉克带来了更多的整体利益，得到行业的普遍认可。

2006 年，由大帝汉克主建的首个调味剂科技馆“知味馆”开馆；2015 年，在“知味馆”的基础上，建成的动物采食调控科技展馆“味无穷馆”开馆（该馆也被评为“成都市科普基地”），大帝汉克从开始就考虑到，应尽力使动物采食调控“专业专注”的文化内涵与服务的客户相匹配。以企业一己之力将其建成后，在数以万计参观者的参观中不仅展示了大帝汉克的企业形象，更全面传播了中国的香甜文化，体现了引领者的胸襟。

在传播传递上，企业歌曲和企业文化著作也是重要的一环。

2002 年，企业歌曲《大地之歌》发布。2010 年年初，《大地之歌》编成舞蹈，通过更加直观的形体动作，表现大帝汉克人内在的精神世界，让员工和观众当下就领会到大帝汉克文化的丰富内涵。

2012 年，全体员工集体创作《这就是成都大帝汉克——DDC 二十周年纪念文集》。在文集中，每位员工都写了一篇文章，员工对企业的热爱之情溢于字里行间。

2017 年，李小兵将个人成长和创业经历整理成文，著作的《味无穷》出版，农业农村部畜牧业兽医局局长杨振海为本书作序，他写道：不论是企业的管理层，还是普通员工，不论是老员工，还是青年才俊，他们都为企业取得的成绩感到自豪，为对行业发展作出的贡献感到欣慰，为企业发展凝人心、和谐进步而感恩伟大的时代。

大帝汉克的文化，不仅公司员工认可，合作伙伴也认同，他们也是大帝汉克文化的传播者。2017 年 4 月，大帝汉克版“朗读者”——《味无穷》

朗读会在福州举行，这是公司企业文化建设形式的一大创新。“朗读者”中，既有公司的员工，也有李剑鹏、李逢春、朱晓云、李亚博、樊建中、张庆华等合作伙伴。

打通理念，融于制度

组织与文化的关系可以概括为，一个组织的有效运作，离不开企业文化的作用，离不开志同道合的奋斗者，离不开员工参与的有效机制，它们在平衡和协调之中运作。而文化就像企业的“魂”，推动着企业管理的改进与提高，从而产生巨大的文化管理效能，让企业持续成功。

组织与文化的关系可以概括为，一个组织的有效运营，离不开企业文化的作用，离不开志同道合的奋斗者，离不开员工参与的有效机制，它们在平衡和协调之中运作。而文化就像企业的“魂”，推动着企业管理的改进与提高，从而产生巨大的文化管理效能，让企业持续成功。

华为公司顾问田涛在其著作《理念·制度·人：华为组织与文化的底层逻辑》中提出一个观点：任何组织，都在致力于构建一个理想的闭环体系，即在组织的理念、制度和人这三方面的融合达到最优。

从组织成长进化的过程看，往往是先有人，人生事、人因事而造理念，理念进而牵引制度、牵引人，人又进一步修补、优化理念与制度，直到达到某一个最佳临界点——健康的理念、良性的制度、在秩序的根基上富有活力的一群人，三者相辅相成。

未来大帝汉克，需要在现有基础上，通过理念的体系化、制度化建设，进一步将文化融入组织运营中，使理念“外化于形、内化于心”，成为每个人的行为准则，成为企业的软实力，在组织建设中发挥出以下三种主要作用。

（1）让组织中的人保持持续的价值创造和奋斗激情。

勤劳奋斗是一种自强不息的精神、一种积极进取的信念、一种勇于担当、孜孜以求更好的职业态度。今天，从梦想改变命运的个体，到负重前行的企业，再到我们这个正在进行复兴冲刺的民族，都仍然需要奋斗精神、需要艰辛劳动。

激活人才价值创造的主观能动性、激发拼搏奋斗精神仍将是我们这个快速前进社会的主题，仍将是企业文化建设的主旋律。但企业也必须正面一个现实挑战，那就是经济社会发展到今天，劳动者尤其是“90后”“00后”的年青一代更要求“有价值的工作”与“美好生活”的平衡、物质的高需求与精神的高需求并存，同时他们也带有更鲜明的个人独立性，文化如何感召和激发新生代员工的创造力，是大帝汉克需要考虑的新问题。

此外，大帝汉克的人才团队比较稳定，这是一种优势，但也存在着紧张感不足、创新意识弱化、奋斗激情衰减的问题。公司已经意识到这个问题，并有针对性地开展了一系列自我挑战的活动，如2016年以来，先后开展了以“激活”“活力”为主题的企业文化活动；2021年年底，开展“超越竞争”主题活动，同时不断引进新生力量，形成“鲶鱼效应”，以“老”带新，以新促“老”，保持公司及员工持续的竞争激情、奋斗激情，和谐当中有竞争。

（2）始终保持组织活力、提高组织适应性。

当前，全球的经济发展环境动荡不安，变化迅速，这些变化对企业的影响复杂而深远。面对复杂多变的外部环境，提高组织的适应性、保持组织活力成为摆在企业面前迫切的命题。所谓适应性就是企业要活下去，以及持续地活下去。具有活力和适应性的组织，就是生命力顽强的组织，其突出表现就是抗压能力强，尤其是能扛住突如其来的打击。

而一个缺乏活力的组织首先表现为思维观念的僵化、固化，以及懈怠、涣散，缺乏紧张感的氛围，这些都被称为影响组织进化的“毒瘤”，要防止和破除组织“毒瘤”，就要保持文化的适应性与先进性，即时地把外部环境带来的压力传递下去，通过学习型组织的打造、制度的建设与优化等举措，始终保持文化理念的先进性。比如，2021 年，大帝汉克在原有的文化核心理念中增加了“坚持”，告诉全体员工，面对当前的经营环境变化和行业形势，只有坚韧不拔、持续奋斗，才能持续地活下去。

（3）文化融入制度，解决“有法可依”和“有法必依”问题，让文化、制度化为员工的行为准则和行为习惯，成为企业持续发展更基础更持久的力量。

管理首先要做到“有法可依”，要有管理制度和规范。“法”从何来？由理念指导管理制度规则的建设，“法”的制度化过程就是理念化入制度的过程，制度实施的过程就是文化影响人的行为的过程。

“有法必依”，还需“依法办事”。管理制度和规范一旦为员工接受和认同，对员工在组织中的行为就具有“法”的效力，就具有强制性。大帝汉克依据企业文化理念所制订的《员工手册》《安全环保手册》等，就是员工在组织中的行为准则。

在实践中，让理念、制度、人融为一体是一个锲而不舍的长期建设过程，当制度规范还不那么完善，或者有无法涉及的领域，还是要更多地通过文化传播和领导示范等形式，对员工的行为加以引导，在实践行动中检验理念，建设和完善制度。

第七章

与同道者行稳致远

技术、资本、管理固然都很重要，但更重要的是人，人是一切的“牛鼻子”。人是价值创造的主体，人是根本，人对事成，大帝汉克一直相信这个道理。

但人又是最难组织和管理的“资源”，所以大帝汉克和所有企业一样，也始终面临着这样的问题：我们需要什么样的人？怎样找到“对的人”？怎样处理人与企业的关系？怎样激活大家与企业共创价值、共同成长发展……

紧扣公司不同阶段的成长发展需要，大帝汉克在选人、育人、用人、激励人方面持续探索，建设了一支“专业素质过硬，综合能力超群，富有团队合作精神”的核心人才队伍，积淀下了宝贵的人才管理经验。如，优选“优才”，只选“对的”不选“贵的”；用心地去看见人、发现人、培养人、成就人；知人善用，以用代育，为人才量身订制培养方案，通过信任授权与“压担子”培养核心人才，“自助餐”式的激励机制让真正为企业创造价值的人得到其所期望的回报。

只选“对的”

很多 HR 都有这样的感触，到人才市场上一看，满眼都是人，但要招到一个合适的却很难。识别与选择人，是人才工作的起点，甚至是事业成功的起点。美国硅谷流传一种说法，企业的 Top10（企业核心领导团队成员）决定了这家企业的未来，寻找这 Top10 的任务不能假手他人，只能由老板自己来，老板要成为“首席找人官”。小米的 7 个合伙人是雷军找来的，雷军的“选最聪明最能干的人比培养人更重要”“找人不是‘三顾茅庐’，要三十次‘顾茅庐’”等人才观点广泛流传。

企业要选对人，也要选对的人。选对人是选那些与企业目标与任务要求相符合的人，对的人则是认同这个事业、认同企业家及其团队，愿意与企业相互成就的事业伙伴，即所谓的“同道人”。前一种也许可通过“海选”获得，而后一种则更多是靠吸引而来，可遇不可求。

大帝汉克创业过程中搭建的团队，就大多是被喻麟、李小兵对这份事业的追求吸引过来的，后来渐渐有了社会化招聘，两位创始人也在担任“首席找人官”，他们不是专业的 HR，但是比专业的 HR 更了解业务，更了解业务的需求，所以选对人成功率很高。

再到后来，由企业培养出来的专业 HR，既熟悉公司的业务，也掌握了专业方法，结合企业的成功实践与失败教训，建立起了一套识别人、找人的标准，专业化选人 + 经验识人相结合，提高了选人的有效性。

而且，大帝汉克在选人思路上始终比较理性，他们并没有像很多企业那样从社会上高薪引进明星职业经理人，或者是盯着 985、211 院校，而是坚持只选“对的”，清楚地知道自己在吸引人才方面的优劣势，在找人选人过程中充分把握公司业务特点及本土化资源优势，“误打误撞”地走出了一条被专家称为“隐形冠军的人才策略——本土化人才策略”的道路。

“对的人”与“对的团队”

“常常有人问我：‘你成功的秘诀是什么？’我总是回答得分外铿锵、分外自豪：‘因为我拥有一个最好的团队’……这个团队对我来说，是我此生最大的财富，也是大帝汉克最大的财富。他们总是努力将工作做到最好，是我人生路上最好的伙伴。当我遇到困难时，他们总在我身旁，给我最大的支持和力量。他们更是我最好的朋友，我庆幸在茫茫人海中能够遇上这样一群最可爱的人。”李小兵曾经在《味无穷》中这样写道。

“磁石法则”源自古埃及，古埃及人认为磁石比黄金更宝贵，因为磁石有一种神奇的力量，能吸引来好人、好物与好运气。很多人都相信，人生的各种际遇。包括所遇见的人、发生的事，甚至是你拥有的物品，并不是无缘无故来到你身边的，而是被“吸引”而来的，所谓“投缘”，所谓“物以类聚，人以群分”。

公司的几位“将帅”与大帝汉克遇见和结缘的故事值得品味，他们或是被喻麟、李小兵知识分子“下海”的勇气与认真踏实努力干事业的劲头感召而来，或是被李小兵三顾茅庐“说服”而来的。当他们组成一个团队，共同致力于一个事业后，发挥出了不亚于任何大企业领导团队的力量，共同成就了大帝汉克不平凡的功绩。

专业的调香师需要有一个高度灵敏的鼻子，还要有较高的艺术修养，所以极度稀缺，可谓一才难求。多年前，李松柏就是业内少有的高级专业调香师，他在改革开放后曾受轻工部委派，去日本研修食品调香技术，回国后担任成都香料总厂调香室主任、香料研究所所长、副总工程师，轻工部香化协会全国评香小组成员、四川省质量技术监督局香料评香组成员。当时还在创业期的大帝汉克怎么会吸引到李松柏这样的业内顶级专家呢？缘起于他和喻麟的“气味相投”——两个人都善闻香，且都是棋迷。他们由最初的以棋会友逐渐变成以技会友，在上百次切磋香精香料的技术问题中，李松柏被喻麟对科研的专注精神打动，也从中看到了企业的前途，成为技术顾问。2003 年，李松柏正式加盟大帝汉克担任技术部经理。

曾凡坤教授是李小兵的大学同学。1998 年曾教授从德国留学归国，在绵阳经济技术高等专科学校（现西南科技大学）任教。在一次老同学会面中，正想干一番事业的曾教授与正步入发展轨道的大帝汉克相互吸引，作为兼职专家加入公司。从负责动物实验、《大地之声》技术版的编撰、市场售后服务、对外学术交流工作等，到用自主技术解决公司环保问题，为生物技术开发研究开创新路径，再到牵头负责生物技术部，20多年心系大帝汉克研发工作的曾凡坤，带领“90后”新团队在如今的“事业第三春”依然干劲十足。

还有“疑难杂事全包”的副总经理包清彬、助企业走上规范化管理的副总经理陈红雨、“直言面对、敢于担当”的副总经理李杨、“专攻难、速解疑”的副总经理吕继蓉、“锐意进取、挑战自我”的研发总监余淼……大帝汉克一群“对的人”形成了一支“对的团队”。

“内举不避亲”

民营企业招人难，招能一起并肩作战开疆拓土的人难上加难。在大帝汉克创业初期，环顾四周，创始人也只能在家人、朋友和同学中招募合适的人。两位创始人的兄弟姊妹等亲戚因此都在不同阶段进入公司，李小兵根据他们的性格特点与专长，将他们安排到合适的岗位，他们也在为大帝汉克基业添砖加瓦、贡献价值的过程中收获了自己的工作成就和个人成长。他们中有些人在与公司发展要求不相宜时离开了公司，有的至今仍然在公司发挥自己的价值。

比如，1995年，公司急缺市场人才推广产品，李小兵想到了自己的弟弟李天刚，他学识渊博，善于交际，原在大国企任职，安稳舒适。但他得知姐姐的想法后，义不容辞离职来到公司，开车送货跑市场，没人做的事他都上，几乎跑遍四川各县各大饲料“舀舀药”市场。后来又听从公司安排，成为华东市场的“先遣官”“拓荒者”，让后来的“包邮区”认识了大帝香甜。但随着公司管理逐步规范化，单打独干不喜欢被约束的李天刚很不适应。当企业规则和家庭感情发生冲突时，感情让步于规则，他选择离开了市场一线，没有丝毫怨言。

李小兵的小妹妹李杨，毕业于上海海洋大学经济管理专业，在大帝汉克成立之初，她就在自己教书之余，不辞辛苦为姐姐分担家内家外事务。1999 年，公司的产品开始脱销，李小兵身兼数职，分身乏术，力邀机智灵敏、踏实肯干的李杨进入公司。于是她从技术及采购部内勤做起，逐步了解熟悉了公司几百种原料，配料工艺，库房管理，同年担任原料部负责人。2003 年至 2007 年间全面负责生产，采购，后勤。在此期间，她每月往返成都、上海学习供应链管理及心理学，取得上海交通大学和四川大学 MBA 文凭。

2006 年公司搬到温江，李杨亲自带队，在保证生产的同时，低成本顺利完成公司历史上最大搬迁。2008 年“5·12”地震发生时，李杨正带队库管及生产班组长在 20 公里外的包装厂参观学习，她第一时间打电话通知生产部门切断电源，保证了生产安全。2019 年她晋升为副总，分管生产和供应及行政后勤至今。23 年来，李杨与大帝汉克共同发展，同心同力，共担共享。

今天，大帝汉克仍然坚持“举贤不避亲”的原则，家族成员中有意愿，也有能力胜任公司工作岗位的，经人力资源部面试合格后，同其他人才一样纳入公司人才管理和培养体系中。

到人才扎堆的地方寻找人才

人以群分，优秀的人身边站着优秀的人，这就是“人才聚集效应”。企业找人就要到人才扎堆的地方去找人才，让优秀人才去吸引优秀人才。

在《德国的七个秘密》一书中，作者写道：“‘小而美’企业在招募人才上，有自身独特的方式。那就是相比于花更高的成本去招聘那些外地的高素质人才，他们更能充分地利用本土人才优势，比如将人才招聘集中在当地的某几所大学，才有较大的胜算。一般来说，这些大学都离企业或企业总部不远。在这些大学里，企业必须更有针对性、更自信地展示自身的优势。除了强调拥有行业领头羊的地位、核心技术以及成熟的国际化经验这些优势，在招募人才时还应该强调更快速地晋升和独当一面的职业发展机会。”

大帝汉克完全符合这种情况，有得天独厚的优势。成都市是中国西南高校云集之地，喻麟和李小兵的母校四川农业大学与公司只有几十公里的距离。他们的大学同学很多都在高校任教，这就是一种人才优势。

比如，李小兵在四川农业大学任教的同学力荐他们的硕士研究生吕继蓉。2003 年，李小兵力邀她加入大帝汉克，并且为吕继蓉量身订制了一个部门——技术服务部，主要负责为客户服务，产品应用推广和市场需求信息沟通平台的搭建。吕继蓉也很珍惜这份信任，她努力投入到这份工作中，以科研工作者的认真和钻研精神下市场了解客户、熟悉产品、思考客户服务方案。

李小兵敏锐地发现在吕继蓉文弱的外表下，有极强的韧性，她还有更大的潜力！于是鼓励她去攻读博士，就这样吕继蓉去四川农业大学，用 5 年半的时间拿到中国第一个研究饲料调味剂课题的博士。2009 年，李小兵再一次给她挑战的机会，让她担任公司的营销副总，后来的事实证明，吕博士在这个领导岗位上干得非常出色。她领导的营销团队，业绩连年增长，年年创新高。

通过与西华大学、西南科技大学、西南民族大学、西南交通大学，西南财经大学，以及喻麟的硕士院校吉林农业大学等高校的课题合作，或者教师推荐、公司员工推荐等方式，大帝汉克引进了一大批优秀人才，在大帝汉克的培养中，他们均成为独当一面的“干将”。

当然，除了拥有四川省高校资源，公司在饲料调味剂领域的专业成就、在细分行业的领导者地位、富有吸引力的薪酬待遇，以及好雇主形象，也是吸引人才的重要原因。

紧密依靠本土人才优势，发现和选择优秀人才，是效率较高而投入较小的招聘举措，而且本地人对本地的文化习惯更为适应，离家近、安家成本相对较低等也是企业招人的一大优势。因此，本土化人才策略是“小而美”企业、隐形冠军企业普遍的人才策略。

多管齐下“育优人”

大帝汉克一直贯彻的人才机制是“大胆培养、选贤任能、互相成就”。但人才培养，不是一厢情愿的事情，一定是相互成就。每个人成长的第一责任人是自己，正所谓“你若努力，全世界都会帮你”，企业的资源、机会是有限的，只能给到那些具有成长思维和成长潜力的人，大帝汉克称为“育优人”。只有将具备潜质的人才与企业的资源和机会，以及要达到的目标相匹配时，人才的培训和培养才能有成果。

原总经理助理赵剑萍，2003 年，公司为她打破惯例，因人设岗组建企划部。2009 年，赵剑萍荣获“中国畜牧行业优秀企划经理人奖”。2011 年，公司资助她就读并获得广西大学 MBA 学位。2013 年，她在大帝汉克微信公众平台策划并发布《猪场漫游》系列日记，入选爱猪网 2013 年度策划“他们影响 2013”之创新领袖。2014 年，她申请去美国留学，在公司的支持下，2017 年获得美国 Wright State University MBA，在大帝汉克供职期间，策划出版《味无穷》、主编《这就是成都大帝》《大地之声》等。2018 年，赵剑萍离开大帝汉克创建思飃（成都）企业管理咨询有限公司，持续助力于行业品牌建设和发展。

30 年以来，公司自主培养了 2 名理学博士、4 名动物营养博士、7 名硕士，安排 25 人次去清华大学、中国人民大学等高校进修 EMBA、MBA，50 余次出国考察学习，前后共投入 1000 多万元。

成长的第一责任人是自己

人是平等的，但天赋、性格、思维、能力是有差异的，真正优秀的人才一定是自我驱动、自我成长型的，优秀的潜质就像一棵生机勃勃的树木种子，遇到阳光雨露就能生根、发芽、长成参天大树，如果是一颗草本植物的种子，怎么浇灌培育也难以长成大树。所以大帝汉克不抱持着庸俗的平均主义，把所有人都视为高潜力人才。在企业管理中，识别人才并进行分层分类的差异化人才管理是被广泛认可的有效管理方式，企业有限的培养资源只能给真正的高潜力人才。

企业作为市场竞争主体，核心命题是思考如何不断给客户创造不可替代的价值，以提升自己的市场竞争能力。企业中的人也一样，应该经常反思自己有没有独特的价值创造能力，是否仅仅是一个“可有可无”的人，怎样才能提高自己的核心竞争力与不可替代性。

人才有价值，价值来源于稀缺性和不可替代性。如何让自己成为一个有价值的人？这首先是每个职场人士自己的课题。

企业是一个平台，但它仅仅提供推动作用，成长的第一责任人和最终受益人还是自己。能力可以在工作实践中提高，但前提是具备三要素：价值观、进取心、责任感；有三种力：学习力、行动力、创新力，以及具备高效工作和成长的三种思维：闭环思维、迭代思维、利他思维。

稻盛和夫说，一个人只有抱着强烈的“企图心”，并且付出不亚于任何人的努力才能成就优秀人生。

现任研发总监余淼，在公司的鼓励与支持下，2020 年 9 月踏上了带职攻读博士学位的艰辛道路。2013 年，西南民族大学硕士研究生毕业后，经郭春华教授引荐，余淼正式进入公司技术服务部。她刻苦好学，踏实进取，入职后从一份份资料、一个个课件、一项项培训做起，从跟随市场人员拜访第一个客户做起。她每年出差 100 多天，到各个市场学习知识积累经验，曾经去过很多猪场学习一线养殖，也曾在零下 20 多度的东北参与狐貉的诱食试验，在行业各种各样的会议中，白天认真听讲重点，晚上一字字敲出来形成听课笔记，并通过公司微信公众号进行传播，当她在行业里介绍自已时，大家都说虽然没见过人，但对名字很熟悉，经常看到她写的笔记。2017 年余淼晋升营销副总助理，2018 年兼任大区经理，负责办事处。一直以来，余淼在工作中敢于接受任务、敢于挑战自我，心态平和，从不抱怨，并且一直保持着较高的自我要求。2021 年 4 月，第八届颐和论坛在重庆召开。余淼得知公司在此次会议中有讲课的机会，考虑公司的技术和试验数据以及结果值得给行业分享，机会难得。虽然自己右脚脚踝腓骨断裂，需要借助拐杖行走，且临近会议已不到两周的时间，但她没有片刻迟疑，立刻申请参会并着手准备演讲内容，最终获得行业的一致好评。

很幸运，大帝汉克有一群这样愿意为自己成长“买单”，具有极强的自我驱动力的优秀人才，他们能充分利用公司平台给予的资源和机会，通过超常的付出和持之以恒的努力，收获自己心智与能力的成长，也为公司的成长作出了积极的贡献。

“量身订制”培养后备干部

后备干部的选拔与培养是人才工作的重中之重，大帝汉克在后备人才干部培养上，借助人力资源管理的经典工具方法，量身订制培养方案。培养流程大致是：

（1）通过建立胜任力模型，对人才的资历、经验、潜质、才能进行评价；

（2）通过学历、知识、经验、相关工作经验、品格素质等方面，找出差距，进行培训；

（3）设立培养计划，从任职资格、业绩指标、综合考核这三方面，培养员工能力；

（4）设置明确的职业晋升通道，满足不同类型岗位人员的晋升需求。

现任人力资源总监张春梅，2011 年作为人力资源经理储备干部加入了大帝汉克，公司根据她擅长沟通、好学、自我驱动力强等特点，为她量身制订了人力资源管理后备干部培养计划。2012 年，她考取了高级人力资源管理师，成为具有扎实理论知识的人力资源专业人士。2014 年，晋升行政人事部副经理。2016 年，李小兵让张春梅以人力资源战略合作伙伴的方式轮岗做研发总监助理，协助实施研发团队的变革。2019 年，张春梅调回人力资源部全面负责部门的管理工作。在她的努力下公司逐步搭建起了第二梯队，为公司的未来发展储备了新的力量。

安全环保部的汪韬，2018 年进入公司，是第一个入职的“90 后”本科生，环境工程专业毕业的他入职前做了 5 年 EHS 管理工作。他对法律法规熟记于心，工作积极主动，具有进取精神，是一个有潜力的员工。根据他的具体情况，公司为他制订了为期一年的安全环保部副经理培养计划。培养重点集中在三个方面：第一，督促他考取注册安全师并在获取证书后按制度给予涨薪；第二，安全环保管理体系升级并通过评价；第三，新项目安全环保验收。明确晋升标准，能力提升要求，学习培训计划，业绩考核指标，团队建设目标，提供与他职业生涯规划相匹配的管理发展通道，使企业发展和员工发展有机结合，让他能够比较清晰地了解自己的职业生涯规划，看到自己的努力方向，并按照计划一步一步落实实施并得以成长。2020 年，汪韬晋升为安全环保部副经理，成为公司最年轻的中层管理干部。

后备干部培养是企业成长的驱动力之一。大帝汉克发展到今天，不仅具备了人才成长的良性环境，也建立了相对完善的核心人才培养机制制度。比如，为了培养接班人，确保中高层管理干部在退休后工作的平稳过渡，公司规定男员工自 55 岁、女员工自 50 岁起退居二线，主要承担人才培养的职责，并通过以下方式培养接班人：一是设立经理助理岗位，比如总经理助理、销售经理助理、人力资源经理助理、生产经理助理等，进行一对一的传帮带。二是对后备干部人员进行换岗，使之获得更多的能力和经验。三是提供针对性的培训计划，如专业培训、领导力培训等。培训方式除内外训以外，还进行行走学习，先后派送近 30 名核心人员到国外参观学习或参加技术交流活动，以此提高员工知识和能力的国际化水平，使之具有国际化视野、良好的管理能力和专业的水准。

知人善用，以用代育

对一个企业组织来说，人才以用为先，知人善用，以用代育，不断给人机会和挑战，激发人内在的成就动力，让这个企业平台成为人才拥有获得感和成就感的最佳选择，人才自然就会留下。当然，财富激励机制是企业对人的“元激励”，薪酬留人是“用人、留人”的前提和基础。

优势创造赢家，大帝汉克认为“把合适的人放在最合适的岗位”是选人、用人的基本原则。员工所从事的工作是他喜欢的工作，也是他能力范围之内的工作，让员工最大限度地实现自我价值。为了深入剖析员工的性格特点、行为风格、工作动力，公司会适时对员工进行测评。2005年，经测评与培养，热情活泼的李晶晶由销售内勤调岗至营销岗，成长迅速，很快独当一面，现如今已担任华南区大区经理，成为公司守土一方的“巾帼女将”。

信任授权与“压担子”

大帝汉克的知人善用，更表现在对人才工作上的充分信任、放权授权，提出挑战性的目标并全力支持，让人才在工作中磨炼与成长，在工作成果中获得成就感，激发自信和激情。

财权和人事权是企业最重要的两项权力。在公司工作25年以上的“老员工”陈红雨、万珊，与老板没有亲戚关系，但老板充分将财权授予陈红雨，她全面负责价格体系、营销考核体系以及公司的全面财务管理运行。人事权充分授予万珊，她建立了公司人事管理体系，特别是晋升体系、薪酬体系的建立和管理。

副总经理陈红雨在大帝汉克的成长经历非常具有代表性。1995年11月，在国企从事财务工作的陈红雨辞职加入大帝汉克，接到的第一个任务便是理顺公司创业以来的账目，建立健全公司财务管理制度。一年的时间里，她工作认真负责细致，实事求是，为公司财务管理规范奠定了基础。

李小兵通过对陈红雨一年多工作成绩和品质素养的观察，认为她不仅严格自律、为人正直，还具备丰富的财务管理知识和实务能力。即使她没有任何亲戚关系，李小兵也大胆授权。1997 年 1 月，提拔她担任财务经理。2002 年，将每年的销售考核任务由她制订。2004 年 5 月，提拔她为财务总监，在负责财务管理的同时，还接手销售价格管理、合同管理以及美意达、智能春等下属公司的财务管理。2005 年起，李小兵几乎把全部精力都投入到了市场上，财政大权全权交给了陈红雨，公司上上下下所有报销、合同等都由她来签署，李小兵只是通过定期报告、随时检查等方式进行严格的监督、考核。

正是这种充分的信任、重视和授权，使她的工作更加有目标、更加有责任、更加投入，也使她获得了更快的个人成长。她感恩李小兵的信任，珍惜这样的机会，尽职尽责，忠于职守，从不滥用权力，对不符合财务制度的行为严格把关，从不姑息。

2009 年 2 月，陈红雨顺利晋升为行政副总，分管财务部、行政人事部、安全环保部和采购部工作，同时负责产品销售价格体系管理和营销考核管理工作，全面深入公司经营管理。截至 2021 年年底，陈红雨已入职 26 年，用数十年如一日的敬业乐业、认真负责的工作态度赢得公司上上下下的信任。人生有多少个 26 年，又有多少人愿意把自己 26 年的青春岁月和一家企业绑定。获得信任承担责任，承担责任获得信任，两者相辅相成，彼此成就。

根据人才的特点与优势使用、培养和提拔，把合适的工作交给合适的人来做，让员工的个人发展和企业的发展有机结合起来。

“自助餐”式激励机制

在“人是企业最宝贵的资源”理念下，为了留住骨干员工，人力资源部制订出严格选人、长期留人的激励方法。对各岗位的业务骨干，采取的是公司独创的颇有大帝汉克特色的“自助餐”式激励机制，核心是依据每个人创造价值的多少给予回报。

在具体操作上，可以归纳为以下两个主要措施。

1. 明确员工分类，采取不同的薪酬结构

人才为企业作出突出贡献就应获得高额报酬，因此，针对不同的工作性质和处于企业组织不同层次、不同岗位的人才，企业采取不同的评价标准和方式来评价人才的绩效和确定“奖金”的数额，以保证公平和效率的原则。因为单一的工资制度不能符合所有岗位的特点和要求，不能合理拉开收入差距，因此，在实行岗位工资的等级及分档制度的基础上，依据岗位的不同建立不同群体的薪酬机制，以有效激励各岗位员工的工作积极性。

营销人员：实行绩效薪酬结构，采取业绩提成办法，将绩效奖金（业绩提成）比例加大，绩效工资（业绩提成）占到80%以上，而固定工资（底薪）不到20%；同时辅以“目标管理”方式来鼓励人才投入到开拓新市场、创造潜在消费市场以及推广企业知名度等不能直接计量的工作。

技术人员：实行能力薪酬结构，提升能力（开发产品）工资的比例；同时根据个人参与的产品开发项目为企业所带来的效益，以新产品销量提成的方式给予奖励；而对于一般的技术员工或工人可以采取一次性奖金的方式，鼓励其在具体生产或研发过程中的小发明或小创新。针对大的项目采取团队攻关方式，从科研立项时便明确不同的人在不同阶段承担的不同工作内容以及成果要求，达到目标后按团队成员不同贡献度给予奖励分配。同时，对于知识产权成果如专利、科研文章等给予相应奖励，激励技术人员创新创造。

管理人员：实行组合动态薪酬结构，岗位职能工资 + 绩效工资双关联。其中，岗位职能工资 = 基本工资 + 岗位工资；绩效工资 = 销量奖金（公司整体）+ 个人绩效奖金。通过绩效管理的方式。由主管和下属双方协商制订绩效考核目标和考核标准，并根据绩效完成程度以及效果来确定奖金数额。

生产工人及工勤人员：实行计件薪酬结构。

通过对各类人员薪酬结构的调整，使之更为合理、科学，薪酬程序更加规范，各薪酬结构项目和标准更加简化，为建立清晰、明确的考核体系等配套改革创造条件。

大帝汉克新型分配机制是：效益 + 责任 + 风险，合理调整薪酬结构向优秀人才倾斜。

自 2010 年以后的近 10 年，除 2018 年和 2019 年受非洲猪瘟影响业绩下滑外，其余时间平均每年以近 15% 的速度增长，使营销团队和公司骨干员工的待遇上升到同行中等偏上水平。

2. 建立“自助餐”式的福利制度

大帝汉克以一流的薪酬福利，“自助餐”式的形式，满足不同员工的多元化需求。目前，除“五险一金”、生活劳保、带薪年休假、车补、意外保险、健康体检、文化旅游等全员性福利外，公司还根据员工的需要和企业的特点，提供诸如培训深造、房子、车子、职工孩子助学基金，以及商业保险等多样化的福利项目供员工选择，以满足不同骨干员工的需要。

“自助餐”式福利项目设计的出发点是：充分考虑员工的需要和企业特点；控制福利开支，提高福利服务效率，减少浪费；避免福利的平均主义倾向，一些福利项目与员工的业绩挂钩，大大提高了福利分配的激励作用；我们选择的福利项目，对员工的行为有良好的影响，比如在职培训等项目，促进员工人力资本投资；非经济性福利项目的设立，改善了员工工作生活质量，充分体现大帝汉克的人性化管理。

随着管理制度的逐步完善，现在的大帝汉克薪酬激励政策可以简要概括为：工资标准由岗位定、能否上岗靠素质、实际收入看业绩。只要能够给公司创造价值，“自助餐”式的激励机制就会如你所愿。

战略需求下的人才难题

企业最宝贵的是人才队伍，最难建设和管理的也是人才队伍。基于2020—2022年的战略要求，在人才队伍建设与管理方面，公司面临几个突出的问题，同时对此也有一些安排和部署。

第一，人才队伍的年轻化、国际化与梯队化。

大帝汉克现有的核心人才队伍基本来自企业自主培养，在企业里成长起来的，特点体现为：忠诚度高、熟悉企业与业务、认同公司文化、一专多能。不过这些特点反过来会导致企业运营对这支队伍的依赖度高。有管理专家认为，一个核心干部旁边如果没有两个备选人物，会存在很大的用人风险。这要求企业适度打开“人才带宽”，在“一人多能”的基础上，留有一定的人才冗余，建设前赴后继的人才梯队。

但是，由于饲料调味剂这个领域的从业人员相对比较少，人才专业素质要求比较高，人力资源市场上流动的专业人才也很少，适岗度高的人才就更难引进。同时，随着企业和个人的成长，员工对个人发展、荣誉、职务等有新的需求，较小的企业规模决定了员工职位发展通道不畅，无法提供更大的平台给优秀人才，员工职业发展空间相对受限，一些优秀人才对调味剂企业的选择仍持谨慎态度。大帝汉克在建设人才梯队方面面临着一定的人才缺口。

此外，基于“成为国际化动物采食调控专家”的愿景，企业面临如何吸纳和用好创新型人才、领军型人才及国际化人才的问题。国际化人才的培养成本大，投入时间长，起效较慢，更需要企业以长期价值主义的思维解决这一难题。

综上所述，依据公司2020—2022年的战略要求，大帝汉克确立2020—2022三年的人才战略为：人才国际化、专业化、职业化、梯队化。针对这一战略，公司也进一步明确了相关细则及行动计划。

第二，人才队伍的新老梯度融合与人才激活。

截至2021年，大帝汉克人才队伍的平均年龄为42岁，这一方面说明这是一支富有经验的团队，另一方面说明这支团队将肩负更多培养新人的责任。同时，如何帮助他们度过“中年危机”，激活潜力，继续发挥创造力也是当前面临的问题。

在这方面，公司已有一些思考和探索，比如，在组织架构上，始终保持扁平和开放式架构；在人员配备上，更多将员工进行新老搭配，以老带新，以新促老，促进组织间的和谐共处；在考核评价上，对于同一岗位的价值贡献尽量用统一标准、指标去衡量，对于指标要量化清晰，防止出现相互推诿和相互扯皮的情况，尤其是新员工表现出色，而老员工业绩平平时，及时进行绩效的沟通反馈，找出绩效不佳的真正原因；在职业发展上，对于新员工的职业发展道路的设定和沟通是必不可少的，更重要的在于跟老员工的沟通，了解老员工的发展情况和个人志趣，帮助他们调整职业规划之路，使其感受到温暖和推动力，从而更忠诚于企业，也给新员工以良好的示范作用。

此外，公司将进一步加强企业文化建设，一个具有良好企业文化，讲求团结协作与集体利益的企业，内部新老员工关系更为融洽。

第三，机制制度与管理创新。

所有的管理文化都是产生于特定群体与特定时空的，不同代际的人有不同的特点，人的不同年龄阶段有不同的需求，这些都是企业实现有效管理要解决的问题。比如崇尚个体主义的“Z 时代”（Generation-Z，国际上流行的指出生于 1995—2005 年的一代人）相比较于前几代人，他们首先追求的是自我价值实现而不是物质满足，对于环境要求更高。再如，基于“成为国际化的动物采食调控专家”的战略安排、创新驱动企业的方针等也会对管理的方式方法提出改变和创新的要求。

无论如何，大帝汉克 30 年来相信人对事成、依靠人才与创新成功的经验使公司对这支队伍充满信心——只要大家心在一起、力出一孔，就一定能取得更大的成功，迈向更远的未来！

第八章

业财融合的经营探索

……我必须是你近旁的一株木棉 / 作为树的形象和你站在一起 / 根，紧握在地下 / 叶，相触在云里……你有你的铜枝铁干 / 像刀，像剑，也像戟 / 我有我红硕的花朵 / 像沉重的叹息 / 又像英勇的火炬 / 我们分担寒潮、风雷、霹雳 / 我们共享雾霭、流岚、虹霓……

用诗人舒婷这首《致橡树》中的橡树和木棉树的关系来形容大帝汉克的财务与业务的关系，应是恰当的。

早在大帝汉克 1992 年创立时，创始人就信奉一条朴实的原则：见钱给货，财务和业务要紧相伴随。规定业务员销货要先付款后拿货，先付款可以享受优惠折扣。销不了可以退回来，在质量不变的前提下公司可以退回货款，但一定要先付钱。公司拿到销售款后，先根据订单，用来购买原材料和生产，而不是存到银行变成“利润”。创始人这些朴素的想法，为后来的“业财融合”的管理思想奠定了基础。

大帝汉克的财务管理坚持“以市场成功为导向，以可持续经营为原则”的理念，走出了一条符合企业经营实际的业财融合道路。主要体现在三方面：一是从思想认识上，财务人员跳出“专业深井”，主动去做业务的支撑者、服务者和伙伴，以服务市场为导向，从而打破管理壁垒，提高反应速度；二是在职能履行上，从核算向价值创造转型，自觉融入经营全环节，由事后监督向事前预测、事中控制、事后监督转变，实现管理闭环；三是抓住关键点，实现一手“收”，把握业务流程的关键控制点，制订切实可行的目标及管控措施，实现“在业务端管财务，在财务端管业务”，一手“放”，通过有效的投入，推动企业抓住业务机会点，实现更大成功。

大帝汉克的业财融合，事实上也是一种以提高效率和提高效益为最终目标的精细化经营模式。它通过坚决杜绝“高成本、低效率”和“少、慢、差、费”的状况，全力向“相同投入较高产出”和“多、快、好、省”的经营目标努力。

大帝汉克保持了30年稳步增长的“最美销量曲线”，与“业财融合”的经营理念及实践息息相关。未来，大帝汉克财务管理将进一步打开格局，从投资的视角看业务，从战略的视角看机会，保障与促进企业战略目标实现，取得持续和更大的成功。

不懂业务的财务不是好财务

长期以来，在我国企业管理中普遍存在这样一个现象：业务人员不懂财务基础知识，在经营过程中往往忽视税务及其他经营风险；财务人员只知埋头核算做账，对经营业务了解不深，出具的分析报告只是简单罗列账面数据，难以挖掘财务数据背后真实的经济实质。

而大帝汉克的财务人员信奉“不懂业务的财务不是好财务”，财务部门全面渗透进采购、生产、销售等所有业务环节，掌握第一手数据，并从数据出发，提高自己看待业务的高度，看待公司的高度，看待资本的高度，成为企业业务决策与战略决策不可或缺的角色。

业财融合模式的起源是公司领导人的经营理念和管理风格。喻麟和李小兵都是专业人士出身，所以他们相信专业、尊重专业，通过给专业人士以信任和授权，激励他们以专业知识为支撑，以市场为导向，创造更大价值。

其实在企业里，大多数老板不放权，尤其是财权。除了不放心员工能力，更担心失败的后果。但喻麟和李小兵对公司的第一位专业财务人员陈红雨高度信任，充分授权，大胆培养，让陈红雨参与到业务经营管理和公司决策中，从财务视角全面深入到业务中，为业财融合模式的有效实施奠定了基础，也奠定了公司的财务工作作风——到一线去。

1998 年，大帝汉克引进的财务经理王忠华，毕业于西南财经大学会计学院审计专业。她的第一个岗位是在采购部担任采购助理，随后才进入财务部工作。2004 年晋升为财务部副经理，2009 年晋升为经理。为了更好地推进业财融合，她坚持下市场和下车间，并根据公司战略目标，每年提出关键岗位的预算和考核的量化指标，同时进行有效沟通和及时反馈，为公司税务筹划、成本控制、预算管理、风险管控等提供了很好的指引。

一直以来，公司形成了一个优良传统，即财务人员熟悉工作先从一线开始，参与到业务的各层面中，加强与各业务板块的有效交流和沟通，深入了解各业务的发展状况，包括走访乡镇市场，到一线拜访客户，了解市场行情和客户经营状况等。目前，公司财务人员都在其他岗位工作和学习过。

1996 年加入大帝汉克，会计统计专业毕业的文尧在担任财务部主办会计之前，在生产部和营销部承担内务工作共 7 年，对公司产品的生产和销售流程非常熟悉。出纳刘艳，2006 年来公司财务部之前曾在江苏市场担任内务工作 5 年时间，充分理解市场需求，急客户之所急。2005 年担任成本会计的赵蜀君曾在供应部和生产部担任内务工作，熟悉供应商管理、原料库房管理，以及半成品的生产和管理，并且坚持每月下车间，从而能深入生产一线，有效控制生产成本。后备财务干部潘雪佳作为注册会计师，之前在跨国大公司的战略投资部工作，2021 年来到大帝汉克后跟着李小兵跑市场、拜访客户，并通过行业对标，从外部视角多维度看公司，为公司的经营决策提供客观支持。

财务工作已深入大帝汉克经营全过程，比如，战略目标制订过程中，财务基于公司整体的战略规划、历史数据以及外部市场行情，确定公司销售及成本目标。营销上，将销售目标分解到各区域市场，分析投入产出，从而进一步落实营销方案和考核方案。陈红雨负责产品价格管控，根据市场行情和成本等情况，一事一议。生产上，成本会计赵蜀君参与到供应商的管理、定期做各个产品成本核算、定期下车间确保账实相符并关注生产流程的关键成本控制点，提出优化业务流程。研发上，财务部从头参与新产品立项的经济效益分析以及激励机制制订。绩效考核上，将业务价值创造点和成本费用控制点统筹纳入员工个人的KPI，建立起降本增效激励机制，充分发挥员工主观能动性。

财务充分利用自身专业知识为业务服务，让业务部门深刻体会到财务管理的价值，调动了业务人员参与业财融合的积极性。同时，业务人员也主动将经营中最真实的业务信息传递给财务人员，财务人员亦能站在业务的角度，用通俗易懂的语言为业务分析经营风险、提供决策建议，进而形成良好的沟通局面，助推企业战略目标顺利实现。

事前引导与事中管控

财务的预算、核算等职能究竟该如何支撑企业决策？财务传统的角色是核算经济业务，即业务实际发生以后财务数据才会形成。然而在企业的经营决策过程中，所需的信息是瞬息万变的，如果只提供历史数据就会导致支持决策数据的严重滞后，不能为决策提供有效依据，也不能为企业更好地创造价值。

业财融合的推进可以使财务部门及时准确地掌握企业经营过程中的各种成本和收益信息、财务风险信息，并对经营全过程进行有效评估和监控，提供给决策的信息质量会大大提高，财务的监控与支撑决策的职能也可以得到最大程度的发挥。

预算引导业务发展

凡事预则立，不预则废。

预算是企业在对其生产经营内外部环境充分分析的基础上，对未来企业生产经营进行预测和决策，它主要反映企业未来一定时期的投资、生产经营及财务成果等一系列的计划和规划。也就是说，预算是企业未来一段时间内的量化运营计划。

预算是实现公司战略目标的保障，好的预算管理能够帮助企业合理分配资源、强化内部控制、发现经营漏洞，采取有效措施降低经营风险，促进企业健康发展。

2009 年，大帝汉克正式启动预算管理，基于公司的战略制订以及基于历史数据分析，各部门拟定预算报公司审批。当时，虽说预算拟定了，但在执行中仍感觉预算在一边，执行在一边，预算变动很大，突发事项多，导致推行全面预算的初衷难以实现。2014 年，大帝汉克专门引进一名注册会计师全力推进预算，按部门初步建立起预算框架。

财务部门作为预算管理的牵头部门，负责预算管理工作，对预算的编制、调整、审批、监控等预算管理流程进行管控。具体来说，在确定预算目标上，由各板块各部门根据公司战略目标，进行预算目标的分解，进一步细化管理；在完善预算编制上，对一些不能确定是否发生或支出金额不可预计的重大事项，可以列为单独控制事项，实行单独预算、单独控制、单独考核的方式；在强化预算监督执行上，每月跟进预算执行情况和季度考核方式，对于超支或者不符合预算要求的开支，需要及时申请审批，并及时调整预算；注重预算分析和调整，遵循审慎与灵活并重、价值最大化、内部挖潜，以及考核挂钩的原则，为公司经营管理的改进和创新提供依据。

企业的预算管理既涉及横向的财务、业务和行政等部门，又贯穿于企业纵向的从高层到中层及基层员工等层级，是一项跨部门、跨专业的系统工程，组织、协调预算管理工作需要较高的业财融合过程。2014 年以来，大帝汉克以业财融合作为解决问题的关键思路，结合 ERP 系统，对组织机构设置、预算编报、定额标准、预算控制与分析的全过程发力，并通过将预算权责下放至业务部门，全员参与其中。在业财融合管理体制下，企业预算管理以市场为导向，以产品为主线，综合平衡企业自身资源和发展状况，对经营目标进行分解，通过上下共同努力进行预算控制、调整和考核，从而促进整体经营目标的顺利实现。

此外，大帝汉克财务预算的一个成功做法是与人力资源部门协作，从 2014 年开始，将季度考核指标落实到相应负责人 KPI 指标上，定期考核，并不断修改完善。员工从抵触到接受，从中体会到了计划预算对于工作的引导作用。

有一次，海外市场部蒋唯在越南走访了大量客户后，他和经销商决定邀请越南一些主要客户召开一次推介会，地点设在胡志明市的索菲特酒店，邀请人数 80~100 人。他认为这样的会议对于提高公司及产品在当地的认知有着非常积极的意义，经销商也是积极响应并配合。为此蒋唯做了一个内容翔实的预算报表，包括酒店租金、餐饮、礼品等，提报给公司。在当时的情况下，这笔预算大大超出当年公司在国内同类活动中的预算。

财务收到这个预算计划后，和蒋唯一起再三测算，最终达成共识：“海外市场必须充分放权，跟踪长期效果，不要只看一朝一夕。”基于公司市场国际化的战略目标，考虑大帝汉克是以国际调味剂专家的形象进入越南市场，定位一定要高端，以匹配大帝汉克产品的品牌形象，帮助公司在下一步的市场推广中掌握主动权。因此，此次活动按照蒋唯的预算执行，并开展得十分顺利，为大帝汉克打响了占领市场的重要一枪。

预算旨在集中资源在最能发挥价值的地方，财务部除制订统一的预算制度框架与数据分析模板外，还引导各业务单元具体地、个性化地实施这些制度，尤其是强调预算模式的交互性、实时性与分权等特征，通过这些年不断磨合完善，已经实现了在价值链关键点上做到专业预算控制全覆盖。

提高核算能力，保障规范运营

没有标准和规范，就无法进行衡量和改进。业务工作因为面对的是易变的、差异化的市场情况，需要“随机应变”，但在“变”的同时，如果没有一套“不变”的规范，很容易导致目标偏离或者“不计手段”等失控情况。而核算控制作为财务管理工作的基础，核心职能就是提供规范，保障业务在应对市场变化的时候不变形、不走样。

核算控制对业务的规范作用主要体现在三方面：

一是加强对核算前期的控制，通过预算，对运营、生产活动的风险预测及评估，提出关键风险点的控制措施。

二是保证企业各项业务的核算按照规范进行，符合企业会计准则的要求，同时要符合税法的规定。财务人员及时学习国家颁布的政策法规，并根据公司实际情况及时修订财务制度，从而保障公司财务正规化运作和良性运转，也就保证了公司持续、健康、稳健的发展。

三是保证企业各项业务的核算没有重复。对于大帝汉克这样的生产型企业，主营业务是将一种产品通过加工转化为另一种产品，需要储备原材料，生产过程中会有一些半成品，完工后有产成品，因此公司的存货包括原材料、半成品、委托加工物资、产成品、包装物、低值易耗品等。在财务核算方面，财务人员需要将上述处于不同生产过程中的存货进行逐一核算，过程中会涉及材料成本差异的分摊、制造费用的分摊、完工产品的成本结转等问题，相比商业企业核算过程较为复杂。如果粗心大意就可能重复核算某一项成本，导致成本信息失真。

做好财务核算，也要善于使用先进的工具方法。2006 年，大帝汉克正式启用金蝶财务软件，主要是以凭证处理为主线，提供费用归集、预提摊销处理、自动转账、调汇、结转损益等会计核算功能，协助领导及时掌握公司运营的财务和往来情况。随着网络技术飞速发展，数据共享逐渐提上日程。金蝶软件仅局限于财务一个部门，已经不能适应公司发展的需要。2014 年，供应链系统陆续上线，从基础的财务到销售、采购、仓库，到生产、成本，使得财务流程和业务流程有机融合，避免信息孤岛，同时，最大限度地实现了数据共享和数字化管理，为经营决策提供准确和及时的信息支持，助力实现精细化管理。

成本管理的加减法

成本不仅是利润的减项，还是企业获取收益的资源。企业要控制成本，不是一味地降低成本，而是为了特定的目标发生一种价值转移。

华为的成本管理指导方针是："要关注降低成本，更要聚焦创造价值。"这是对成本管理"灵魂"的精准提炼。

大帝汉克在业财融合实践中，在成本管理方面，一是紧扣"保本点"与"保利点"这个成本管控基础工作，精打细算，做实做透；二是不断挖掘内部潜力，降低运营成本，为客户提供更有价值的服务；三是在该投入的地方坚持投、舍得投，投出效益、投出价值。

精打细算，紧扣"保本点""保利点"

产品是大帝汉克为客户创造价值的载体，成本管控首要体现在产品的成本优势上。基于产品的成本管控，大帝汉克主要是把"量本利思维"落到产品的全过程中，以及产品的全生命周期上。

"量本利思维"是指产品卖多少钱才能保本、不赔钱。虽然企业千差万别、产品各有不同，但"量本利思维"是每个企业管理者都应该具备的。

2019 年非洲猪瘟对整个行业造成了巨大影响，作为这个行业上的一个分支，大帝汉克不可避免受到波及。预防胜于治疗，李小兵居安思危，年初即下达年度计划，核算每个产品的盈亏平衡点，且每月按实际情况和预测，按时核算点位，及时汇报“保本点”与“保利点”。

固定成本与变动成本之和叫作“总成本”。“总成本”等于收入的那个点，叫作“保本点”。“总成本 + 期望利润”等于收入的那个点，叫作“保利点”。“保利点”告诉我们，销售收入要达到多少，才能实现期望的利润额。无论做什么项目、生产什么产品、完成哪笔订单，都要计算出“保本点”和“保利点”。

高质量合理成本的产品优势是大帝汉克的核心优势之一，而成本控制在其中起到了核心作用。

在大帝汉克创立初期，便是通过产品的成本优势领先于竞争对手的。当时通过同类产品的价格调研，发现国外同行采用代理制，关税、代理商利润、运输等导致其成本居高不下，而公司的奶香产品“222”总成本明显低于国外同行。一是研发成本低，喻麟是产品发明者，拥有知识产权；二是生产制造成本低，创立之初是一个小作坊，主要生产设备为和面机、搅拌机；三是渠道成本低，初期销售主要是电话订货并采取“订单式生产”，订多少生产多少且现款现货，钱货两清，同时无中间商，产品直销；四是人力成本低，创业之初，员工一人多岗，两位创始人又当工人又当销售员、发货员。因此，大帝汉克将“集中优势兵力，各个攻克”原则应用到营销战略中，集中价格优势形成局部市场优势，并通过局部市场的标杆客户，不断以局部市场来谋取全国市场，为公司步入发展轨道奠定了坚实基础。

时至今日，以“高质量合理成本”为产品成本管控方针，大帝汉克在产品成本控制上已经形成了一套行之有效的专业化解决方案。这得益于在业财融合过程中，财务人员对业务的熟悉度，也得益于财务人员“绣花”般的精细功夫与追求极致的工匠精神，对每项产品从生产到销售的每个环节的费用都纳入管控中，使得产品一直保持着技术优势。

真正的成本领先，并不是通过成本管控降低产品的品质，恰恰相反，是通过提高设计质量和优化业务流程，实现降本增效，以有竞争力的价格优势提供给客户，为客户创造价值空间，也就是为大帝汉克创造发展空间。

投入是创造价值的一种方式

在华为公司有个“机会与成本”的命题。任正非提出：“当出现机会和成本的冲突时，是要机会还是要成本？华为的优先次序是首先要机会。主张高科技企业机会是大于成本的，抓住了战略机会，花多少钱都是胜利；抓不住战略机会，不花钱也是死亡。节约是节约不出华为公司的。”

在大帝汉克，也有相同的理解，表达很“接地气”，那就是“该花钱的地方一分钱也别省，花一分钱力求产生花一块钱的效果”。

在大成本思维中，大帝汉克把成本分成两类，一类是“作业成本”，另一类是“策略成本”。作业成本是指在保证产品质量的前提下越低越好的成本。策略成本是指那些不是越低越好的成本，如企业发生的安全环保费、科研费、设备技改费、人员培养费等。所有的成本都与战略挂钩。战略目标如果需要企业支付成本，那么这个成本就必须支出，如果因为节省成本而没有达到战略目标，那么这个节省就毫无意义。

作为国家级高新技术企业，大帝汉克在研发和创新投入上一直很舍得，近几年基本维持在营业收入的3%以上，并计划今后进一步加大研发经费投入。

先进的设施设备是科研能力的保障，因为在这方面的投入，大帝汉克被省内科研院校的科研工作者们开玩笑地称为“豪横”。比如，大帝汉克在2002年就组建了当时国内首批动物试验基地，自建了国内首个饲料调味剂应用实验室，购买了国内唯一一台微缩模拟饲料加工设备，等等。

安全生产是企业发展的生命线。2014年，发生一起重大安全事故“昆山中荣粉尘爆炸事件”，也正是这起事故为公司所在的行业敲响安全的警钟。为确保公司的设备安全，进一步提升生产效率，大帝汉克引入荷兰全自动香精配料系统，减少人为存在的安全风险，同时为减少设备后期运行的隐患，公司加大安全投入，液体配料车间全面采用气体防爆电气设备，进一步降低生产安全隐患。在安全生产上，大帝汉克从不吝啬投入。

2019—2020年，为做好生产环境保护工作，减少对周边环境的影响，公司在车间、设备改造、环保技术研发、环保设备建设等各方面采取综合治理，前后投入了1200万元资金，得到行业和政府的广泛认可。

大帝汉克把人才看作企业发展的根本，看作公司成功必备资源的第一资源。在人才方面可以说不惜成本，而且做到了彭剑锋教授所讲的“人才投入要优先投、舍得投、持续投”，在人才培养上公司持续投入已超过1000多万元。

一路走过来，大帝汉克虽然没有喊出多么响亮的口号，但一直以长期价值主义的思维在做投入，尤其是在短期看不到收益的事情上的投入，比如人才、环保、设备、创新等。大帝汉克深知，投入是创造价值的一种方式。创造不了价值，花多少钱都是打水漂；能创造价值，花再多的钱也不算是冤枉钱。

降本增效，做减法即做加法

技术的进步、管理水平的提升和持续的创新创意，使得成本控制仍是企业经营的“重头戏”。大帝汉克要持续为客户创造价值，为客户提供高质量合理成本的产品，一条必由之路就是不断提高内部运营管理水平，提高效能，降低运营成本，减少浪费和不创造价值的无效活动。

大帝汉克认为，“天下难事，必作于易；天下大事，必作于细。”以追求极致、完美的工匠精神做减法，做减法是企业增加利润的重要途径。

随着生产规模的扩大，企业生产费用的绝对额逐渐增长，大帝汉克重新审视各项要素成本，切实做到不该花的钱一分不花，把钱花到刀刃上，花出效益来。

对企业而言，采购通常被认为是企业的成本中心，它一般占企业总成本的 55%~70%，有的甚至高达 80% 以上，因此，控制采购成本对于企业赚取更高的利润非常重要。

大帝汉克在采购时，先由采购部门进行市场调研，就供应商的规模、资质、生产能力、产品质量控制、信用等级、价格等详细信息进行分析，进而选择合格供应商。为避免单一采购渠道带来的依赖性，不利于议价，至少选择 2 家以上供应商。最后，采购部门与财务、质控、技术等部门对供应商进行综合评价，使原料采购达到最优。采购时更多考虑长期合作，与供应商建立战略合作关系，才能保证稳定的货源，相对合理的成本。

库存过大是包袱。库存不仅占用生产资源，而且占用流动资金资源。在安全库存的设定上，公司根据销售市场行情、客户订货周期、产品周期、采购周期、原料行情等信息综合考虑，合理规划采购节奏，压缩库存，加快物料周转，降低资金占用。在呆滞库存控制上，根据材料性质合理归类储存，按照货物类型和时间的不同进行科学储存，财务部门定期监督盘库，对原料、产成品的库存进行分析，协助相关部门及时进行处置。

在生产过程控制中，严防“跑冒滴漏”。首先，按照产品配方定额和工艺设计的要求，按照规范化的操作流程，进行标准化的生产，控制原料的损耗，同时现场质控人员实时监督、复核，及时纠偏和提出改善措施，提高产品合格率。其次，加强生产人员生产技能培训，通过合理地安排生产任务和提高设备利用率，降低生产能耗，使生产向智能化转型。

“所有的运作都要考虑内部运作成本，一定要避免庞大的非作战高成本……新技术对商业成功的决定作用将有所淡化，经营低成本将成为竞争的关键要素，我们未来的生存发展靠的是管理进步。”任正非在华为一直在强调这一点。

公司在设备技改上一次性投入虽大，但从长远来看，产能和生产效率得到提高，安全、环保、生产环境得到极大改善，人员劳动强度降低，从而也实现长期降本增效的目的。

大帝汉克用“极致主义、完美主义、专业主义、坚持主义”持续追求降本增效，为客户创造更大价值。

◎链接：成本管控的六大“误区”与“正解”

误区一：成本控制是财务人员的事情。

正解：成本不是财务人员控制的，而是花钱的人控制的，谁花钱谁负责控制成本。

误区二：成本控制就是不花钱。

正解：成本控制也不是为了不花钱，而是为了更加合理地花钱。比如企业预计今年花3000万元做广告，但是如果节省了这3000万元，就可能会对后面的营销产生影响。控制成本是要把合适的钱花在合适的地方。

误区三：控制成本就不需要关注质量。

正解：控制成本不能不关注质量，质量是企业最大的成本。研发过程中缺陷产生的成本占企业总成本的相当一部分。比如三星公司曾发生的“三星Note7爆炸”问题，就是在研发过程中的产品质量问题，导致三星公司大量召回Note7手机，这一召回涉及的成本就非常高。

误区四：控制成本就不需要关注效率。

正解：如果成本的控制以降低效率为代价，那么是得不偿失的。

误区五：控制成本不用关注战略目标。

正解：控制成本是为战略目标服务的，不是不关注战略目标。

误区六：控制成本就是把成本与人分离。

正解：控制成本不是把成本与人分离，而是要约束人的行为，让人所做的事情与成本进行挂钩。

以上就是成本的管控误区及应对之道。

敢冒经过计算的风险

风险与机遇相连，当风险无法回避时，需要考虑如何有效应对风险。现代企业竞争残酷，一招失误可能满盘皆输。这种例子不胜枚举，比如，巨人集团曾被一所大楼压垮；秦池酒厂被标王声誉所毁；乐视网失败于“贪多嚼不烂”等。这些固然有市场的因素所致，但最主要还是没有处理好内外部环境变化带来的经营危机。

风险也与收益相伴，在机会面前，如果不敢于冒风险，则可能会错过管理改善或业务扩张的关键期，影响企业的进一步发展。但风险绝不是豪赌，而是经过计算的、承担得起的风险。

业财融合的更高一层境界，就是平衡好经营风险与发展机会。对于财务人员来说，防范风险是必修课，发现机会则是选修课。一只眼睛是“显微镜”，另一只眼睛是“放大镜”，不放过任何可能影响企业经营风险的隐患点，也不错过任何一个可能促进管理改善或企业发展的机会点。

风险管控是必修课

风险管控是企业管理的永恒主题，也是企业财务风险管理的核心。财务风险，特别是资金风险，有时会影响到一个企业的生死存亡，随着市场经济的发展，企业经营面临环境日趋复杂，不确定因素越来越多，财务的风险管控责任也越来越重。

在业财融合的思想指导下，大帝汉克的财务部尽可能打开作业边界，做到“责任在哪里，我们在哪里”。

需要指出的是，在确定财务风险控制目标时不能一味追求低风险甚至零风险，而应本着成本效益原则把财务风险控制在一个合理的、可接受的范围之内。

在大帝汉克，把防范企业财务风险作为财务管理工作的重点。首先，清理公司内部风险控制关键点，通过会议、培训等方式，强化重点岗位人员的风险防控意识。其次，在每月召开的各部门经营分析会中，将各部门风险防控作为重点之一，探讨管理中出现的风险和问题，对于有苗头的问题给予专业意见或解决方案。最后，紧扣风险控制关键点，加强制度建设、流程控制、岗位监督，并将责任层层分解落实到人，确保把风险识别、分析、应对等工作落实到实处。

大帝汉克把财务风险预警机制引入企业内部，让企业、管理者、员工共同承担风险责任，使责、权、利三者真正成为一个有机整体。采用及时的数据化管理方式，通过全面分析企业内部经营、外部环境等各种资料，以财务指标数据形式将企业面临的潜在风险呈现，同时寻找财务危机发生的原因和企业财务管理中存在的问题，并将预警分析工作（包括内部管理报表分析、行业对标分析以及成本费用专项分析等）经常化、持续化，并提出解决问题的有效措施，组成企业财务管理的一张疏而不漏的安全网。

另外，针对重大投资项目，大帝汉克在投资前严格考虑自身发展情况，并做好市场调研工作，以确保投资方向准确；在项目投资决策过程中，通过聘请外部专业机构实施全面尽调，排查风险，减少投资风险。比如2018年，公司在决定收购成都天府新区一家企业前，不仅内部进行了充分的可行性论证分析，还委托外部律师事务所和会计师事务所进行了尽职调查，在合法合规的前提下，设计了兼顾双方利益、低税负成本的交易结构，并通过被收购方的“保证 + 个人资产抵押”方式降低了隐藏风险。

引导业务扑向新机会

任正非曾对华为财经团队说：“长期有效增长，短期看财务指标；中期看财务指标背后的能力提升；长期看格局，以及商业生态环境的健康、产业的可持续发展等。商业成功永远是我们生命全流程应研究的问题。管理要权衡的基本问题是现在和未来、短期和长期。”

大帝汉克谋求长期有效增长的同时，也不断提升财务管理能力，拓宽财务管理的能力边界。

一方面，通过加强业财融合的深度，把财务管控的价值进一步体现在经营结果改善上，并沿着这个目标把工作掰开了、揉碎了，一个个运营节点、一个个管控端点去“抠”，既做好“润滑剂”，又做好“制动器”。当整个运营体系稳步运行时，财务管控要做好“润滑剂”：改善经营、优化作业，提高效率；当整个运营体系高速运转时，财务管控要做好“制动器”：数据透明、充分保障，有效控制。

另一方面，拓宽财务管理的能力边界。通过拓展业财融合的宽度，运用资本运作手段，为发展创造机会；专注于企业的战略目标，把发现和寻找增长机会点放到一线业务上去、延伸到客户那里，敢于在通向未来的业务主航道上坚持投入持续投入。比如为了产品研究开发和满足客户需求，2002 年公司斥资 615 万元收购占地近 30 亩的成都奶牛研究所，2011 年获得眉山市彭山区 300 亩动物试验基地的 44 年租赁使用权。

大帝汉克一直以来以稳健著称，但面向未来，要开拓动物采食调控的蓝海，在该积极的地方，财务要先积极起来，通过一些专项政策，引导、带动人才和资源扑向新机会，激活企业的创造力，使人人都成为企业的经营者，人人都为企业谋未来，避免机会和资源都堆积在成熟业务上，使人员在稳态中陷入惰怠。2021 年，财务部以动物采食调控中心为平台，对外设置 500 万元的科研项目资金，以支持科研人员进行创新研究，对内公司增设 100 万元的奖励资金，并扩招引进 7 名优秀技术人员，以支持研发人员攻克“卡脖子”的技术难题，未来将持续引进优秀的研发人员。

此外，以持续成功为目标设置科学的盈利点，先帮助客户实现他们的利益，保持产业链的利益平衡，大帝汉克才能在利益链条上找到自己的合适位置。财散人聚，广交朋友，团结各界的朋友，聚集各方力量形成大帝汉克持续成功的势能。

第九章 安全环保 铸就基石

一棵大树，人们会赞叹它高大挺拔、枝繁叶茂，却很少有人去关注它的根须是如何在泥石缝隙里蔓延，以此紧紧抓住大地，给大树提供支撑和养分的。在企业中，安全与环保这两项工作就像大树的根须。对内，是企业健康运营和持续发展的基石；对外，是企业履行社会责任、树立良好社会形象的主要途径。一家企业是不是追求有品质的、健康可持续的发展，能不能得到社会的尊敬与认可，安全环保是“试金石”。

20 世纪 90 年代，随着国家安全环保法律法规的实施与完善，安全环保工作被提上企业管理日程，但认识和落实程度却“因企而议”。大帝汉克不以把应付检查作为工作目标，真正从理念上进行了改变，从而采取了切实有效的行动。

1998 年 6 月，刚从日本广岛县立大学生物资源部留学归来的包清彬经李小兵再三邀请，来为大地饲料（大帝汉克前身）升级改造粉碎系统，减少生产粉尘，降低异味排放。行事严谨的他并没有立即拿出方案，而是经过了三个月的细致研究之后，认为还是需要从设备改造入手，治本。这个方法看起来并不深奥，但其中所蕴含的安全与环保的理念确是至关重要的。

“他的安全环保理念让我十分兴奋，我当即就将他提出的粉尘治理项目列为公司的重点项目。”李小兵说。通过那次大规模技术改造，不仅使公司的生产水平有了一次跨越式的提升，而且让公司的管理者接受了两个重要理念：一是改善生产环境，二是各类生产设施要成组成套。

观念的植入，变成了持续的行动力，此后安全环保先行理念融入了大帝汉克的企业文化中，成为企业文化的重要内容，并落实在了日后生产经营活动的每一个细节中，支撑起了大帝汉克“安全绿色发展”这一文化理念。

安全管理最重要的是人

“企业一旦发生重大安全事故，造成重大危害和损失，不仅企业要关门大吉，而且企业相关责任人还要承担刑事责任。”安全环保总监王亚兵回忆起相关政府部门这样直白的说法，他十分感慨，“安全生产事关企业存亡！安全生产对企业的影响就是这么直截了当！”

安全管理最重要的是人：一方面，人命关天，发展决不能以牺牲人的生命为代价。保障员工安全生产既是员工家庭生活幸福的需要，也是企业健康发展的需要。另一方面，设备、技术等固然重要，但起决定作用的还是人，是人的思想认识与“警钟长鸣”的安全防范意识。

安全问题是一把悬在每一个人头上的“达摩克利斯之剑”，平时你看不见它，但它随时都可能掉下来，需要始终保持危机感和紧迫感，始终保持高度警惕性，绝不能有一丝麻痹大意和侥幸心理。不仅思想意识上要有这种认知，也要匹配相应的资源予以保障和落实。

进战略，安全是“天字号”工程

生产安全管理工作是为了尽量避免生产经营过程中由于事故造成的人身伤害、财产损失、环境污染以及其他损失。这不单单是生产环节的责任，也涉及企业中的所有人员、设备设施、物料、环境、财务、信息等各个方面，需要通过安全生产法制管理、行政管理、监督检查、工艺技术管理、设备设施管理、作业环境和条件管理等手段减少和控制事故。

简言之，安全管理不是小事，也绝不仅仅是工厂安全部门等职能部门的事，而是企业家工程，是各级管理者及全员的责任。

2004年11月11日，那时还没有“双11”购物狂欢节，但这一天对于大帝汉克员工来说却具有不同意义。这一天，现金被盗的安全事故险些酿成大祸。公司上下痛定思痛，当即决定将11月11日定为大帝汉克的“安全日”，每一年11月为“安全月”。时刻提醒着大帝汉克人，安全问题要警钟长鸣，安全问题人人有责。也是从那时开始，安全战略、安全文化被纳入大帝汉克的整个战略中。

2005年，大帝汉克成都海峡两岸科技产业开发园新基地开建。做过基建的人都知道“三同时”制度，要求安全设施与污染防治的设施，应当与主体工程同时设计、同时施工、同时投产使用。这项制度最早见于1973年的《关于保护和改善环境的若干规定》，中间几经修订细化，直到2015年1月1日，它才作为《环境保护法》的第四十一条规定开始施行。

在2005年大帝汉克新基地开建时，在当时监管并不严格的情况下，这项制度却被严格执行于大帝汉克新基地建设工程中。

谨慎严谨、办事一丝不苟的王亚兵被李小兵任命为大帝汉克的安全环保总监，主导了2005年温江基地建设的“环评”和“安评”工作及后续的安全、环保设施设计、验收工作。并将安全、环保“三同时”作为公司历次建设、技改的前提和基础。

2012年，大帝汉克启动了安全生产标准建设，按国家安全管理的标准体系要求建立公司的安全管理体系。公司聘请了四川省安全科学院的老师为安全顾问，对相关人员培训、指导公司进行安全生产标准化建设，改进安全设施。经过2年左右的建设、运行、改进，2014年成都市安监局（现应急管理局）和第三方组织相关专家对公司安全标准化体系建设及运行达标情况进行了审查，大帝汉克顺利通过并获得了工贸企业“安全生产标准化三级企业”证书，这是海峡两岸科技产业园区第一批达标企业。

2016 年 12 月 1 日，在战略研讨会上，大帝汉克将安全环保“纳入公司立足之本战略”，其战略定位为“生存基础”“发展基石”，战略目标为“生产环境优于国内同行标准”“生产设备、环保技术达国际化”。

在此战略定位下，安全环保工作被提高到了一个核心位置。比如，在安全管理的基础设施设备方面，“小小的”大帝汉克从没有吝惜大规模投入，凡是不符合安全环保要求的装备、设备、厂房，该淘汰的必须淘汰，该改造的必须改造，从基础设施设备上提高安全环保生产的保障能力，从 2004 年到 2021 年，一共进行了七次环保设施改造升级。

建体系，构筑安全管理防线

安全管理工作，纵向到底，横向到边，覆盖范围广，涉及人员多，同时，安全工作又涉及许多安全科学、安全技术、安全法律法规等多学科专业领域，要全面系统管理好，按科学技术原理做好安全工作，需按规范建立一个管理体系，从组织架构、管理流程、责任考核、规章制度、风险防控等方面构筑一道坚固的安全防线。

为了从组织上进行保障，在管理上理顺安全管理责任，大帝汉克建立了安全管理构架，并根据企业发展和安全管理要求持续修订改进。

建立安全管理架构。

在大帝汉克，安全管理的总负责人是公司总经理，副总为各板块负责人，部门经理为各部门负责人。明确各部门及各级人员的安全生产职责及义务，从而实现安全生产各司其职，各负其责，强化各项防范措施。

安全环保部门也逐渐由一个人，发展到三个专职人员，分别为安全专员、环保专员、安全环保总监，实现了专门部门专职管理。对于一家只有百人左右的中小型企业来说，配备三人专门进行安全环保工作，这是比较少见的。

构建“三全”管理体系。

安全管理范围全覆盖。安全生产管理范围，不仅仅是对生产车间、生产部的安全管理，而是涉及产品研发、采购、生产、运输销售全方位的安全管理，包括如下。

人员安全：公司全体员工安全及健康。

采购安全：供应商、原辅料、运输。

生产过程：产品形成的相关过程。

产品安全：满足国家相关法律法规，产品品质安全。

营销过程：营销活动的相关过程。

财务安全：财务活动的相关过程。

目标责任全落实。公司从总经理到每一个岗位员工，均落实了具体的安全责任，且按总经理—副总经理—部门负责人—班组长—员工的层级关系，每年签订安全责任书，做到全员参与、层层落实。

安全考核全到位。企业全员都是安全员，最重要的还是要唤起全体人员的责任心和安全意识。为此，大帝汉克构建起总经理—副总经理—部门负责人—班组长—员工的纵向安全考核体系，所有人员 20% 绩效工资为安全环保考核，由安全环保部组织进行考核、打分。在考核过程中逐步推进改善了大帝汉克的安全文化。

安全标准化体系的建设，使公司的安全管理、安全设施的持续有效提升，建立了横向到边、纵向到底系统化的管理体系。

安全制度规范化、安全防控常态化。

安全管理工作中，最终直接落地和操作执行的是管理制度、操作规程等体系中的二三级文件，这些文件的完善性、适宜性、适用性，确定了公司安全管理工作操作、实施层面的规范性。大帝汉克在安全管理中，经过多年的积累和每一年对这些文件的评审、持续修改，使其在安全工作中，对规范管理发挥了很好的作用。

安全标准化体系建立的安全管理范畴包括：目标责任；制度化管理；教育培训；现场管理；安全风险防控与隐患排查治理；应急管理；事故管理；持续改进 8 个子系统。

安全工作最重要的是风险防范与控制以及做好隐患的排查与治理，让所有危险因素控制在我们能控制的范围内，这是公司一直以来秉持的安全宗旨。在这样的理解基础上，2019 年大帝汉克在成都市相关部门的指导下率先开展一般工贸企业《风险分级管控》以及《隐患排查》双机制建设，同时投入专项费用用于双机制的更新与管理，使得公司每一处风险点都明明白白写在纸上，挂在墙上，也放在员工的心上，指导公司的安全管理人员明白风险如何控制及隐患怎样消除。

重细节，将隐患扼杀在未发状态

安全管理方面有一个著名的“海因里希法则”。“海因里希法则”是美国的著名安全工程师海因里希提出的，他指出每一起严重事故的背后，必然有 29 次轻微事故和 300 起未遂先兆及事故隐患。该法则强调两点：事故的发生是量的积累结果；再完美的制度，不落到实处都可能导致严重事故发生。

在王亚兵的带领下，大帝汉克安全经理汪韬积极借鉴安全管理方面的经验和数据，结合企业的情况，对公司的所有风险点按照红橙黄蓝分级划分和分析，并将责任落实到部门，层层推进。

2020 年年初，随着新冠肺炎疫情的暴发，突发公共安全也成为公司安全管理的特殊环节。一沓沓疫情管理的资料，数十次的复工申请，数十天不间断确认每一个员工的现况，一次次组织全厂进行消防杀菌，甚至晚上

10点依旧能看见大帝汉克人在与园区领导沟通复工后疫情防控的具体要求。由于安全工作做得扎实、安全意识深入人心，大帝汉克在防疫期间忙而不乱，复工工作有序推进。

随着生产安全的深入开展，大帝汉克人也在不断提高认知，意识到公司要健康持续发展，不仅要做好生产安全管理，也要做好安全经营管理，比如经营风险、财务风险、腐败风险等，都是需要关注的。企业的安全工作是一场需要每一个人每一个环节都不遗余力去面对的挑战。

◎链接：大帝汉克安全管理点滴

点滴1：领导值班

为了加强生产安全管理的日常管理，除生产部、安全环保部外，还建立生产值班制，副总经理及各部门领导，每天一人轮流到生产一线值班。督查安全、环保、质量等，发现问题及时解决、记录、总结，还对关键安全巡查点及位置，制订了值班巡查打卡点。

点滴2：消防设施不断更新

因安全标准的不断更新，2013年公司投入100多万元，持续改进车间消防设施，车间安装了全自动消防喷淋系统、自动排烟系统。

环保不是投入，是投资

大帝汉克对于环保工作的重视，最初源于一个很朴实的想法：给员工提供一个安全健康的工作环境，解决工厂里“香味熏人”的问题，以解决“招工难”，提高生产力。那时并没有意识到，环保与企业经营的关系是这么密切。本着一个朴实的愿望，企业在环保方面越走越远，越走越坚定，一不小心走到了前列，修炼成大帝汉克的“长板”——绿色发展能力。

从长期来看，环保并不是企业的一项投入，而是为未来投资。当大帝汉克将粉尘治理列为重点项目时，就已经决定将环保与企业的发展联系起来。虽然当时并未认识到这一点，但行动总是比理论快，这也是大帝汉克的一个特色。

源于对员工健康负责

“大地飘香，四海传情”，大帝汉克是从生产饲料香味剂起家的，但是“香”有时也会让人苦恼。由于饲料调味剂的载体要根据香原料性质来选择，生产量大时，加工载体产生的粉尘会弥漫，工人身上经常会有浓烈的香味。虽然这成了公司最初的“活广告”，但是对工作在其中的员工来说，就不仅仅是“随处留香”的问题，而是关乎健康。

当时面临的香味困扰是：要确保产品质量，就要求香味剂产品香气浓烈、强度大，但是由于香味剂自然挥发的特性和产品质量特殊要求，却让产品生产各个环节都带来对空气的污染。

对气味这种无形无色的治理一直都是国际难题。为解决这个难题，大帝汉克首先在生产设备上进行了“三次蜕变”，以减少生产中气味的挥发扩散。

第一次是 1995 年厂址搬迁。从成都成华区搬到洪山路 17 号，加工车间由 50 平方米增至 300 多平方米，库房、生产场地独立，初步形成了原料、生产的独立管理，不同香型进行分区生产，建立了适合产品特性的生产流程，使公司生产设施发生了一个质的变化。

但由于香味剂是一种微量饲料添加剂，添加比例在饲料中仅为万分之几，这就决定了这个产品不能像大宗饲料那样加工和分装。在当时的条件下，饲料香味剂是靠人一勺一勺地分装，所有工序都要靠工人一步一步完成，这种生产方式一方面不利于工人的健康，另一方面生产效率也很低。

第二次是生产设备的规划和改进。在为员工改善工作环境的迫切需求下，1999 年，公司决定对生产车间进行大规模的扩建，对生产设备进行了全新的规划和改进。在这次技改工程中，引入了两个重要的理念：环境保护和成套生产线。

通过这次改造升级，公司的粉尘治理取得了阶段性成果，重新设计的粉碎系统使粉碎过程及粉碎物可以在密闭空间中进行。全车间设计了除尘系统，大大改善了环境。在设备改进中，初步进行了成套生产线的链接尝试。

此次大规模的技术改造工程，引入了许多新的理念，使公司生产设施有了一次跨越式提高，为生产设施的现代化建设积累了宝贵经验，这是大帝汉克生产实施的第二次蜕变。

2002 年 4 月 18 日大帝汉克 10 周年庆典上，来参加庆典的省领导对李小兵说，你们的工厂还是太小了，应该找个管理规范的工业园区落户，这样发展空间会更大。

第三次是现代化生产设施设备建设。2005 年，大帝汉克开始在成都海峡两岸科技产业开发园建设基地，在生产车间、生产设备的建设中，确定了“现代化”理念，对生产设施提出了“领先”的要求。

在建设的过程中，大帝汉克意识到，虽然身处产业园区，但周边几百米范围有学校和生活小区，属于环境敏感区，对企业环境保护要求很高，公司环境保护压力更大了。

得益于安全环保先行意识的深入，在车间建设要现代化、生产线要自动化、思想要长久化、环境要保护的理念指导下，建筑面积 6000 余平方米的两幢现代化车间拔地而起，由公司与设备供应商联合设计的中国第一条饲料香味剂自动生产线、第一条包含自主专利技术的甜味剂粉碎生产线、分子融合喷雾干燥生产线投入使用。公司生产设施产能、先进性都达到了国内领先和世界先进，实现了公司的第三次蜕变。

除了生产设施设备的改进，公司在对粉尘、香气等污染物质的治理方面，一直也很注重对原材料源头的把关。2014 年 5 月 9 日，在“DDC2014 赢创未来供应商战略合作研讨会”上，西华大学能源与环境资源学院的专家分享《安全环保与企业运营》，引起供应链的合作伙伴们高度重视安全环保工作，决意与大帝汉克一起打造一条安全环保的产业价值链。

环境保护的落实——环保设备

除了不断通过生产设施设备的改进，从源头上减少排放外，公司对“香气”的净化治理，即相应环保设施建设也是高度重视。

“香气”处理之所以被称为“世界级”的难题，就是因为其物质浓度低，气味大，又不溶于水，要从空气中净化、除去气味，技术难度很大。为解决这一难题，大帝汉克进行了长达10年的技术探讨和持续改进，环保设备也改进了6代，形成了具有自主知识产权的、以生物技术为核心的公司独有的环保技术和设备。

2006年12月，大帝汉克委托成都市环境保护科学研究院编制了《年产2500吨生物制剂药物添加剂及动物诱食剂建设项目环境影响报告表》。2007年2月9日成都市环境保护局进行了批复，同意该项目建设。

大帝汉克的第一代环保设备，就是根据本次环评报告设计和制作的，环保设备主要有旋风分离器、脉冲除尘器，带粉尘的空气通过旋风分离器除去部分粉尘后，再经袋式除尘器过滤除尘。

环保设备运行后，经试生产和检测，2009年4月20日，成都市环境保护局文件对项目进行了验收，同意该项目正式投产。

2010年，大帝汉克对已有环保设备进行评估，发现原有第一代环保设备对除去细微颗粒不理想，于是对甜味剂车间、香味剂车间在原除尘设备基础上，增加了水洗净化，不仅除尘效果理想，而且能部分净化空气中的香味。

2012年，国家对环保要求逐渐提高，2013年增加了对企业排放气体气味浓度的要求和检测。为了除去空气中的香气，公司采取了传统的活性炭吸附的方式。但由于活性炭使用量很大，过一段时间就会吸附达到饱和，需要更换，工作强度十分大，且换下来的废活性炭，还会产生次生环保污染，需按危险废物进行处理，成本也十分高，给企业长期运行造成困难。

针对活性炭的问题，大帝汉克与四川大学科研团队，开展联合研究，探讨其他方式，如采用一定浓度的有机溶剂，通过填料吸收塔进行吸收，获得成功。

随后，大帝汉克对香味剂车间环保设备进行了改进，采用一定浓度的有机溶剂吸收，再回收有机溶剂使用到产品中。但是使用中发现，回收的有机溶剂使用到香味剂中，因香气不稳定，影响产品质量。若果有机溶剂没有办法回收为香味剂原料，其就会带来次生环境污染，处理成本更高。但是基于当时的技术条件，第三代环保设备采取了车间密闭—整体负压收集—布袋除尘—湍流洗涤—活性炭及有机溶剂吸收的流程方式。

针对第三代环保设备的问题，大帝汉克持续探讨环保技术，一边与四川大学科研团队持续研究光催化对香味剂分解效果，一边到全国各处考察，与各大专院校、环保科研所等机构进行探讨和寻求合作。

“环保利器”：生物环保技术

2015 年，在了解到一个环保公司采用生物技术净化空气后，大帝汉克与其进行了合作实验，并在考察这项技术对公司特有香气的净化效果后，在试验结果的基础上，改进了环保设备，其中一条环保设备使用光催化方案，另一条（配料车间）环保设备采取了生物床层吸附降解的方案。形成了公司第四代环保系统。

受到生物技术的启发，2015 年开始，大帝汉克与西南科技大学合作，以生物部负责人曾凡坤副教授领衔，开展微生物降解净化公司车间气味的科研攻关。曾凡坤团队从公司土壤、环保洗涤塔的水里，寻找到了能降解香味的生物菌种并成功分离出菌株，对其进行优选、驯化，经过 3 年左右的持续研究，最终获得了适合净化公司香气的微生物，为国内首创。

2018 年，大帝汉克应用曾教授团队优选、驯化的微生物，以自主生物技术在第四代环保设备上进行改进，形成了第五代环保设备。

第五代环保设备首先在洗涤水中，增加了微生物菌种，形成了微生物悬液，增加了其对气味物质的吸收和降解，增强了对气味的净化能力，延长了环保水的使用时间；对活性炭吸附设备改为生物床吸附设备，将最后的有机溶剂修饰塔改为生物填料吸收塔，形成了三段式生物环保系统，经测试评估，效果良好。

2018年，因大帝汉克发展需要，经主管部门备案、环评许可，公司“饲料调味剂生产线改扩建”项目正式启动。项目内容涉及优化公司布局，扩大饲料调味剂生产能力，提高效率和研发能力，对公司现有的生产工艺进行技术提升改造，优化全厂车间和设备、实验室布局，同时配套改造安全、环保设施。

2018—2020年，大帝汉克逐一对甜味剂生产线、香味剂生产线、酸化剂生产线和植物精油生产线的四条生产线以及实验室的环保设备全面技改。

“这次技改是以环境评价要求为依据，采用公司自主研发的生物坏保技术为主，进行全面技改”，包清彬教授说，2021年6月，在所有生产线技改完成，试运行成功后，按环境评价要求，对环保设备进行了环境影响验收，全部达到技改设计要求，顺利通过验收。

此次与设备技改同步开展的环保设备全面技改升级，建设了与4个生产车间和实验室、5条生产线各自配套的环保设备，形成了全方位的环境保护设备体系，这是大帝汉克第六代环保系统。

十年间，大帝汉克经历了六代环保设备的更新改进，基本上是前一代设备刚投入使用，就开始探讨后续改进。六代环保设备建设，共投入资金1200万元以上，在人力、物力上也进行了大量的投入。

这份付出也收到了较好的环境保护效果，在成都市生态环境局市级企业环境信用评价中，2018年、2019年、2020年连续三年被评为“环保诚信企业”，这是企业环境信用评价体系中的最高等级。与此相对比的是，2019

年成都市共 4976 家企业参加环境信用评价，只有不足 3% 的企业获此等级，而 2021 年全市共 6901 家企业参加环境信用评价，只有不足 1.3% 的企业获此等级，大帝汉克是其中之一。

践行责任　全面探索绿色发展

正如前面所说，大帝汉克总是行动先于理论，在安全环保这条路上更是如此。大帝汉克在安全环保实践中，深切领会到党和国家领导人所提倡的“生命至上”“绿水青山就是金山银山”，安全、绿色发展理念，感受到社会责任感和使命感不仅是时代发展的要求，也是企业责任，企业应是绿色发展的探索者、践行者和先行者。

承担主体责任，建设绿色文化

30 年来，大帝汉克在生产安全、环境保护管理上，虽也有犹豫、迷茫、甚至教训，但更多的是积极响应政府要求，不管是对安全、环保的认识与理解，还是安全、环保设施建设、管理的持续改进，都走在了前头，实实在在地践行了安全环保企业的主体责任，也为公司的生存与发展，打下了坚实的基础。

安全生产、环境保护，不仅是管理，应该培养价值观和一种文化，形成一种从被动到主动、从强制到自觉、从制度到自我、从外走向内心的一种文化。

经过 30 年的建设，在润物细无声的安全环保工作中，大帝汉克已逐渐形成了一种安全环保文化。

培训与演练增进理解与认识。

大帝汉克编制了《安全环保手册》，作为全体员工必知和必须遵守的行为准则，也作为刚入职人员必须阅读和知晓的基本文件。

每一年大帝汉克都制订了安全培计划，对不同层级及岗位进行培训，生产岗位一般要培训十多次。培训内容广泛，有内训、外训，涉及内容包括三级培训、安全法律法规、岗位责任、安全技术、职业危害、急救知识、人员健康等，通过培训，强化大家的安全意识、安全责任意识和安全知识等。

组织安全知识竞赛，增加大家对安全管理的参与度，加强对安全知识的掌握。

每年开展专项及综合安全演练，增强大家安全突发事件应急处置能力。

通过安全培训、安全知识竞赛、安全应急演练等各项安全活动，增强对安全的理解与认识，营造了一个讲安全、重安全的总体文化氛围。在大帝人的心里，筑牢安全责任重于泰山，生命高于一切。

制度建设增强规范和敬畏感。

从生产岗位操作规程、实验室操作规程、环保设备操作规程、车间安全管理……建立健全了各项制度建设、奖罚分明，通过制度规范员工在安全环保上的行为规范，通过在工作中严格执行惩罚，增强员工对安全的敬畏感、红线思维。

落实安全责任，加强考评强化责任感。

每年通过公司大会，在会上按层级签订安全环保责任书，增强安全环保责任书签订仪式感，营造安全责任氛围，同时，制订落实了每一个人员安全环保考评表，绩效考评的 20% 由安全环保部考核，将安全环保责任落实到日常工作中，强化大家的安全环保责任感。

环境改善增强大家获得感、认可感。

大帝汉克不断对生产设备及车间、环保设施、安全设施技改，在生产车间安装空调，持续改善了生产环境、大大降低了劳动强度，提高了生产效率和生产人员单位时间工资，使生产员工获得了实实在在的好处，增强了大家的获得感。同时，环保设备的持续改进，生产车间外面及公司周围，气味越来越小甚至没有气味，获得广大员工认可。

职业危害检测、职业保护等增强大家安全感、归属感。

每一种职业，多少都会存在职业危害，大帝汉克严格按国家相关规定，聘请专业公司和检测机构，对公司职业危害进行检测、分析、评价，确定职业危害类型，确定职业危害保护方案，按规定进行职业危害检查，全方位防止职业危害发生。同时为员工办理工伤保险、意外伤害保险等，使员工获得安全感和归属感。

环保技术行业共享，为美好环境贡献力量。

大帝汉克具有自主知识产权生物环保技术较好地解决了气味空气净化问题。安全环境保护管理，对比行业安全环保痛点，大帝汉克走在了行业前面，为此公司也在行业相关会议上，分享安全环保管理情况，共同推动行业环境保护工作。

无心插柳的环保“商机”

乔布斯说：“过程就是奖励。”在对香味净化的研究中，曾凡坤的研发成果在缓解公司环保压力的同时，还为大帝汉克生物技术开发研究开创了新路径，也带来了新的环保“商机”。有人感叹，这真是“无心插柳柳成荫”。

然而，所谓的“无心插柳”，只不过是机会降临在了有准备的人身上罢了。2014 年，曾凡坤想到，能在厂区环境中存活的微生物，或许本身就具有降解气味的效果。顺着这个思路，他带领学生，从大帝汉克厂区不同地方的土壤、环保设备洗脱水中成功分离纯化并驯化了 49 种细菌（通过生化鉴定和分子生物学鉴定），并用这些单一细菌对气味物质进行实验室条件降解气味物质的研究。根据研究成果，2015 年 10 月，他将这些细菌进行组合，在公司环保设备中定期接种不同组合细菌。通过菌种组合研究和实际运用，确定了对奶香、果香、鱼腥香等散发出的挥发性物质有较好降解作用的菌种组合。

曾凡坤曾笑言："用这个成果，可以去开一家环保公司，专门为企业解决此类问题。"实际上，大帝汉克也将该技术与环保公司合作，成功用到其他企业，与行业共享生物环保技术的同时，也产生了一定的经济效益，可谓是公司绿色发展的一个"商机"和公司全面探索绿色发展的收获。

低碳绿色发展我们在路上

在环境友好、绿色发展中，低碳绿色将越来越重要，企业也必将成为低碳发展的责任主体和践行者。

2020 年，在第七十五届联合国大会上中国承诺力争在 2030 年前实现碳达峰，2060 年前实现碳中和。实现碳达峰至碳中和的宏大目标是我国对世界的庄严承诺和保护人类美好家园做出的重大贡献。而要落实这一目标，需要千千万万的企业，在生产实际中拿出实实在在的行动予以践行。

在安全环保文化影响下，早在 2018 年，大帝汉克就主动进行了甜味剂喷雾干燥设备技改。喷雾干燥，是将需干燥的液体雾化成液滴，与热空气接触快速干燥成粉末。由于干燥时间短，传热不充分，尾气温度较高、放空热损失大，因此喷雾干燥热效率比一般干燥低。而且因干燥需要蒸发大量水分，所以耗能也比较高，但由于其干燥特性，目前还没有其他合适的干燥方法替代。

为了提高其干燥效能，减少热损耗，负责此次技改的包清彬教授带领团队通过大量的调研，结合甜味剂的生产工艺，采取了收集余热的方式，设计了两级冷却塔，通过喷淋洗涤喷雾干燥排出的高温尾气，净化空气的同时，使洗涤水温度提高，收集尾气放空热能，洗涤水则回流利用，用于原料的溶解、提高溶液温度，减少干燥能耗，该设计将尾气净化、尾气夹带料回收、尾气余热回收利用三者合一，大幅度提高了甜味剂喷雾干燥生产线效率，同行业比降低能耗 20% 以上，为国内首创。

2021 年，大帝汉克作为研究项目承担单位之一，参与了四川省

“十四五”川猪重大科技专项中“川猪养殖污染控制与废弃物资源化利用”课题研究，研究中自筹资金 100 万元，对猪场养殖污染控制和空气净化，废弃物资源利用方面开展科学研究和应用，为养殖行业低碳绿色发展提供科学技术支持和应用示范。

在践行低碳节能发展的路上，大帝汉克一直在行动。未来，在实现碳中和的时代大趋势下，在人本、健康、诚信、创新、坚持的企业文化引领下，大帝汉克将更加自觉地把绿色发展融入企业经营管理中，筑牢安全环保基石，为问道采食调控“隐形冠军”奠定坚实基础。

第十章

味无止境 迈向隐形冠军

2004年11月8日，大帝汉克正式入驻成都海峡两岸科技产业开发园。在迁入海峡两岸科技产业开发园之前，喻麟和李小兵展望未来，决定将“成都大地饲料有限公司”过渡为“成都大帝汉克生物科技有限公司”，将公司英文名定为“DadHank”，翻译过来其实是“爸爸”和“汉克”的意思。Hank是他们夫妻俩唯一儿子的英文名。

改名的背后，饱含着两位创始人对于这份事业的执着与梦想：大帝汉克致力于成为一家具有可持续成长性、实现永续经营的家族企业。而这正是德国隐形冠军企业的特质之一——致力于实现家族与企业一同传承，一代又一代人前赴后继，延续辉煌，再造辉煌。

2004年至今，已经走过了18年，大帝汉克用行动践行初心，用业绩证明实力，在赢得行业地位的基础上迈向了更高的发展阶段——领导者传承与企业可持续发展的新阶段。这个阶段不仅是大帝汉克持续成长的关键节点，也是中国企业发展到今天的一个关键机遇期——细分行业领袖与隐形冠军崛起的时代。

以工信部2016年出台《制造业单项冠军企业培育提升专项行动实施方案》为信号，政府和社会各界逐渐认识到，中国要实现经济转型升级发展，不仅需要具有全球影响力的世界500强大企业，也一样需要在细分领域具备全球竞争力的隐形冠军企业。2018年，国务院领导在考察全球领先的浙江民企杰克缝纫机公司时指示，要以技术进步塑造竞争新优势，以创新和品质升级打造行业“隐形冠军”。

大帝汉克不满足于现状、追求持续成长发展的雄心壮志，与中国经济转型发展大势不谋而合。尽管还面临着无数艰难挑战，我们仍然坚持问道隐形冠军，直面问题，用勇气和智慧“破题解题”，以“而今迈步从头越”的雄心创造未来。

从“创一代”到“创二代”的传承

西蒙教授说，“隐形冠军的基业长青并不是一两句话就能解释清楚的。不过，毫无疑问，它们成功最重要的原因之一就是这些领导着世界一流企业的经营者，不仅是第一批企业的缔造者，还包括那些励精图治、再续辉煌的一代又一代管理层接班人”。

人的生命不过百年，而企业组织则可以基业长青。企业交接班是为了企业生命的延续，是为了可持续发展，而家族同样如此，无论是血脉延续，还是文化和财富，都有一个如何传承才能更好、更持久地延续下去的问题。所以，做好家族与企业代际传承，领导人交接班是至关重要的转折点。它不只是个传递“接力棒”的问题，而是企业组织这样一个复杂系统能否完成更新迭代、无形资产如何进行接棒移交的问题，是新一代领导人与企业相互成就、共同成长的漫长过程。加上外部环境这个巨大的不确定因素，这一切都使得企业传承无可避免地面临一系列复杂且艰难的挑战。因此，企业传承从来不是一蹴而就的事，它往往需要5~10年，甚至更久，且不排除两代人共同执掌企业的情况。

企业传承，不仅是一个人的接班，还是一个体系、团队的过渡。大帝汉克新一代接班人如何增强对企业的认同感、归属感？如何将国际视野及研发管理的先进理念与大帝汉克实际有机融合？如何实现“创新成果转化与应用、数字化智能化改造”？如何推动体系和团队的过渡，并找到企业的新机遇，让大帝汉克的车轮滚滚向前……这些都值得思考。

家族企业传承的优势与挑战

从全球范围来看，那些实现永续经营的企业，大多是家族企业。在欧洲、日本，家族企业成为“百年老店”的数不胜数。在中国，我们熟知的一些老品牌，如同仁堂、六必居等都曾经在家族里延续上百年，而改革开放以后涌现的民营企业绝大部分是家族企业。彭剑锋教授研究团队对于家族企业有过深入的研究，认为中国家族企业有两类：一类是有婚姻及血缘关系的人共同经营的企业，如夫妻、父母子女、兄弟姐妹等；另一类是基于情感联结的泛家族企业，如战友、同事、同学、师生等一起创立的企业。这两类企业加起来，占到中国民营企业的80%~90%，现在普遍面临着家族传承和企业交接班的问题。

虽然有很长一段时间，在中国企业现代化改革发展过程中，很多人由于各种考量，不敢宣称自己是家族企业，甚至羞于承认是家族企业，似乎“家族企业”就意味着“土气”“落后”“闭塞”“排外”，这也是一种偏见。民营企业是中国经济活力所在，家族企业占民营企业绝大多数，这是不争的事实，所以家族企业的传承问题，必须要研究，必须要正视。

而且，从欧洲、日本的企业来看，家族企业之所以能建成长青基业，是因为家族企业的成员大多数情况下是真正为家族荣誉而战，与企业同呼吸、共命运，家族成员更注重企业的长期发展，追求长期价值，家族成员继承企业更有优势。

某种意义上来说，企业经营是在与各种环境“博弈”和妥协，面对不确定的变化，在企业的重大战略选择或危机面前，家族成员在关键时刻的凝聚力很强，家族企业的传承更具有合法性，这使得家族企业能保持高度的独立自主性和安全性。如果企业全是职业经理人，一旦碰到企业生死存亡的大问题，组织的凝聚力及传承就缺乏合法性，一场博弈之后，一定是谁权力最大谁就胜出，最终沦为一场个人权利的博弈，很难完全基于企业的长远发展考虑。大帝汉克曾经也尝试过自主培养和空降职业经理人，但发现职业经理人很难建立对企业文化的认同感，其信任成本较高，无法在长期价值目标上寻找到共同语言。

但家族成员传承企业，殊非小事，更非易事，往往会面临一些普遍性问题与挑战。比如，家族成员对企业的所有权与经营权的界定划分，家族控制、职业经理人团队经营的治理方式的探索，企业家精神及领导力等无形资产的传承，接班人的可选择性、意愿和能力的问题，等等。

当然，在实际中，家族传承的问题往往更为复杂，在面临一些具体的问题时，往往情、理、法交织，剪不断理还乱。比如，创业者作为家族企业中的长辈，出于对家人的关爱和家族责任感，以及对企业的影响力无法替代等原因，不愿、不能过早退休而可能选择一直直接参与企业经营管理，但接班人作为晚辈，在价值观、成长背景、生活方式上往往与第一代存在较大的差异，他们也担心接班后无法像长辈那样在商场纵横捭阖，这种压力和担心让继承者迟迟不敢担当责任、害怕失败，甚至很多人宁愿选择不接班。在这种情况下，两代人之间如何恰当分配权力，扮演角色，以及如何搭建团队，完成交接过渡，走向真正的“创二代”时代。这些问题大帝汉克同样要面对、要思考。

无形资产的传承难题

企业家创新精神、企业家个人魅力与社会关系，文化、品牌、员工凝聚力，这些都是大帝汉克的无形资产，它无法体现在任何一张报表上，却能切切实实影响到企业的经营和发展。正因为它的“无形”及“隐形”，所以最难传承。

一是企业家精神的传承。企业有形的资产和财富容易交接，但企业家精神难以交接和传承。因为企业家精神既是天生的，也有后天因素，是在创业环境中磨炼出来的，如果缺乏必要的环境和条件，是很难产生企业家精神的。现在，中国经济进入全面转型时期，数字化、物联网的发展给企业经营带来了新机遇和新挑战，创业难，守业更难，对于“创二代”来说，要更具有企业家创新突破精神，顺应时代大势，捕捉时代机遇，才能守住家业并发扬光大。

二是领导力的问题。第二代领导人虽然有管理的合法性，但未必有管理的权威性。领导力就是影响力，它不能靠继承获取，只能靠领导人自己在领导位置上一点一滴的长期修炼。这对“创一代”企业家的胸怀和格局提出很高的要求，能否做好制度安排，建立组织支撑，能否大胆放手让“创二代”去经受失败和挫折的洗礼？这些都是考验。

三是文化价值观传承与创新的问题。中小企业的文化优势往往来自创始人，但第二代领导人不可能成为第一代领导人的复制版，也不可能活在第一代领导人的影子里，他们有着一套自己的文化观念。企业文化需要在继承的基础上进行变革与创新，创建新经营环境下企业持续发展所需要的企业文化。

四是企业创办与经营过程中缔结的关系与情谊的继承问题。中小企业在几十年的经营过程中，往往与本地的资源和权力机构，以及行业里的有影响的机构与人物建立了深厚的关系和情感联结，这些关系和情感能否“移情”到第二代领导人身上？如何建立新关系、拓展新资源？

跨越持续成长的三大壁垒

欲戴王冠，必承其重。然而，并不是所有成功的企业都能具有持续成长性，事实上，持续成长很难做到。大帝汉克 30 年的成长过程中，积累下来一些惯性和经验，这是成功的原因，但也可能成为阻碍大帝汉克进一步成长的障碍。野中郁次郎的研究结果也认为，阻碍企业应对变化有三大壁垒：经验壁垒，现状壁垒，组织结构壁垒。企业要谋求持续成长，就要不断打碎壁垒，突破自我。

以创新打破“经验壁垒”。

作为个人，成长本身是习得经验的过程，但如果依赖经验，待在舒适区，就无法持续成长。尤其是当环境在不断发生变化时，昨天的成功经验可能转身就是“明天的成功障碍”。大帝汉克需要经验，但不能抱持着经验主义。

作为企业，“经验壁垒”首先突出体现在“营销短视症”上。“营销短视症”是美国学者西奥多·莱维特提出的概念，是指企业管理者，对于企业生产的产品和技术盲目乐观与自信，认为只要产品质量好、性能优越，就一定会有市场；将产业等同于某一种具体的产品，对于产业发展所面临的替代品和潜在竞争者的威胁浑然不觉；忽视顾客的需求及其变化，一味执迷于现有产品的改进，忽视产品的创新和企业的变革。

其次，体现在“创新困境”方面。哈佛商学院教授克莱顿·克里斯坦森在《创新者的窘境》一书中谈到，盲目遵循“客户至上”等传统商业观念，对主流客户所需、盈利能力强的产品持续进行积极投资和技术研发很可能会毁掉一家优秀的企业。他分析了计算机、汽车、手机等多个行业的创新模式，发现正是那些暂时遭到主流客户拒绝的、关键的、突破性的技术，逐渐演变成了主导新市场的“破坏性创新”。如果企业过于注重客户当下的需求，就会导致创新能力下降，从而无法开拓新市场，常常在不经意间与宝贵机遇失之交臂。就像诺基亚在被收购以后说的那句话：“我们没有做错任何事，但是我们真的失败了。”

最后，“沉没成本”的束缚。简单地说，沉没成本就是那些已经发生且无法收回的支出，如已经付出的金钱、时间、精力等都属于沉没成本。举个例子，假设一家企业已经在某项新业务中投入了1000万元，但是要使这项业务开始盈利，还必须追加投资5000万元。于是，管理者在做决策时，就会产生“已经投入了1000万元，这时放弃就太可惜了”的想法，进而追加投资，这就是沉没成本的束缚。

大帝汉克要想在未来激烈的市场竞争中脱颖而出，就必须敢于打破经验壁垒，摆脱束缚思维的固有模式，及时变革、持续创新，才能获得长远的生存和发展。

以持续改善打破“现状壁垒”。

对于企业经营来说，满足现状是走向衰退的开始。因为客户永远是“不知满足”的，无论曾经多么辉煌的企业，一旦无法满足客户新的需求，或者市场出现了颠覆式创新，公司就会被迫退出市场。

30年来，大帝汉克保持了稳健增长，但在不确定性的环境下，从实现持续成功的角度来看，如果过于满足现状，某种程度上就等于原地踏步。而企业发展如同逆水行舟，不进则退。20多年前，任正非就对此说得明白，华为必须保持合理的成长速度，“没有合理的成长速度就没有足够的利润来支撑企业的发展”。因此，我们做企业就不得不努力奋斗，以持续改善打破“现状壁垒”，让企业保持合理的发展速度，把企业经营得越来越好。

以“鲶鱼效应”打破“组织结构壁垒”。

在企业管理中有个经典理论“鲶鱼效应”，其源于一则故事：挪威人喜欢吃沙丁鱼，尤其是活鱼。但是在运输中由于沙丁鱼经常在不到码头时就已经死亡，因此活鱼的价格会比死鱼高出几倍。然而有一个渔夫的沙丁鱼总是活着的，所以他赚的钱一直比其他人多。这位渔夫生前一直保守秘密，直到他去世人们才知晓秘密——一条鲶鱼。原来，鲶鱼以沙丁鱼为主要食物，鲶鱼进入鱼缸，由于环境奇特，会四处游动，沙丁鱼发现鲶鱼就会紧张起来，加速游动，从而获得大量氧气，能活着到达港口。这就是所谓的“鲶鱼效应”。

“鲶鱼效应”是打破“组织结构壁垒”的有效措施。一方面，通过引入

“鲶鱼”，企业的管理者可以不断地引进新的管理观念、新技术、新设备和新工艺，以使企业增强生存能力和适应能力，在激烈的市场竞争中乘风破浪。另一方面，增强员工的危机意识。“鲶鱼”的出现不仅使企业不断地为自己补充新鲜血液，让一些富有朝气、思维敏捷的年轻生力军加入员工队伍，甚至是管理层队伍，给那些因循守旧、故步自封的员工和管理者带来强大的压力，重新唤起“沙丁鱼”的竞争意识和求胜之心。同时，“鲶鱼”也代表着一种新思想和新观点，它可以在团队中激发奇思妙想，给团队带来活跃的工作气氛，带来创新，这样企业才能实现多赢。

总而言之，企业经营是在不断变化的时间长河中，不断重复着依据“此时、此地”进行决策判断，同时创造价值的动态过程。创造这个管理流程的是人，以及能够体现出人与人之间关系性的集合体——组织，然而，组织是一个复杂的生命系统，生命的密码是“活力”。因此，企业一方面要持续建设这个系统，使之发挥出系统能力（组织能力），另一方面，又要通过不断的“打破、重建”进行自我革新、自我变化，让组织始终充满生机、充满活力。

迈向隐形冠军的挑战与思考

回忆往昔，30 年以梦为马，不负韶华。基于中国这一全球最大的市场，大帝汉克在动物采食调控这一细分行业积累的领先研究与知识积淀，持续领先于同行业的营销策略，完整的产品体系和快速响应客户需求的服务体系，富有生命力的人本文化与高绩效的组织，业财融合的精细化管理能力，以及注重安全环保对于企业发展的“基石”作用，等等，都是大帝汉克迈向隐形冠军的基础优势。

问道隐形冠军，大帝汉克从体系化梳理 30 年发展之路入手，围绕着“大帝汉克过去的成功是怎么得来的？这些成功经验还能否指导未来的持续成功？”两大命题，面向未来，开启企业经营管理的顶层设计与系统思考，建立与完善包括价值观、发展观、竞争观以及业务原则、创新原则、人力资源管理原则等在内的企业核心理念与基本原则体系。

比如，大帝汉克因客户而存在，聚焦客户，满足客户需求，为客户创造价值，是大帝汉克过去三十年坚持不变的原则，未来三十年，甚至百年，永远以客户为中心，持续聚焦客户价值创造。新常态下，会有更多的客户需求场景出现；贴近客户，满足客户需求，与客户共同开发产品，与客户共同成长，这既是大帝汉克的“传家宝”，也是大帝汉克迈向隐形冠军的底气所在。未来，大帝汉克将始终以客户为中心，以客户价值创造为原点，与客户一起，共同迎接新格局的挑战，共同参与未知世界的探索，共创全新的价值空间。

比如，企业作为市场竞争主体，大帝汉克的竞争观是：参与竞争、不惧竞争、超越竞争。企业避免不了竞争，大帝汉克不惧竞争，而且要通过持续创新增强自己的竞争能力与竞争壁垒。正如陈春花教授所言，竞争的最终目的是远离竞争、超越竞争。唯有深刻领悟了这一点，企业才能深刻理解竞争的本质和竞争能力的实质内涵，才能从简单模仿、价格大战等低级竞争中走出来，超越竞争。

比如，在绿色环保发展趋势下，大帝汉克的发展观是追求集约化、内涵式增长，追求品质发展，走一条资源节约型、环境友好型的发展之路。

于此，从“专精特新”的“单项冠军”，探索向着全面提升技术、产品、服务、战略、品牌、人才等综合实力超群，在国际化市场占据更大市场份额的“隐形冠军”迈进。

迈向“隐形冠军”的挑战

德国西蒙教授在 20 世纪 80 年代末提出，并且主要基于德国中小型制造企业提出的隐形冠军理论，有几项突出的特征：一是全球市场；二是全球行业领导地位；三是业务聚焦与深耕；四是客户关系密切，注重技术与客户需求的双轮驱动；五是注重产品和服务质量，以质取胜；六是重视研发投入，研发投入是一般工业企业的两倍多，平均每个员工的专利数量相当于大公司的5倍；七是简单的组织结构，注重自主培养高素质员工。

相比较于隐形冠军理论提出的时代背景及德国经济背景，今天中国企业面临的环境不尽相同，所以，彭剑锋教授研究团队结合西蒙教育的理论、我国工信部的“单项冠军”的要求，以及对我国细分领域产业领袖与隐形冠军的观察，提出世界级的细分领域产业领袖与隐形冠军十大特质：

（1）企业家有做世界级行业领袖的雄心与清晰的行业战略定位思维，低调务实，奉行长期价值主义，有足够的战略定力与意志力。

（2）保持专注，主营业务聚焦，定位并专注于特定客户与相对狭窄的产业领域，致力于培育专精核心专长与技能。

（3）全球化策略，产品市场全球化，人才、技术、资本资源全球化。

（4）技术创新领先，研发投入占比8%以上，国际专利拥有行业领先，是行业标准的参与制定者。

（5）深耕客户关系，客户关系稳定持久，构建全球战略供应链系统。

（6）奉行产品主义，具有较高的产品差异化及品质、成本竞争优势，有较高的行业定价权与影响力。

（7）优化的公司治理与产业领袖领导力，承担行业与社会责任。

（8）人才量级及人均效能行业领先，盈利水平超过10%。

（9）简单而客户化的敏捷组织与流程，组织内部充满活力、创新的文化与机制。这些企业没有像一般企业搞平台化、网络化那么复杂，基本上这些企业领袖都带有一定的集权色彩，文化统一性、集权性非常强，组织非常简洁。

（10）相对完整的产品生产与供应链掌控力。

大帝汉克将参考对标上述特质，结合行业特征与发展趋势，思考我们问道隐形冠军的路径与战略。

当前，大帝汉克面临的宏观环境挑战与企业自身发展模式的“陷阱”，体现为以下两方面。

宏观经济与行业发展的挑战。

当今世界正经历百年未有之大变局，我国发展的内部条件和外部环境正在发生深刻而复杂的变化，不稳定性、不确定性明显增强。突出体现在6个方面。

（1）中国经济从高速增长转为中高速增长，经济结构不断优化升级，要素成本优势也不断弱化甚至消失，发展动力从要素驱动、投资驱动转向创新与人才驱动。

（2）全球需求放缓，中国制造业，尤其是中低端制造业已呈现产能全面过剩。

（3）2017年开始加大了去杠杆力度。在去杠杆过程中，出现了部分企业流动性危机，也给经济带来一定的下行压力。

（4）中美贸易摩擦、英国脱欧等事件，代表了近几年全球化倒退潮流已开始涌现，全球化出现新的动向，未来可能会向着“多中心的区域性全球化”方向发展。

（5）随着中国隐形冠军企业进入成熟期，保持增长的难度大于创造增长。

（6）同行业和非同行业竞争对手的破坏性创新，已经让众多曾经的行业龙头没落。

全球政治与经济生态激变，逆全球化思潮迭起，未来变得更具挑战性和不确定性。我国是畜牧饲料产业大国，同时也是农产品进口大国，面对动荡严峻的国际局势，在双疫情防控常态化的压力下，在传统畜牧业向数字化经济转型的倒逼下，饲料禁抗又叠加原料暴涨、日粮配方体系的重塑，我国畜牧饲料产业处在了巨变的关口。这些都对大帝汉克的战略预见能力、超前布局能力提出了考验。

大帝汉克30年发展的内部问题。

《左传》有言“居安思危，思则有备，有备无患。”大帝汉克发展正当时，在欣欣向荣的背后，也面临一些企业发展模式的思考。

（1）“聚焦专注的业务战略”与“企业的环境适应性”两者之间的矛盾。过去，大客户是稳定的，资源向着一个地方集中，只做单一产品没问题，但是现在环境变化不确定性极大增加，“鸡蛋都放在一个篮子”的对称性策略面临风险，隐形冠军企业如何在构建专业化优势的同时，实现“一专多能”“一核多元”式的发展策略，值得认真研判。

（2）稳定的增长与人才稳态的利与弊。稳定的增长速度、专业化程度高且稳定的员工，这些都是“单项冠军”企业的优势。彭剑锋教授指出，人才稳定有利于专业化，因为知识需要积淀。但专业化人才反过来就是问题：一旦流失了，短期从劳动市场上找不到，不像其他的产业，人才被挖走了，企业可以很容易再去别的地方挖人。单项冠军企业的人才被挖走了，可能就没地方挖了。另外，人才过于稳态的话，往往内部的创新、活力就不足，尤其是如果老板脾气好，很善良，最后就容易滋生团队惰怠，大家都不奋斗了，这是一个大问题。

（3）柔性文化与和谐氛围的利弊。如家庭般温暖、和谐的组织氛围、开明的企业大家长、稳定的工作和离家近的“福利”，这些是准隐形冠军企业赖以成功的要素，但是也有可能成为前进的障碍。企业是个市场竞争主体，竞争是残酷的，就像伟人说的“革命不是请客吃饭”，如何把外部市场竞争压力转化到企业内部，通过竞争淘汰机制提高员工的紧张感，需要认真思考。

（4）创新动力不足，开拓国际市场意识不强、能力不足，对国内市场依赖性大。由于中国国内市场庞大，企业能够从本土市场获得更多滋养，加上参与国际竞争的壁垒众多，融入国际市场尤其是高端市场的阻碍众多，综合能力强的国际化人才短缺等问题，造成了企业内部人员对开拓国际市场意识不强、动力不足的懈怠。

（5）雄心勃勃的长远目标与现实利益之间的平衡。企业能否超越中短期利益，为未来做投入，跨越时空配置资源，这对于企业领导人的战略洞察力、领导力和发展魄力是一大考验。

迈向隐形冠军的思考

30年，弹指一挥间。今天的大帝汉克，依然充满生机与活力，依然充满梦想与希望，正在营造下一个激情燃烧的30年！李小兵带领全体大帝人已经开启问道隐形冠军的思考与行动，在一些关键问题上大帝汉克有些初步思考，借此机会，希望与行业内外各界人士分享及交流。

对全球化内涵的理解与信心。

首先，全球化是“隐形冠军”的一项关键指标，包括产品市场全球化，人才、技术、资本资源全球化，尤其是全球市场份额的占比，在这方面，大帝汉克认为，2019年以来，全球化形势正在发生很大的变化，全球化将有新的内涵和格局。而大帝汉克最大的信心首先来自对中国发展的信心，中国现在已经成为全球最大的单一消费市场，未来将超越美国，在全球经济市场板块中将占据越来越大的份额。可以说，在中国市场份额做得足够大等于在全球做得足够大。

其次，对行业的信心，农牧业是永不落幕的朝阳产业，随着国家“十四五”规划以及乡村振兴战略的进一步推进，这个行业还有更大的发展空间。

再次，对所处行业的信心，采食调控主要关心的是动物“吃得好，吃得健康，吃得舒适”的问题，吃对于人类和动物来说，是一个永恒的话题。

最后，对全球科技进步的信心，目前动物采食调控方面、科技创新方面还有很大的空间，仍然处于初步的探索阶段。

大帝汉克虽然很早就开始布局全球化战略，市场涉足五大洲近30个国家，但市场份额离隐形冠军的标准仍有很大的差距，未来面临的核心难题在于企业在面对困难时如何决策和抉择，归根结底还是企业是否持续保持雄心以及有效的领导。

围绕企业使命愿景的战略规划与部署。

围绕“成为国际化动物采食调控专家”的企业愿景，大帝汉克正从四个层次来进行部署和准备：一是企业领导者的国际视野和国际思维，企业接班人团队均有国际化教育背景与生活经历，这为大帝汉克的国际化奠定了领导基础。二是积极地融入国际化产业分工体系，重点是人才培养的国际化，以及国际化的产学研合作。三是公司体制和机制的国际化探索。四是保持专注和定力，专注动物采食调控一个行业，拓宽加深。

“专注聚焦”的长期发展与企业适应环境变化的思考。

大帝汉克在以往探索过程中发现多元化不适合自身的行业特性和公司发展阶段，且持续的稳健增长也给予了公司专注与聚焦的信心。以公司的使命愿景为发展导向，大帝汉克不急于一时的规模和资本的逐利，而是着眼于长期可持续的稳健发展以及给予员工稳定发展的责任。对于环境的不确定性，大帝汉克认为，外界越是不确定性，企业越要确定性地经营与发展，以确定性的优势对抗不确定性。当前虽然不确定性成为新常态，但稳健发展也是时代发展的主旋律，政府也在倡导“专特精新”企业的发展，所以大帝汉克认为这并不是不可调和的矛盾，仍然继续专注聚焦于采食调控行业。

创新意识与技术研发投入。

大帝汉克将通过组织学习，加强对“创新”的重视程度，未来创新才是企业的唯一出路，同时加强危机意识，通过引进创新型人才激活“老人”，通过对标先进提高工作标准和要求，以及加强对创新的激励制度等举措，激活公司的创新意识。

在技术研发投入方面，大帝汉克一直高度重视。公司自 2010 年就被认定为国家级高新技术企业，对于高新技术企业研发投入水平是一个重点考评指标。年销售收入在 5000 万元至 20000 万元，那比例就不得低于 4%；如果最近一年销售收入在 20000 万元以上，那比例就不能低于 3%。大帝汉克在每三年一次的重新认定中一直都圆满地完成了这些指标的。

研发的重要性大家众所周知，实际上它是用钱来获取新的技术。研发的周期长，成功率不高，它与眼前企业要实现盈利是互相矛盾的，或者说产业利益与企业利益两者有时会不一致。但是只有具有长远发展眼光的持续的研发投入，才可能缩小差距，甚至可能赶超对手，而且它是一个正向循环。反之，企业会越来越拉大差距，缺乏竞争力。长远而言，缺乏研发投入的企业，最终一定被淘汰出局。

大帝汉克从建立之初就一直很重视研发，在经费投入上也很舍得，大帝汉克的诞生就是喻麟科研成果的转化。近几年大帝汉克的研发经费投入基本维持在营业收入的 3% 以上。经历了 2018 年、2019 年的非洲猪瘟和 2020 年至今（2022 年）的新冠肺炎疫情后企业经营状况也有所好转，大帝汉克将进一步加大研发经费投入，因为大帝汉克认为现在的投入比例还是不够，企业挣到了钱还要花出去，而做研发是功在未来的事，更要重视。

大帝汉克 2020 年与美国伊利诺伊大学、佐治亚大学等展开了合作，投入经费近 200 万元人民币，2021 年进一步联合国内外技术领先的高校通过四川省工程技术研究中心开放项目的方式支持和参与了多个项目研发，总经费持续投入 500 余万元。这些都是在以往常规动作基础上增加的“加分动作”。以后这些研发加分项会通过不同的方式越来越多。大帝汉克主要是产学研合作同时加强企业间合作，联合一流的研发平台和企业转化平台，大家互利共赢，协同攻关。

大帝汉克深知，发展从来不是坦途，往前的每一步都面临着重重阻碍，甚至是生存风险。但是，30 年的经营经历也让大帝汉克深深懂得，不发展就是退步，做企业没有回头路，只有以“坚持坚持再坚持，努力努力再努力”的态度和韧劲，才能抓住机遇、应对挑战，不懈追求、努力向前！

30 年，我们在我国改革开放的春风中扬帆启航，一路走来，一路香甜，也经历了各种坎坷困难，但大帝汉克仍然信心坚定，爱心更浓！正如喻麟在他创作的《启航远方》歌词中表达的那样：春风吹来大地飘香 / 扬帆起航 / 我们去追逐梦想 / 香甜路上 / 辛酸勇尝 / 穿越苍茫 / 心更坚定 / 山河在胸膛生芬芳 / 爱更向往 / 时空伴随情谊长 / 大地飘香 / 四海传情 / 启航远方。

参考书目

《认识管理》

作者：彼得·德鲁克，慈玉鹏、周正霞译，出版社：机械工业出版社，出版时间：2021 年 3 月

《味无穷》

作者：李小兵，出版社：四川人民出版社，出版时间：2017 年 10 月

《隐形冠军：未来全球化的先锋（原书第 2 版）》

作者：赫尔曼·西蒙（Hermann Simon）、杨一安，出版社：机械工业出版社，出版时间：2019 年 11 月

《营销管理》

作者：菲利普·科特勒、凯文·莱恩·凯勒，何佳讯、于洪彦、牛永革、徐岚、董伊人、金钰译，出版社：格致出版社，出版时间：2017 年 11 月

《战略人力资源管理》

作者：彭剑锋，出版社：中国人民大学出版社，出版时间：2014 年 1 月

《"中国造隐形冠军"的 9 个传奇》

作者：杨光、辛国奇等，出版社：企业管理出版社，出版时间：2021 年 3 月

《组织文化与领导力（第五版）》

作者：埃德加·沙因、彼得·沙因，陈劲、贾筱译，出版社：中国人民大学出版

社，出版时间：2020 年 5 月

《企业的本质》

作者：包政，出版社：机械工业出版社，出版时间：2020 年 5 月

《激活组织：从个体价值到集合智慧》

作者：陈春花，出版社：机械工业出版社，出版时间：2020 年 4 月

《统治：技术商人与华为的核心竞争力》

作者：豆世红，出版社：江苏人民出版社，出版时间：2009 年 11 月

《从 0 到 1：开启商业与未来的秘密》

作者：彼德·蒂尔、布莱克·马斯特斯，高玉芳译，出版社：中信出版社，出版时间：2015 年 1 月

《经营心得》

作者：宋志平，出版社：中信出版社，出版时间：2018 年 9 月

《理念·制度·人》

作者：田涛，出版社：中信出版社，出版时间：2020 年 7 月

《德国的七个秘密》

作者：戴维·奥德兹、埃里克·莱曼，颜超凡译，出版社：中信出版社，出版时间：2018 年 1 月

《持续成长：日本优质长寿企业的实践智慧》

作者：野中郁次郎、招聘管理解决方案组织行动研究所，刘会祯、马奈译，出版社：人民邮电出版社，出版时间：2021 年 9 月

《挑战式销售：引爆第四次销售革命》

作者：马修·狄克逊、布伦特·亚当森，蔺雷译，出版社：化学工业出版社，出版时间：2013 年 4 月

《管理会计业财融合的桥梁》

作者：孙湛，出版社：机械工业出版社，出版时间：2020 年 11 月

《营销革命 4.0：从传统到数字》

作者：菲利普·科特勒，王赛译，出版社：机械工业出版社，出版时间：2018 年 1 月

《采购与供应链管理：一个实践者的角度（第 3 版）》

作者：刘宝红，出版社：机械工业出版社，出版时间：2019 年 2 月

《朱兰质量手册（第六版）》

作者：约瑟夫·M. 朱兰、约翰夫·A. 德费欧，焦叔斌、苏强、杨坤等译，出版社：机械工业出版社，出版时间：2019 年 2 月

《企业安全生产管理》

主编：刘刚、王伟，副主编：钱建忠、戴卫东、封晓华、张连华，出版社：中国石化出版社有限公司，出版时间：2021 年 9 月

《华夏基石管理评论》系列书籍

后　记

成都大帝汉克生物科技有限公司（DDC）成立于1992年，因在国内率先自主研发出动物采食调控实用型产品——“大帝香”饲料调味剂而创立企业，并且专注聚焦于动物采食调控这一细分领域，30年努力不辍，成为行业先行者与代表性企业。2020年，获评为四川省“专精特新”企业。

在中国经济转型发展的关键时期，国家对中小企业，尤其是在细分领域具有国际化竞争力的“专精特新”企业的发展高度重视，工信部于2016年专门针对制造业推出了“小巨人”与“专精特新”企业评选与扶持政策。在国家这一政策信号下，大帝汉克更加坚定了发展信心。

2022年3月12日，是大帝汉克成立30周年纪念日。在平均寿命只有6.9年的中国民营企业中，大帝汉克幸运地走到现在。如果说活着就是一种成功，那么抚今追昔，展望未来，站在“三十而立”的节点上，我们不禁思考：过去我们成功是靠什么？未来要实现持续成功、持续生存发展靠什么，哪些经验值得继续借鉴，又有哪些需要创新优化？

正在此时，我们有幸结识了彭剑锋教授和华夏基石研究团队，组成了“大帝汉克问道隐形冠军研究小组暨《味有道》编著团队”。彭剑锋教授关于隐形冠军的研究为我们指明了方向，华夏基石公司企业文化与企业成功之道研究专家尚艳玲团队，与大帝汉克项目组成员一起，围绕着“大帝汉克走到今天靠什么？未来问道隐形冠军我们如何进行传承与创新”这两个核心命题，对企业 30 年的实践进行了体系化梳理与高度提炼，初步完成了大帝汉克理论化的系统思考，揭示出大帝汉克走到今天的“道”，并且提出了大帝汉克迈向未来的问题与挑战，这些构成了《味有道》一书的主要内容。

本书的主编李小兵女士，是大帝汉克的缔造者、领导者，对于大帝汉克用情至深。2017 年，在 DDC 成立 25 周年之时，李小兵女士出版了自传《味无穷》，以“写人抒情”的风格分享了她的成长经历、创业历程，以及大帝汉克人的点滴故事。五年后的今天，由她担任主编的《味有道》一书，以“说事论理”的方式，在梳理企业发展历程的同时对上述两个核心命题进行了初步思考，可以视为《味无穷》的姊妹篇。

从《味无穷》到《味有道》，表达的是我们 30 年不改的信念：专注动物采食调控，为客户创造价值，为社会国家贡献自己的力量！正如本书封面上所写：我虽小，也有自己的“道”。我们相信，小企业也可以创造大价值，小企业也可以活得很精彩！

展望未来，在问道隐形冠军的发展之路上，大帝汉克人将坚定文化自信，走专业化发展道路，持续以创新创造未来，依靠大帝汉克人的聪明才智，继续在专业领域深耕，继续为客户、为社会创造更大价值。

回首来路，我们只有深深地感谢！感谢支持、帮助、见证大帝汉克成长的客户、供应商和各界朋友；感谢曾经及现在仍在为大帝汉克发展作出贡献的每一位“大帝人”。

因时间仓促，受限于当前阶段的认知水平与能力，书中肯定还有不少不妥或疏漏之处，敬请读者批评指正！倘若本书能为与我们一样走专业化发展之路的中小企业提供些许借鉴与参考，我们将不胜荣幸！

《味有道》编委会

2022 年初春